UNIVERSITÉ DE NANCY

FACULTÉ DE DROIT

LE RÉGIME DES OCTROIS

(ÉTUDE DE LÉGISLATION FINANCIÈRE)

THÈSE

POUR LE DOCTORAT EN DROIT

PRÉSENTÉE A LA FACULTÉ DE DROIT DE NANCY

PAR

Eugène WEILL

AVOCAT A LA COUR D'APPEL DE NANCY

L'Acte public sera soutenu le Samedi 21 Janvier 1899, à 4 heures du soir

Président : M. LIÉGEOIS, Professeur.

Suffragants : M. GARNIER, Professeur.
M. CARRÉ DE MALBERG, Professeur.

NANCY
IMPRIMERIE ADMINISTRATIVE L. KREIS, RUE SAINT-GEORGES, 51

1899

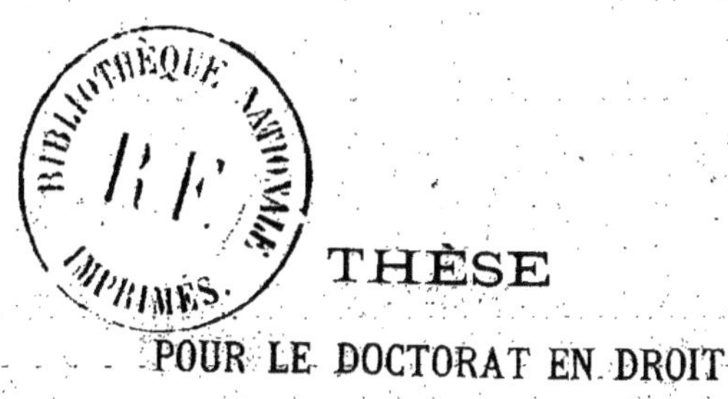

THÈSE

POUR LE DOCTORAT EN DROIT

FACULTÉ DE DROIT DE NANCY

Doyen : M. LEDERLIN, ✳, I ۝.
Doyen honoraire : M JALABERT, ✳, I ۝.
Professeur honoraire : M. LOMBARD (Ad.), ✳, I ۝.
MM. LEDERLIN ✳, I ۝, Professeur de Droit romain, Chargé du
    Cours de Pandectes et du Cours d'Histoire du Droit. (Droit
    français étudié dans ses origines féodales et coutumières).
    LIÉGEOIS, I ۝, Professeur de Droit administratif et Chargé
    du Cours d'Histoire des Doctrines économiques.
    BLONDEL, I ۝, Professeur de Code civil et Chargé du Cours
    de Principes du Droit public et de Droit constitutionnel
    comparé.
    BINET, I ۝, Professeur de Code civil et Chargé du Cours
    d'enregistrement.
    GARNIER, I ۝, Professeur d'Économie politique et Chargé
    du Cours de Législation financière.
    MAY, I ۝, Professeur de Droit romain et Chargé du Cours
    de Pandectes et du Cours de Droit international public (Doc-
    torat).
    GARDEIL, I ۝, Professeur de Droit criminel, et Chargé du
    Cours de Législation et Economie industrielles.
    BEAUCHET, I ۝, Professeur de Procédure civile et Chargé du
    Cours de Procédure civile (Voies d'exécution), et du Cours
    de Législation et Economie coloniales.
    BOURCART, I ۝, Professeur de Droit commercial.
    GAVET, I ۝, Professeur d'Histoire du Droit.
    CHRETIEN, I ۝, Professeur de Droit international public et
    privé
    CARRÉ ᴅᴇ MALBERG, A ۝, Professeur de Droit constitu-
    tionnel et administratif
    GAUCKLER, I ۝, Professeur de Code civil.
    MELIN, Docteur en droit Chargé de Conférences.
    RENARD, Docteur en Droit, chargé de Conférences.
    LACHASSE, I ۝, Docteur en Droit, Secrétaire honoraire.
    VALEGEAS, A ۝, Docteur en Droit, Secrétaire.

UNIVERSITÉ DE NANCY

FACULTÉ DE DROIT

LE RÉGIME DES OCTROIS

(ÉTUDE DE LÉGISLATION FINANCIÈRE)

THÈSE

POUR LE DOCTORAT EN DROIT

PRÉSENTÉE A LA FACULTÉ DE DROIT DE NANCY

PAR

Eugène WEILL

AVOCAT A LA COUR D'APPEL DE NANCY

L'Acte public sera soutenu le Samedi 21 Janvier 1899, à 4 heures du soir

Président : M. LIÉGEOIS, Professeur.

Suffragants : M. GARNIER, Professeur.
M. CARRÉ DE MALBERG, Professeur.

NANCY

IMPRIMERIE ADMINISTRATIVE L. KREIS, RUE SAINT GEORGES, 51

1899

A LA MÉMOIRE DE MA MÈRE

A MON PÈRE

AUX MIENS

ERRATA

Page 5 : Au lieu de : au nom de la logique ; lire au nom de la *prétendue* logique.

— Au lieu de : qu'un état de société ; lire que *notre* état de société

— Rapporter la note 1 aux mots : *contrairement à certaines opinions.*

INTRODUCTION

« L'octroi a résisté à nos révolutions, il a même résisté à la Commune ; on peut en augurer qu'il a la vie dure ; aux services qu'il rend on l'a jugé indispensable (1). »

Si l'ancienneté ou plutôt l'archaïsme d'un impôt devait suffire à le rendre sacré pour le contribuable, intangible pour le législateur, grâce aux qualités éprouvées que semble devoir faire induire une telle vitalité, nul assurément plus que l'impôt d'octroi n'aurait le droit de se défendre avec force contre les critiques ardentes d'une hostilité non moins ancienne.

L'admiration presque attendrie d'archéologue, marquée dans la phrase citée plus haut, semble avoir inspiré à l'auteur de qui nous l'empruntons, une formule d'une concision et d'une portée telles que, malgré sa place littéraire, elle peut figurer avec avantage parmi les arguments que les économistes font valoir en faveur de cette institution.

Impôt indispensable ! voilà ce que le proclament ceux-là même qui admettent la validité théorique des griefs apportés, et qui répondent avec incré-

____

(1) MAXIME DU CAMP, *Paris, sa vie, ses organes.* VIe vol., ch. I, p. 16.

dulité : « Indiquez-nous, si vous le pouvez, les voies et moyens de remplacement sérieux et vraiment démocratique », et qui ajoutent peut-être *in petto* : « Il a toujours existé, et de longtemps encore il ne pourra disparaître. »

Ceux-là semblent les superstitieux de l'impôt ancien.

Mais revenons au paragraphe du chapitre si documenté et si intéressant que le savant écrivain consacre à cette matière, et qu'il continue dans un développement où l'exactitude et la complaisance de l'artiste reparaissent après l'aride discussion des faits.

« Il est peu connu, ajoute M. Maxime du Camp, son mécanisme est presque ignoré en dehors des sphères administratives. Pour la plupart d'entre nous, l'octroi est représenté par un homme vêtu d'une tunique verte à boutons argentés qui lorsque nous franchissons le guichet de sortie d'une gare de chemin de fer ou lorsque nous rentrons à Paris en voiture nous dit : « N'avez-vous rien à déclarer ? » Si sa mission consistait en cela, on pourrait le supprimer sans nuire aux finances municipales, car le produit fourni par ce qu'on appelle le voyageur est très minime ; il tire ses vraies et abondantes ressources des perceptions faites aux barrières sur les objets soumis aux droits, de son intervention aux halles, aux gares de marchandises, aux entrepôts du quai St-Bernard et de Bercy, aux entrepôts fictifs, aux ports de notre Seine urbaine, il surveille tous les points, toutes les portes, toutes les poternes qui donnent entrée à Paris ; il rôde sur le chemin militaire qui longe nos fortifications ; il ouvre l'œil et regarde au loin dans la banlieue, dans l'intérieur de la ville pour découvrir les fraudeurs sans scrupule ; il est à la foi percepteur et gendarme ; il remplit les coffres de la municipalité et déploie souvent une sagacité extraordinaire afin d'empêcher que les lois fiscales ne soient violées. Pour être partout à la fois, pour tout voir et prévoir, pour ne se laisser tromper que le moins possible, pour répondre aux exigences qui embrassent la quantité inconcevable d'individus et d'objets dont Paris fourmille, ce n'est pas trop d'un tout petit corps d'armée, et il suffit à peine aux nécessités de son labeur avec les 2.871 agents du service actif que mettent en mouvement les 124 fonctionnaires et employés de l'ad-ministration (1). »

Panégyrique ironique ou diatribe doucement déguisée ? Si nous ne connaissions déjà l'opinion de l'auteur, nous aurions peine à croire à une conclusion favorable, en présence de la peinture pittoresque qui est faite des agréments et des beautés de sa perception, et qui semble dire au lecteur

____

(1) Actuellement le service actif est réparti entre 6 divisions, comprenant un personnel d'environ 3.250 employés de tout ordre. L'octroi de Paris est administré sous l'autorité immédiate du Préfet de la Seine, et sous la surveillance générale du directeur de l'administration des contributions indirectes, par un directeur et trois régisseurs formant un Conseil d'administration présidé par le directeur. Ce dernier est en même temps directeur des droits d'entrée perçus au profit du trésor public (ordonnance du 22 juillet 1831). — Le directeur et le régisseur sont nommés, savoir : le directeur par décret sur la proposition du Ministre des finances et les régisseurs par le Ministre de l'intérieur sur la proposition du Préfet de la Seine. Tous les autres préposés sont nommés par le Préfet de la Seine, et par avancement dans l'ordre des grades, sur une liste de sujets présentée par le Conseil d'administration. (Maurice Bloch. _Dictionnaire général d'Administration._)

hanté par l'idée des douanes intérieures d'autrefois : « *Tu es ille vir* »?

Un personnel de 2.871 agents du service actif
de l'octroi (à l'époque où écrit l'auteur), avec un
appareil incontestable de formalités vexatoires,
prélèvements multiples et importants, rien n'est
dissimulé dans cette description que la conscience de l'artiste a rendu doublement fidèle.

Si nous avons cru devoir citer tout au long ce
passage, parmi ces préliminaires, c'est que nous
voyons ressortir ici combien le caractère utilitaire d'une institution fiscale peut inspirer d'approbation et d'estime, malgré ses inégalités, et
combien, en son nom, le principe d'égalité est
perdu de vue, parmi ceux même les plus sincères
dans leurs aspirations vers la justice...

C'est par cette obstination à désespérer de faire
mieux, c'est par cet optimisme vulgaire, parfois
égoïste et paresseux qui se refuse à reconnaître
les points défectueux d'une législation, que l'on
fournit, comme le reconnaissent les plus modérés,
des armes dangereuses à la « déclamation de
démagogues » qui sur des bases critiques solides
ne manquent pas d'échafauder l'édifice trompeur
et fragile des « trop belles utopies ». — Mais c'est
par le refus, répondons-nous, à tenir compte des
aspirations d'un peuple vers la justice et l'idéal,
que l'on prépare les voies aux rénovateurs, à ceux
qui savent jeter avec l'affirmation de leur foi et
de leur vouloir, les vues hardies et enthousiastes
qui troublent la sécurité des experts officiels de la
science sociale, en voyant menacés les horizons

étroits imposés au nom de la logique contre le droit et la morale.

Sans prétendre édifier le progrès sur d'autres bases que sur l'ordre, l'expérience méthodique, l'éducation politique perfectionnée, la notion du juste, élargie l'harmonie des intérêts et des devoirs sociaux plus librement comprise, plus strictement sanctionnée, il est permis d'affirmer qu'un état de société est loin d'être le dernier mot du vrai, du beau et du bien à cet égard.

Admettre à l'occasion que tout n'est pas encore pleinement harmonieux ni définitivement équilibré dans l'édifice démocratique, et que, contrairement à certaines opinions, il existe encore d'autres inégalités que les inégalités naturelles, cela est utile et juste (1).

Il n'est que d'examiner notre système fiscal, par exemple pour trouver fréquemment des indices, des preuves de cette inégalité.

L'impôt ramené à de saines proportions, équitablement réparti, et employé à un usage généreux et fécond, est-ce là exigence réfutable, ou défi à la puissance et à la sagesse du législateur ?

Certes, doit-on reconnaître, en cette matière le mieux ne se produit pas ainsi sur toute la surface et soudain. Des concours d'évènements historiques, de travaux publics généreusement mais un peu fiévreusement entrepris, des dépenses nombreuses d'intérêt souvent véritablement sérieux et moral, ont créé aux administrations modernes des situations lourdes et ingrates dont il serait injuste de leur imposer l'amendement immédiat.

------

(1) Maurice BLOCH *Le socialisme moderne* p. **23.**

Mais est-il si impraticable à tous les degrés de
l'échelle budgétaire, de réaliser une combinaison
heureuse d'économie et de réformes, de chercher
ici et là quelque allègement aux charges publiques,
un mieux réel et durable par la diminution des
taxes indirectes générales, voire par la suppression totale des taxes indirectes locales ? L'amélioration du salariat, n'est-ce pas là une de ses formes
les plus efficaces, bien que modeste et poursuivie
par des moyens méthodiques ?

Réduisez, supprimez les impôts qui grèvent ce
salaire, en dressant par le fait des douanes exté-
rieures et intérieures comme une muraille massive
entre le petit consommateur et les objets les plus
nécessaires à sa subsistance, à son bien-être.

En vain, fait-on valoir les qualités de souplesse
et de fécondité de l'impôt indirect, on ne peut fermer les yeux sur ses plus graves inconvénients :
impôts d'Etat ou impôts communaux, les taxes
indirectes sont d'une perception onéreuse, elles
sont improportionnelles, et bien pis encore, a-t-on
pu dire avec raison : l'impôt indirect est progressif à rebours !

Par l'octroi, véritable impôt de surcharge qui
grève injustement l'habitant des villes alors qu'il
épargne le consommateur rural, par l'octroi et son
maintien dans notre législation, il semblerait qu'on
voulût se vouer à l'inertie en matière d'équité fiscale, si les difficultés du problème de la suppression ne fournissaient prétexte.

Que d'éloquentes voix l'ont condamné ! Que de
révolutions se sont promis sa suppression comme
prémices des plus légitimes réformes (au coup

d'Etat, en 1851, Victor Hugo, durant la période de résistance républicaine a acclamé la suppression des octrois comme un des premiers actes de justice à réclamer) (1). Que de sages et libéraux législateurs ou économistes ont renoncé à préconiser ses mérites sociaux, faisant à la théorie du moins jusqu'à cette concession de souhaiter sa disparition de nos budgets !

Et cependant, malgré ses errements, ses injustices, ses déviations, comme le dit l'écrivain cité plus haut, il a survécu, il a résisté ! (2) Bien mieux, il a pris dans nos budgets communaux obérés par de larges dépenses, de fréquents emprunts, des entreprises luxuaires nombreuses, une place si prépondérante et si profonde, qu'aujourd'hui le rejeter radicalement, et le remplacer selon les vues souhaitées, apparaît à certains comme un problème peu différent de la quadrature du cercle (3)! C'est pour la plupart des communes d'octroi la transformation complète de leur système fiscal.

Tant d'initiatives, tant de projets et de contreprojets d'une part, et de promesses gouvernemen-

---

(1). Dès 1841, M. Barillon avait pris l'initiative d'un projet de loi, dans une brochure « la Suppression des Octrois » qui souleva un vif mouvement d'opinion En 1846, M. de Genoude proposait l'abolition des octrois et leur remplacement par des taxes sur les propriétés foncières.

(2) « L'octroi, lui, est demeuré debout au milieu de tant de ruine, écrivait récemment M. Ch. Mayet ; on a oublié de l'exproprier pour cause d'utilité publique. On n'a pas complètement examiné son rôle dans notre France transformée. » (« *Le Temps* », *n° du 19 août 1898.*)

(3) « Pour les octrois, la suppression en eût été beaucoup plus facile, il y a trente ans. » (*Paroles de M. Bardoux, rapporteur de la loi de 1897. Séance du Sénat, 3 juin 1897.* « *Journal officiel,* » *p. 988.*

tales d'autre part, n'auront pas été, à cet égard, entièrement stériles. Un premier pas vient d'être fait par la loi du 31 décembre 1897. Sera-ce le dernier mot du progrès législatif en cette matière ? Nous croyons, au contraire, et nous espérons, que c'est là le signal donné en vue d'un effort plus hardi et d'un résultat plus indiscutable dirigé dans un prochain avenir contre le principe et l'essence même de l'octroi.

Nous diviserons notre travail en cinq parties :

I. — *Historique.*

II. — *Législation des octrois.*

III. — *Critique de l'octroi et Loi du 29 décembre 1897.*

IV. — *Droit comparé.*

V. — *Projets de remplacement des octrois*

PREMIÈRE PARTIE

HISTORIQUE

CHAPITRE I

GÉNÉRALITÉS

Les sources d'information qui s'offrent à l'étude des législations financières de l'antiquité sont restreintes, d'une façon générale, au domaine purement historique ou littéraire. Pas plus à Rome qu'à Athènes la division en homme libre et esclaves, ne se prêtait, à cet égard, à des théories d'ensemble, à des vues coordonnées sur l'appréciation des faits économiques, ou à l'influence de tel ou tel système d'impôt sur la production, la répartition, la consommation des richesses. — Les principes semblent bien fixes en cette matière : la division des citoyens en classes, avec contribution fixe afférente à chacune.

L'impôt unique et direct, au début de ces sociétés, puis l'impôt multiple, (et à perceptions directe et indirecte) à mesure que les phénomènes de la vie sociale s'affinent et se compliquent, tel semble là aussi le caractère dominant de l'évolution fiscale.

I. — L'octroi en Grèce

Bien qu'à Athènes, notamment, le système d'impôts se résume dans la pratique de l'impôt direct et progressif, on voit insensiblement se développer, et de façon toute empirique, un ensemble d'impôts de consommation qui, applicable d'abord à l'Etat seul, s'étendirent bientôt aux groupements plus restreints, aux villes.

Des droits de douanes et de ports sont perçus tant sur l'entrée que sur la sortie des marchandises ; et, c'est ainsi qu'à l'époque la plus florissante d'Athènes, nous voyons s'établir, sur les marchandises étrangères, un impôt s'élevant jusqu'au cinquième, et constituant une véritable taxe de douane.

Ces droits devaient être acquittés au moment du débarquement des marchandises, — en argent et non en denrées — opération facile et fructueuse pour le fisc, étant donné que presque tout le commerce de la Grèce se faisait par mer.

Outre ces droits généraux, il se percevait à l'entrée de la ville même d'Athènes, des droits sur les ventes mêmes, dans les marchés. Le taux d'ailleurs en était variable, s'élevant quelquefois à plusieurs centièmes suivant la nature des objets ; c'est ainsi qu'à Byzance (1), ces droits d'octroi atteignaient jusqu'à 10 0/0 et que pour la seule ville de Rhodes le produit s'en élevait en moyenne à 70 talents.

---

(1) Fournier de Flaix : *L'impôt dans les diverses civilisations.*
Wagner : *Lehr und Handbucg der Politischen Econom.* 4ᵉ vol. p. 21 et suiv.

M. Blanqui, dans son *Histoire de l'Economie Politique*, rappelle en ces termes l'existence de cette taxe urbaine dans les finances de l'ancienne Grèce: «Il devait même exister à la porte de certaines villes un véritable octroi, source de fraudes comme le nôtre ; » puis ce trait de couleur locale : « Les auteurs rapportent en effet plusieurs cas extrême- ment curieux de contrebande, entre autres celui d'un paysan qui introduisant des barils de miel dans des sacs d'orge fut découvert par des pré- posés accourus au secours de son âne battu » (1).

La perception de ces taxes s'opérait d'ailleurs et suivant les cités grecques où elles étaient en vigueur, tantôt sur les marchés mêmes, tantôt à l'entrée des villes. — « Die Erhebung erfolgte auf dem Markt selbst, aber wohl auch in Form von Thorsteuer ». — Somme toute ces taxations indi- rectes ressemblaient quelquefois bien plus, sui- vant l'observation du savant économiste de qui nous empruntons cette citation (2), aux droits de marché tels qu'ils existaient au moyen-âge qu'à de véritables octrois, tels que nous les comprenons aujourd'hui.

Quelles que soient d'ailleurs les proportions plus ou moins grandes acquises dans la législa- tion, par ces taxes, et l'importance des effets pro- duits par elles, on a lieu d'affirmer qu'en dehors de toute conception économique, la pensée fiscale qui — d'ordre essentiellement empirique — ins- pira aux peuples de l'antiquité les droits de

---

(1) Blanqui : *Histoire de l'Économie politique.* chap. II p. 17 et suiv.

(2) Wagner : Ouvrage cité p. 20, note 2.

douane semble avoir indiqué également l'adoption de taxes spéciales à l'entrée des marchandises dans les villes.

II. — L'octroi à Rome

L'origine de l'idée des taxes payables pour des marchandises à l'entrée des villes doit, sans conteste, être cherchée dans l'institution préexistante du droit de port ou *portorium*, perçu au profit de l'État ; application ingénieuse d'un procédé fiscal déjà prospère et dont les cités, dans les limites de leur autonomie, ne pouvaient manquer de tirer parti (Ulpien 17 – D. L. 16).

L'institution des *portoria* nous offre ici une certaine notion d'une distinction, à Rome, entre l'impôt direct et l'impôt indirect — étant donné, qu'à cette époque comme aujourd'hui, ce dernier avait pour caractère constitutif essentiel l'absence de tout rôle nominatif et la perception sur la base d'un tarif donné.

L'histoire sommaire des vicissitudes de ces impôts indirects, groupés sous le nom de *vectigalia*, l'aspect des nombreux mouvements populaires dont leur exagération ou leurs irrationnalité et erreurs d'application furent souvent l'occasion ou le prétexte sous les divers régimes de Rome, nous montrera peut-être quelle aversion instinctive et profonde fait couver à toutes époques, l'abus, sinon l'usage, de certains impôts de surcharge accumulés et répétés sous diverses formes, vexatoires, subtils et oppresseurs, bien que légers et anodins en apparence.

Certes les impôts douaniers qui, dans les États

civilisés modernes, sont plutôt comme des remparts derrière lesquels s'abritent tantôt les nécessités vitales de la production, de l'activité ou de l'initiative industrielles de certaines nations, tantôt seulement, hélas, l'égoïsme et la routine de certaines classes ou coteries, certes ces impôts — les *portoria* — étaient dépourvus à Rome de toute portée et de tout objectif analogues. La discussion de ces *portoria* ne pouvait rouler sur ces conflits d'intérêts entre producteurs et consommateurs, et sur des théories *a priori*. Or, n'est-ce pas là la preuve du profond sentiment d'injustice fiscale et d'oppression politique que faisaient naître des taxes dont le caractère était aveuglément utilitaire, arbitrairement fiscal et dont les réclamations tribunitiennes ont tant de fois balancé l'existence !...

Dès l'époque royale, des droits de douane étaient établis à Ostie, grand entrepôt maritime, et l'une des premières pensées de réformes populaires qui accompagnent l'expulsion des rois fut précisément la suppression de cette taxe odieuse que l'éloquence du tribun Valérius Publicola fait prononcer par le Sénat (1).

Comme s'il semblait que la prédominance de l'impôt direct soit liée à la conduite sage, régulière et économe d'un pays, l'on voit à Rome, aux meilleures époques de la République, les revenus de

(1) (Tite-Lile, II-9. —) Multa igitur blandimenta plebi per id tempus ad senatum data ; annona imprimis habita cura et ad frumentum comparandum, missi alii in Volscos, alii Cumas Salis quoque vendendi arbitrium quia impenso pretio venibat, in publicum omne sumptum, ademptum, privatis *Portoriisque, et tributœ plebes liberata ut divites conferrent, qui oneri ferendo essent: pauperes satis stipendii pendere si liberos educarent.*

l'*ager publicus* et du *tributum ex censu* suffire amplement à alimenter le trésor public. Mais viennent l'accroissement des ambitions et de l'esprit de conquête, l'altération de la simplicité et de la force des mœurs publiques, les luttes d'intérets et de classes, nous voyons l'afflux menaçant des impositions indirectes à Rome les *vectigalia* qui fournirent un instrument facile de taxation des objets les plus indispensables — par exemple l'impôt du sel qui parfois était fort élevé.

Il est vrai que ces injustices pouvaient, à Rome aussi, fournir matière à ce jeu politique qui consiste à créer des abus dont la suppression offerte sont comme une prime désignée à la docilité populaire ou comme une satisfaction spécieuse à l'esprit public, en vue d'un but contingent. C'est ainsi qu'au moment de la guerre avec Porsenna, on veut se concilier la plèbe en abolissant le monopole du sel et que, plus tard, sous l'Empire, Tibère ramena au deux centième le *vectigal rerum venalium*, quitte à rétablir dans la suite le *centisema* primitif quand ont cessé d'exister les mobiles inspirateurs de la réforme précédente !

De sa nature, l'impôt indirect du *portorium* était une taxe en argent perçu d'après des tarifs à l'occasion de certains faits de circulation de marchandises (1). Supprimé, comme nous l'avons indiqué plus haut, l'impôt des douanes ne reparut qu'en 199 avant J.-C.

---

(1) Bien que l'idée fiscale ait inspiré uniquement l'établissement des taxes à l'entrée des ports, ou des villes, ce sont des considérations économiques qui semblent exceptionnellement avoir dicté parfois les prohibitions, frappant la sortie de certains objets comme le blé, l'or, etc...

Les tarifs comportèrent cependant avec l'accroissement de la domination romaine une extension considérable dans son application, alors que le taux, d'ailleurs, s'en accroissait d'une façon sensible sous Velleius Paterculus (61 avant J.-C.)

En même temps, les villes municipales d'Italie (colonies, municipes, ou villes alliées), se conforment à ce mouvement ascendant des recettes publiques. Elles s'en procurent de toutes spéciales, en prélevant, par exemple, les *loca publica fruanda* — des droits de place sur les marchés, etc...

Bientôt, et en l'an 60 avant J.-C., une réforme est introduite, qui est accueillie triomphalement par les petits marchands et les affranchis ; c'est la suppression de toutes les douanes, promulguée en vertu de la Loi Cécilia.

Ce que le discrédit théorique de l'impôt n'avait pu opérer, la rapacité et les vexations des percepteurs (fermiers généraux) l'accomplirent comme l'explique Cicéron dans une lettre à Atticus (11-26).

Peu d'années après, les nécessités financières créées par le vide du *tributum ex censu,* supprimé, furent plus fortes que les intentions du législateur et les *portoria* furent rétablies.

A l'intérieur, certaines *civitates fœderatæ* obtinrent le droit d'établir des douanes à leurs frontières ; il convient d'ajouter que partout où furent établis ces droits de circulation, les céréales et les principales denrées alimentaires étaient généralement exemptes de ces droits.

Une énumération nous est fournie par le Digeste (p. 203. De verb. signif., L. 16) de certains objets soumis aux droits : tels furent les marchandises d'Orient, les objets de luxe, les esclaves les étoffes précieuses, etc.

Au temps de Verrès, vers 76 à 92 avant J.-C., ce droit était du vingtième de l'estimation ou 5 0/0 pour Syracuse.

En ce qui concerne les marchandises de Gaule, un passage du récit de J. César nous indique bien l'existence de semblables droits : « Causa mittendi fuit, quod iter per Alpes quæ magno cum periculo magnisque cum portoriis mercatores ire consuerant (1) ».

En résumé, presque toutes marchandises vénales, tant à l'entrée que dans l'intérieur des différentes provinces étaient soumises à des taxes. Bien que les droits « ad valorem » fussent les plus généralement appliqués, certaines marchandises demeuraient soumises à des droits spécifiques.

III

Pas plus que les droits de douane, les droits d'octrois modernes ne sont d'invention nouvelle. Si l'octroi, proprement dit, fut inconnu à Rome tant que les ressources municipales se confondirent avec celles de l'Etat, c'est-à-dire tant que dura la République, nous verrons que sous l'Empire, la permission d'établissement de ressources spéciales au moyen de droits d'entrée à percevoir sur certaines marchandises, signala cette situation nouvelle : la distinction entre le trésor public et l'*ærarium municipale*.

---

(1) *De Bello Gallico*, III. — I.

Dans plusieurs villes italiennes, et d'autres villes libres ou alliées, existait auparavant déjà, l'institution de droits d'entrée perçus en majeure partie au profit du trésor municipal (1).

Un document célèbre, le plébiscite Antoniæ de Thermensibus « majoribus Pisidis » (sous Cneius Lentulus), nous apprend la concession à Carite de Thermède, en Pisidie, de la jouissance de ses *portoria* (2) terrestres et maritimes, perçu soit par régie municipale, soit par des sociétés locales.

D'autres cités, nombreuses, jouissaient de même du droit de percevoir des portoria, mais souvent à charge par elles, de prélever au profit du Trésor une partie du produit (3).

Un droit de vente de un centième avait été établi par Auguste, sur le prix des marchandises vendues aux enchères publiques. Ce droit ayant été ramené par Tibère aux deux centième *(ducentesima remissa)* et Caligula, dans un but de popularité, l'ayant même supprimé complètement, on fut cependant amené à le remplacer par d'autres taxes équivalentes ; or, ce fut précisément un ensemble de droits d'entrée sur les denrées alimentaires, *edulia,* qu'on appela à combler le déficit. Depuis Caligula, en somme, les matières alimentaires étaient soumises, à l'entrée de Rome, à un droit du quarantième. De fortes exactions non moins que la multiplicité de ces taxes avaient

------

(1) MARQUARDT, III, p 325.

(2) Ces octrois étaient aussi désignés sous le nom d'*ansarium.*

(3) De même en France existait naguère un droit de prélèvement de 10 0/0 au profit de l'Etat sur les octrois des communes, prélèvement qui fut supprimé, comme nous les verrons, par la loi du 17 mars 1852.

porté l'intolérabilité de ces impôts à un tel degré que Néron lui-même (en 58 avant J.-C.), proposa au Sénat la suppression radicale des impôts indirects. C'est un récit curieux que celui qui nous est fait de cet incident par le grand historien Tacite (1) : « Dubitavit Nero an cuncta vectigalia omitti juberet, idque pulcherrimum domum generi mortalium daret. Sed impetum ejus, multum prius laudata magnitudine animi attinuere senatores, dissolutionis imperii docendo, si fructus quibus respublica sustineretur, deminuerentur ; quippe sublatis portoriis sequens ut tributorum abolitio expostulerent... Temperandæ plane cupidines publicanorum ne per tot annos sine querela tolerata novis acerbitatis ad invidiam verterent (2) ».

Mais la tentative, à la fois politique et généreuse, qui échoua entre les mains de Néron, eut un résultat cependant sur le règne suivant. Ces taxes, en effet, étaient devenues d'un odieux extrême devant lequel Galba se vit contraint d'abolir ces *édulia* instituées par Caligula.

Nous avons indiqué plus haut qu'à Rome, et sous la République, c'était la confusion des ressources municipales et de celles de l'Etat. Aussi nulle trace alors de ressources, telles que l'octroi, et spéciales à la ville de Rome. Il n'en fut plus de même quand cessa, sous l'Empire, cette identification de Rome avec l'Etat.

C'est alors qu'apparaît dans la capitale, ainsi

----

(1) *Annales*, XIII. — 50-51.

(2) Néron compensa d'ailleurs l'avortement de cette réforme par un autre édit qui ordonnait la publication des tarifs et des clauses du bail de chaque ferme, tenue secrète jusqu'alors. Ce n'était d'ailleurs là qu'une mesure palliative.

que dans plusieurs villes municipales, le rôle nouveau de l'*ærarium populi* qui subvenait aux dépenses locales de la cité.

Plusieurs constitutions reproduites au titre *De Vectig et comm.* (IV-61-10) du Code de Justinien indiquent l'existence d'impôts indirects municipaux, de taxes spéciales dont le Gouvernement impérial autorisait l'établissement au profit de certaines citées obérées.

A Rome même, l'administration de cette caisse distincte des ressources municipales était dirigée par le Sénat dont les fonctions décrites par Vopiscus (Vie d'Aurélien) semblèrent se réduire aux fonctions de Conseil municipal de Rome. Les produits d'un droit d'octroi sur certaines marchandises composaient, au dire du même auteur, l'aliment le plus important de cette Caisse municipale.

Peut-être même, dit M. Humbert, dans sa substantielle analyse, l'enceinte continue étendue ou réparée par Aurélien servit alors à former la ligne de l'octroi. Mais antérieurement déjà, sous Marc-Aurèle, une inscription très curieuse (Orelli II, n° 3847 et Mommsen *Epigr. Analecta* 15, Académie de Saxe 1850) nous montre qu'il existait certaines limites dans lesquelles les marchandises étaient placées, et pouvaient entrer dans Rome ou en sortir sans avoir à acquitter une deuxième fois les droits d'entrée (1).

------

(1) Consulter également l'intéressante publication de M. Henri Maquet : *L'Impôt indirect chez les Romains.*

IV

Si utile que pût paraître ce système de taxes indirectes, il n'échappait pas aux vues des chefs de l'Empire combien ces *recti galia* spéciaux pouvaient nuire à la liberté du commerce, aux facilités de la circulation, et aux conditions d'existence des classes déshéritées. Aussi fut-il décrété que ces taxes, proposées d'abord par vote des curies ne seraient exécutoires qu'avec l'approbation spéciale de l'Empereur sur le rapport du président de la province.

Mais cette institution, n'était-ce pas une garantie purement formaliste, telle qu'elle existe dans notre législation, et qui impuissante ou indifférente, n'apparaissait, alors, comme de nos jours qu'un rouage enregistreur.

V

Nous avons mentionné les divers essais de suppression engendrés par les excès mêmes d'une fiscalité énervante. En 193 de J.-C. Pertinax décréta l'abolition des divers *portoria*, abolition qui fut étendue en même temps aux péages de toute nature, payables à la traversée des fleuves, aux barrières des chemins, et à l'embranchement des routes, tous droits constituant autant d'entraves au commerce et de causes d'enchérisse- . ment du prix des marchandises.

Peut-on affirmer que l'œuvre de Pertinax fut durable, sinon définitive ? La négation semble devoir résulter de l'assertion d'un écrivain, Lampride, qui dans sa vie de Septime Sévère nous apprend que sous le règne de cet empereur (postérieur de plusieurs années à celui de Pertinax) les *publica vectigalia* furent réduits au trentième ! (1) Le désordre, le gaspillage, la tyrannie administrative d'une part, de luxe, l'ammollissement des mœurs, la politique de ruine et d'expédient, les libéralités sociales, dépourvues de toutes vues et de tous moyens rationnels, d'autre part, contribuèrent à creuser les gouffres financiers de l'Etat, comme à anéantir les ressources naturelles des cités, en s'inspirant de forces aveugles et en opérant le dépérissement de l'Empire, en décourageant l'industrie privée et tout ce qui avait fait jadis la force et la prospérité de Rome.

La réforme des pires abus devenait impraticable. La gestion des finances désertée par les *curiales* et la contrainte imposée à ces derniers de percevoir sous leur propre responsabilité les revenus ordinaires des villes, les abus et les exactions des publicains, et, devant le délabrement des finances municipales, la nécessité pour l'Etat de subvenir de ses propres ressources aux besoins de la cité, en leur abandonnant le tiers des *vectigalia publica,* tels furent, pour une grande partie, les résultats de l'imprévoyance, de la tutelle nuisible et constante de l'Etat, de la centralisation absolue du Bas-Empire, toutes choses qui, fatalement, agirent comme des germes de dissolution des unités, et des bases constitutives de l'Etat romain. Sur ces conséquences

______

(1) Humbert, V. article. *Revue de l'Académie de législation de Toulouse.* 1868.

même, nous désirons emprunter au savant auteur de science financière, chez les Romains une conclusion qui semble la sagesse même : « Si la plus haute et la plus incontestable mission du pouvoir social consiste à maintenir la justice, en assurant à chacun le libre développement de ces facultés, et le respect de sa propriété, l'Etat qui manque à ce devoir primordial subit les conséquences fatales attachées à cet oubli de sa fonction providentielle. Il est condamné à voir s'éteindre misérablement la vie et la richesse au sein des peuples... ; en semant la tyrannie, il a recueilli la ruine. » (1)

Sans méconnaître les causes concurrentes d'énervement, de désagrégement de cette puissante personne morale qu'était Rome, la fiscalité tyrannique de l'Empire qui l'enveloppait et l'étouffait comme dans un vaste réseau fut un des principaux facteurs de sa décadence, et à la formule célèbre on pourrait ajouter celle-ci : *Vectigalia perdidere Italiam !*

____

(1) V. HUMBERT, article cité.

CHAPITRE II

<hr>

LES OCTROIS SOUS L'ANCIENNE MONARCHIE EN FRANCE

<hr>

Des premières origines jusqu'en 1789

Imposition essentiellement communale perçue à la porte des villes sur des denrées ou des objets destinés à la consommation locale, tel est l'octroi, à ses origines, comme de nos jours, et comportant d'ailleurs un but identique : subvenir à l'insuffisance des ressources, tirées des revenus soit des propriétés de la commune, soit des taxations directes, primitivement établies.

Les premières traces de cet impôt, sur notre territoire, peuvent être trouvées dans les éléments de la citation indiquée au chapitre précédent (1), éléments qui durent être singulièrement développés par la législation romaine, surtout à l'époque du Bas-Empire, où les villes établirent elles-mêmes les tarifs sur une délibération des habitants. (2). Ces tarifs devaient être sanctionnés par le prince, le produit en était consacré aux dépenses géné-

<hr>

(1) J. César, *Guerre des Gaules*, III.

(2) Arcad. et Honoruis. Loi 10 au Code. Liv., II, tit., 63.

rales de la cité, notamment à l'entretien des édifices publics, à la solde des troupes, aux charges incombant aux curiales, etc...

Aux changements apportés par la dissolution du vaste empire romain, et l'organisation nouvelle sous l'égide des rois Francs, ne correspondirent pas des mesures de transformation radicale des institutions financières. Les impôts d'origine romaine et les impôts d'origine barbare s'associèrent en quelque sorte, coexistèrent.

D'une part, en effet, subsistaient, le *census* et le *tributum* (1), les *corvadæ* (corvées), les *mantiones paratæ* (droits de gîte), les *portoria*, et d'autre part étaient perçus les impôts de coutumes franques, le *heribannum*, impôt de guerre, et les *dona*, offrandes recueillies sur les hommes libres, toutes taxes directes prélevées en concurrence des *freda*, et des *telonea*, représentant les droits indirects, comme perçus à l'occasion d'un fait relatif à la personne (2).

Les droits de douane, d'octroi, subsistèrent sous le nom de *tonlieux*, et, pour toute réforme libérale, Clotaire II se contente d'interdire simplement l'établissement de nouveaux bureaux de douane ou de péage.

Un édit de Dagobert, dont l'authenticité paraît d'ailleurs peu certaine, constate la concession à l'abbaye de Saint-Denis, d'une somme de 100 sous

---

(1) Voir au « Capitularia regum francorum » (tome I, p. 427), un Capitulaire rendu par Charlemagne en 805, et qui recommande à ses *missi dominici* de percevoir le cens partout où il était dû d'après les coutumes romaines

(2) BONNAL — *Traité des Octrois.*

d'or à prélever sur le produit des douanes de Marseille.

En 633, est créé par le même prince, au lieu dit « le Petit-Pont de Saint-Martin », un droit de passage au profit de la Caisse municipale de Paris, établi sur les marchandises entrant dans la cité pour se rendre au champ de foire. L'emploi des profits en résultant devait être affecté aux embellissements de la ville (1).

Un fait non moins intéressant réside dans l'édit de 716, rendu par Chilpéric II, et portant établissement d'une taxe sur le vin, avec cette innovation d'ailleurs que désormais les impôts seraient perçus non plus en nature, mais en argent.

En 779, Charlemagne prohibe les tonlieux là où ils ne sont pas encore établis (2). Peu d'années auparavant, ces mêmes droits avaient été confirmés par un édit de Pépin-le-Bref ordonnant que le tonlieu serait exigé dans les mêmes lieux et sur les mêmes objets que du temps des princes précédents ».

Sans nous arrêter à l'énumération de toutes les chartes des concessions d'impôts sur les marchandises, indiquons sommairement l'acte de 1290 par lequel Philippe le Bel imposa six deniers par livre sur les denrées vendues, et créa en même temps l'impôt sur le sel, connu sous le nom de gabelle : la concession faite en 1295 à la ville de Lyon du droit de percevoir un impôt sur les marchandises qui y étaient vendues.

Quant à des octrois, proprement dits, la pre-

---

(1) GUIGNARD, *Suppression des Octrois.*
(2) Capit. 805. — Art. 13.

mière mention certaine de leur établissement se trouve dans une ordonnance promulguée en 1121 par Louis-le-Gros, relative à des droits payables par les bateaux de vin, pendant les vendanges, dans la ville de Paris.

Ce sont donc des produits amenés par eau, qui furent les premiers et d'abord, à titre simplement temporaire, assujettis à des droits d'octroi. A cette époque, en effet, rappelons qu'il subsistait encore, et à Paris notamment, des vestiges de ces anciennes associations de marchands, existant, si nombreuses et si florissantes en Gaule, sous le nom de hanses. Or, l'une d'elles, la confrérie des marchands de l'eau, avait obtenu le droit d'imposer, à son profit, certaines taxes sur tous transports par eau effectués par des entreprises étrangères à la leur.

L'acte de 1121, accordant à cette confrérie un droit de 60 sols par bateau, consacrait précisément l'existence d'un véritable droit d'octroi, devenu permanent dans la suite (ordonnance de 1313). Cette corporation étant parvenue à monopoliser, en quelque sorte, tous les transports fluviaux, et d'autre part tous les échanges s'opérant par cette voie, il en résulta, semble-t-il, que la prépondérance lui échut dans la gestion des affaires municipales. Les intérêts de la hanse, en effet, s'identifièrent ainsi avec ceux de la ville même, et les perceptions opérées par elles entraient en réalité dans le patrimoine de la cité (1).

Telles nous apparaissent ces premières taxes

---

(1) Rousset. — *Histoire des Impots indirects.* — Le Sourd— *Législation des octrois* p. 3.

municipales, qui sont comme des octrois avant la lettre ; le nom n'existe pas encore, mais déjà se dessinent les bases de l'institution.

Selon certains auteurs, la création des droits d'octroi ne serait qu'un des épisodes du grand mouvement d'émancipation par lequel les communes, au Xe et XIe siècle s'acheminèrent vers l'indépendance. Les associations, dont nous avons parlé ci-dessus, devinrent en se transformant, ces gildes puissantes, premières assises de la commune.

Dans la lutte énergique engagée contre la tyrannie féodale pour le triomphe de leurs libertés, les premiers privilèges, les premières concessions à conquérir portaient sur la liberté des personnes et des biens, sur l'affranchissement de certaines redevances, et sur l'appropriation par ces communes de ressources financières désormais organisées par elles (1).

C'est par le grand nombre des révoltés, et l'aménagement de ressources qu'il fallait suppléer aux causes d'infériorité vis à vis du pouvoir féodal.

Tant d'efforts déployés et de hardiesse devaient conduire au triomphe (2) ; de nombreuses communes reçurent des chartes d'affranchissement.

L'une d'elles, celle d'Amiens, arrachée aux seigneurs de ce fief, mérite d'être relatée : « Réflé-

---

(1) « Omnes qui gildam habent et ad illam pertinent et infra cingulum villæ suat manent liberos suos a teloneo facio. » Charte de Guillaume, comte de Flandre, en faveur de St-Omer ; *du Cange-Guildes* .

(2) GASQUET. — *Institutions de la France*, 2e vol , p. 172 : « Comme dans le roman de Robert Wace... les humbles se comptèrent et se dirent : Et tout comme eux souffrir pouvons, il ne nous faut cœur seulement. »

chissant combien misérable est le peuple de Dieu dans le comté d'Amiens, qu'il est écrasé par les vicomtes de calamités nouvelles et inouïes, opprimé comme le peuple d'Israël en Egypte, par les exactions des Pharaons, notre cœur s'est ému de pitié. » (1)

Aux bourgeois de Dijon, Hugues de Bourgogne concède la charte suivante : « Faisons savoir à tous présents et à venir que notre fidèle parent, Hugues de Bourgogne, a donné et octroyé à perpétuité à ses hommes de Dijon une commune sur le modèle de celle de Soissons, sauf la liberté qu'ils possédaient auparavant. » (Philippe-le-Bel).

Le type des chartes octroyées aux villes du roi est la charte de Lorris en Gâtinais qui fut communiquée à trois cents villes ou bourgeoisies (2).

L'objectif principal de ces communes, nous l'avons indiqué déjà, était, somme toute, la possession de ressources financières indépendantes ; c'était là pour elles la garantie et la raison d'être, en même temps, du maintien de leur indépendance.

Aussi dans toutes ces chartes, et pour sauvegarder la libre disposition de ces finances (tirées généralement de taxes sur les consommations intérieures) « elles inséraient, dit M. Deloynes (3), un article qui leur reconnaissait, ainsi qu'à leurs représentants électifs, le droit d'établir des impôts et de déterminer l'emploi de leurs produits.

----

(1) Gasquet, *ouvrage cité*.
(2) Moreau de Beaumont : *Mémoire concernant les Impôts*.
(3) *Les Octrois et les Budgets municipaux*.

Cette réaction énergique contre l'oppression de la force eut pour théâtre principal le nord de la France, où plus dure que dans les autres régions, et notamment dans le Midi (1), se faisait ressentir la tyrannie absolue du seigneur. Parmi les communes les plus importantes, il faut citer : Amiens, Beauvais (1089), Soissons, Abbeville, Noyon (1102), Arras, Reims, Autun, Crespy au XIIe siècle, Falaise, Dieppe et Rouen au XIIIᵉ siècle.

Que durèrent ces libertés municipales ? Les exactions et les dilapidations de la féodalité cessèrent-elles, et la sagesse de l'administration, l'ordre dans les finances furent-ils au niveau de ce progrès ? Non, répondent les faits ; aux abus féodaux se substituèrent l'ambition et la turbulence des aristocraties municipales dont les chefs ruinaient les caisses publiques au profit de leurs escarcelles.

Des abus d'autorité qui n'avaient changé que de bénéficiaires, engendrèrent des conséquences analogues à celles d'où les communes tiraient leur naissance. Suivant l'expression d'un auteur déjà cité « fait d'ordre féodal, la commune suivit la fortune de la féodalité ».

Délivrées naguère de l'oppression féodale, les communes trouvèrent dans leur faiblesse et leur anarchie finales, les causes décisives de leur déchéance ; l'autorité royale remplaça celle du seigneur, et loin de la subir par force, maintes

____

(1) Dans cette région de la France existait le régime des « villes prévôtales » qui avaient su conserver en grande partie le reste des institutions anciennes et de l'organisation municipale des Romains.

villes l'invoquèrent, en appelant comme une faveur la suppression de leurs franchises.

Dès lors, plus de juridiction souveraine, plus de choix libre des magistrats ni de libre disposition des finances. Dépouillées de tant de privilèges, elles réagirent quelquefois cependant sous la puissance renaissante des instincts de liberté dont les mouvements surent arracher de nouveau pièce à pièce des fragments de leurs anciens privilèges : ainsi le droit de s'imposer certaines taxes locales.

C'est à cette époque qu'elles durent obtenir de la bienveillance royale des autorisations pour la perception de ces taxes. La politique des rois sut se garder des abus de la féodalité et imposer leur tutelle comme un bienfait, promulguant des assurances de liberté, s'interdisant les altérations de monnaie, diminuant les amendes, et accordant des taxes de consommation.

C'est de ce jour qu'existent, en réalité, de nom comme de fait, les octrois, et c'est ainsi que faisant dériver ce mot d'un terme de basse latinité, on les définit : *Octroium id est licentia vassalo data* (1). A l'époque où nous nous plaçons, c'est à dire vers la fin du XIIIe siècle, l'octroi cesse d'être une taxe librement établie par les représentants électifs des communes ; ce sont des lettres royales qui les créent, comme par une concession gracieuse, pour un temps d'ailleurs limité, et non sans se réserver sur le produit des prélèvements destinés à augmenter les finances du roi.

____

(1) Ducange. — *Glossaire.*

Lyon fut une des premières villes *octroyées*
(1295) ; l'autorisation accordée à Limoges date de
1345 ; Amiens reçoit ses lettres royales, pour cet
objet, en 1348 etc...

En ce qui concerne cette dernière ville, un ad-
versaire déclaré des octrois, M. Moullart, ancien
professeur d'Economie politique à Amiens, tient
à honneur de ne pas laisser attribuer aux bourgeois de la vieille cité picarde la sollicitation de
ces taxes (1).

Il estime au contraire que les impôts directs y
formaient le seul élément des ressources financières, et, à l'appui de son assertion, il cite un
passage d'un opuscule d'Augustin Thierry (2),
représentant le budget de cette ville comme constitué uniquement par le revenu des propriétés par
des droits de taxation perçus par l'échevinage sur
tous les membres de la communauté et par un
droit analogue levé sur les nouveaux citoyens et
dit « droit de nouvelle bourgeoisie » ; c'est ainsi
que M. Moullart se complaît à conclure : « Voilà
quels étaient les moyens financiers à l'aide desquels la bourgeoisie d'Amiens devait pourvoir
aux dépenses de son gouvernement libre, car les
impôts indirects perçus dans les villes, et dans
la banlieue, les droits sur les marchandises apportées ou mises en vente, les péages, les tonlieux
ne lui appartenaient pas. »

En réalité, et selon ce système que l'étude précise des faits permet d'appliquer à bien des communes d'octroi de l'époque, les impôts indirects
n'étaient pas toujours demandés par les villes ;

____

(1) Enquête publique sur les octrois 1870.
(2) Monographie de la Constitution d'Amiens.

et ces demandes elles-mêmes quand elles se forment sont amenées à point par des combinaisons
politiques de privilégiés et dérobées en quelque
sorte au consentement des populations, d'ailleurs
peu éclairé ou peu libre dans les cas où celles-ci
étaient appelées à se prononcer.

Dans les pays d'Etat, l'établissement de ces
taxes que la royauté, en raison des bénéfices
qu'elle en tirait, favorisait et rendait quelquefois
nécessaires, sous couleur de concessions, l'établissement de ces taxes se heurtait à des résistances ouvertes, soit quant au principe même, soit
quant à l'extension de ces droits à d'autres denrées
que celles alors existantes. En Bretagne, notamment, plusieurs communes refusent de s'imposer
des octrois, et en 1781, la commune de Brest, pres-
sée de voter les charges à employer à divers travaux
d'embellissement et d'éclairage, refuse de créer ces
octrois en disant : « d'une voix unanime qu'elle ne
demandera pas un octroi sur les denrées et marchandises, non seulement parce que la perception
en serait très difficile et sujette à abus, mais parce
qu'elle serait onéreuse pour la population, contraire aux vœux de tous les habitants, et propre
à exciter les réclamations des Etats (1) ».

Quelles que furent les circonstances qui prési-
dèrent, selon les localités, à l'institution de ces
impôts, celle-ci devait apparaître bientôt comme
une mine inépuisable pour l'avidité du fisc royal.
Viennent en effet les grandes guerres et les difficultés intérieures, le besoin de subsides extraor-

---

(1) Dupuy. — L'Administration municipale en Bretagne (Archives
d'Ile et Vilaine C. 445).

dinaires favorise partout le développement de ce genre de revenus communaux qui s'offriront, par la suite, comme un aliment continuel pour le trésor.

Une lettre patente, accordée le 14 août 1352 par Philippe de Vallois à Compiègne vient, en prorogeant pendant quatre ans l'octroi de cette commune, poser la clause qui désormais deviendra la règle (avec ses extensions et abus) : à savoir qu'un quart du produit sera versé dans la caisse royale, le surplus devant être affecté à l'entretien des chemins, des murs, des fortifications, etc. (1).

Sous Charles V et à une époque très prochaine qui coïncide avec l'avènement de charges nouvelles, résultat de la création des armées permanentes, les villes d'octroi se multiplient ; le nombre des denrées justiciables de la taxe s'accroît, en même temps que les tarifs s'aggravent, sans autre contrôle souvent que le caprice.

L'arbitraire et le désordre régnant maintes fois dans l'établissement ou la modification des tarifs appellent pourtant l'attention du pouvoir et en 1680, par exemple, une lettre de Colbert adressée aux intendants témoigne d'une certaine vigilance à l'observance de cette condition d'établissement : le consentement unanime des habitants (2).

En Languedoc, des garanties plus strictes existaient pour l'établissement de ces taxes ; la plus

______

(1) *Ordonnances des rois de France*, t. II, p. 114.

(2) « Les nouveaux octrois doivent être faits du consentement universel de tous les habitants ; il ne se pratique guère de les charger soit pour des œuvres de charité, soit pour des embellissements de ville sans un consentement unanime. » (Depping, *Correspondance administrative*, t. I).

importante réside dans la nécessité de l'autorisation préalable des États Généraux, et que le ministre lui-même considérait « comme un devoir rigoureux, et qui dérive de la constitution politique de la province. »

Concédé par une sorte de traité entre le roi et les villes ; ou imposé comme il arrive quelquefois par un édit, suivi d'enregistrement par les Parlements, l'octroi donnait lieu à un versement prélevé sur le produit du profit du trésor royal. La quotité en était variable, suivant les localités ; nous avons indiqué que, pour les villes d'Amiens et de Compiègne, cette quotité était du quart des sommes perçues.

Cette modération relative devait cesser avec les besoins fiscaux devenus de plus en plus vastes, grâce aux dilapidations et aux désordres des finances ; par une mesure brutale intervenue sous le ministère de Mazarin, la royauté porta la main sur le revenu total des octrois ; une déclaration du surintendant Particelli d'Emery (21 décembre 1647) ordonnait, en effet, de porter à l'épargne royale la totalité du produit des deniers d'octroi Comme correctif de cet édit, on conférait en même temps aux communes la faculté de doubler les octrois.

Devant l'émotion intense et l'agitation produites par une telle confiscation, et dont l'effet se compliquait d'ailleurs des troubles de la Fronde, le successeur de Mazarin, plus sage et plus politique, obtint de Louis XIV la révocation de cette disposition. Ce fut l'objet de l'édit de décembre

1663 qui fixa à la moitié seulement du produit brut la part du Trésor.

Cette mesure d'équité fut suivie quelques années plus tard par l'ordonnance de Colbert, de 1681, qui rendait les octrois perpétuels. Mais en 1710, l'acte spoliatoire conçu par Mazarin reçut malheureusement son application qu'amena l'aggravation des difficultés financières de toutes sortes, qui, avec le déclin de la fortune de Louis XIV et après la disparition de Colbert, devaient attrister la fin du règne.

Cette exécution de l'Edit de 1647 avait été précédée, en 1683, d'une ordonnance non moins arbitraire : c'était la privation, au profit du roi, du droit d'autoriser les octrois dont jouissaient jusqu'alors les pays d'Etats.

Les denrées soumises aux octrois variaient suivant les localités, suivant le commerce auquel elles se livraient. En général, ces droits portaient sur les vins, les cidres, les eaux-de-vie, les combustibles, les fourrages, et la plupart des comestibles entrant dans les villes ; quelquefois aussi sur des articles de luxe, les étoffes précieuses, etc...

Outre ces divers droits, de nombreux impôts qui s'y juxtaposaient venaient accroître lourdement les charges, tels étaient les tonlieux et les coutumes, ou droits payés par le vendeur et l'acheteur, des droits de *congié* (analogues aux licences de nos jours), les droits de chaussée, de rivages, etc...

A la veille de la Révolution, en 1786, sur un budget d'environ 900 millions, l'ensemble des im-

positions indirectes atteignait le chiffre considérable de 353 millions 377 mille livres ; sur cette
somme, les octrois sont compris pour 42 millions ;
les droits féodaux (50 millions), les fermes et frais
(187 millions 700 mille) les aides concédées, la gabelle etc... sont englobés dans le surplus (1).

Ces divers impôts indirects constituent une
charge moyenne de 25 à 28 livres par tête ; une
seule province, l'Alsace, et d'acquisition encore
récente, jouissait à cet égard d'un régime fiscal
plus doux, et, exemptée de la plupart des aides
payées par le reste de la France ne soldait qu'une
contribution moyenne de 14 livres, 10 sols (2).

Les taxes d'octroi sont levées par les échevins
sur autorisation des Assemblées générales : l'administration en est attribuée en toute liberté à la
commune sous la seule condition d'un certain
contrôle opéré par le sénéchal de la province sur
les comptes annuels du receveur municipal (3).

Le système de perception variait suivant les provinces, mais la pratique du bail à ferme plus
généralement suivie que celle de la mise en régie,
était l'occasion d'un surcroît d'abus et d'exactions.
L'adjudication de l'octroi étant accordée au plus
offrant et dernier enchérisseur, le fermier, après

---

(1) FOURNIER DE FLAIX. — La *Réforme de l'impôt en France*. —
Arthur Young dans son tableau des impôts de consommation en
France évalue les octrois à 2,518.317 livres sterling soit 57.561.552
millions de notre monnaie.

(2) Pour toutes taxes indirectes, elle payait, outre les droits féodaux, la petite gabelle, l'*umgeld*, un léger droit d'exercice et les
octrois dans certaines villes en nombre très restreint. (Krug-
Basse. — (L'*Alsace avant 1789*).

(3) *Dictionnaire d'Econ. Polit.* de LÉON SAY. Vº *Octroi* (article
de M. Harbulot).

l'accomplissement des formalités (1) et le paiement du prix de son adjudication, ne songeait plus qu'à obtenir les plus-values les plus considérables, en vertu d'un système d'exploitation odieux et de tarifs à peu près arbitraires.

A la fin du XVIIIe siècle, un nouvel impôt indépendant des taxes communales déjà existantes, fut créé sous le nom d'octroi des hôpitaux ou d'octroi du roi quand l'Etat, par la suite, se chargea de l'administration des hospices. Si l'on considère en outre l'adjonction de surtaxes que comportait le service des emprunts devenus plus nombreux, les contributions spéciales telles que les dons gratuits, subsides, dons de joyeux avènement, etc..., il apparaîtra comme une conséquence naturelle qu'un système aussi oppressif devait appeler au premier plan des travaux des Assemblées générales nationales prochaines, la réforme des octrois.

La suppression des octrois par l'Assemblée Constituante

Les octrois soulevaient depuis longtemps des récriminations de plus en plus vives (2).

D'une part, l'interprétation, intéressée et arbitraire des fermiers suppléant à la précision

---

(1) Au nombre de ces formalités, figurait l'obligation de publier les clauses du traité de ferme.

(2) A plusieurs reprises les Etats de Bretagne réclamèrent la suppression des octrois dans les villes où il furent établis.

Dans le Nivernais, à Luzy, les cabaretiers se mutinent à la suite de la création d'un octroi sur les vins. A Bar-sur-Aube, les vignerons repoussent énergiquement un octroi sur les vins, et à Sedan, en 1740 une grève des bouchers est motivée par l'imposition d'un nouveau droit d'octroi sur les viandes, etc

(V. BABEAU, *La ville sous l'ancien régime.*)

des tarifs, donne lieu à des exactions scanda-
leuses, et l'on voit la Cour des Aides s'associer aux réclamations élevées de toutes parts,
par la constatation suivante : « Il y a beaucoup
de droits douteux que les fermiers interprètent
suivant les circonstances. » (1775). A ces exactions s'ajoutait une autre cause de griefs : le système des privilèges qui exemptaient une nombreuse catégorie de citoyens. La noblesse et le
clergé bénéficiaient de ces exemptions qui d'autre
part étaient conférées aux titulaires de certains
emplois de l'Etat (1) ou de certaines fonctions
municipales.

Ces privilèges constituaient naturellement des
charges supplémentaires pour le menu peuple sur
lequel elles retombaient.

D'autre part, une pratique scandaleuse consistait à frapper de préférence les denrées consommées par le pauvre, allait jusqu'à attirer l'attention du pouvoir. Un arrêt du Conseil du Roi vient
en effet émettre ce principe que « les nouveaux
octrois devaient se mettre seulement sur les denrées qui se consomment plus par les riches que
par les pauvres. »

La fin du XVIIIe siècle ouvre une ère nouvelle
de discussions philosophiques et d'aspirations vers
la justice sociale. C'est l'époque où parlements,
assemblées, gouvernants et économistes semblent
se disputer la gloire d'instituer un état de choses
plus conforme aux théories libérales des Montes-

---

(1) C'est ainsi que l'exemption des octrois était accordée à de
nombreux couvents ; à Gray, par exemple, aux Carmes et aux
Jésuites ; en Bretagne, le premier président, le procureur général,
le gouverneur, plusieurs couvents, etc... étaient exemptés.

quieu et des Rousseau, et à l'idéal des humani-
taires.

Un homme d'État aux vues hardies et généreu-
ses, doué d'une âme de philanthrope, avait donné
le signal des premières réformes, en affranchis-
sant le travail des entraves surannées, et en décidant la liberté du commerce des grains. Il allait
porter les efforts d'un esprit ferme et d'une sagesse
politique rare, sur les plaies d'un système financier, expression la plus significative de la corrup-
tion et du désarroi régnant, quand, la coalition des
intérêts menacés, force le faible Louis XIV, à se
séparer du seul serviteur dont le dévouement et
l'intelligence étaient capables de conjurer les catas-
trophes imminentes. « Il n'y a que vous et moi qui
aimions la France », lui dit en le congédiant le pauvre roi.

Sur l'abus des impositions directes, Turgot,
avait conçu des projets de réforme dont il devait
léguer la pensée à l'Assemblée Constituante. Quelques-unes de ses réflexions les plus profondes et
les plus curieuses se trouvent consignées dans le
document intitulé « Mémoire de Turgot sur la
comparaison du l'impôt, sur le revenu et sur l'impôt de consommation » (1).

Déjà en 1772, alors qu'il n'était qu'intendant de
Limousin, Turgot, avait critiqué amplement les
injustices et les inconvénients des droits d'octrois,
dans une lettre au Contrôleur général sur la réforme des octrois (9 novembre 1772).

___

(1) Ce mémoire avait été écrit pour Franklin en vue de préserver
les Etats-Unis d'impôts de ce genre — (DUPONT DE NEMOURS,
Œuvres complètes de Turgot)

Nous ne croyons pas sans intérêt d'en relater ici les passages les plus saillants : « Rien de plus irrégulier en général que la perception des droits d'octrois. Une partie est établie sur des titres qui non seulement manquent de formes légales, qu'il serait facile de suppléer, mais qui ont de plus le défaut d'être conçus en termes vagues et incertains..... Il en résulte une foule de procès également désavantageux aux particuliers et aux communautés. »

Son jugement, marqué d'une franchise sévère et d'une critique serrée, ne fait grâce d'aucun des vices de l'institution. L'infinie variété des tarifs, la minutie de la perception, les fraudes et les privilèges qui la déshonorent, rien n'est épargné. « Il est arrivé, continue-t-il, presque partout, qu'on a chargé par préférence les denrées que les pauvres consomment ; que si, par exemple, on a mis des droits sur les vins, on a eu soin de ne les faire porter que sur celui qui se consomme dans les cabarets et d'en exempter celui que les bourgeois font entrer pour leurs consommations ; que pareillement on a exempté toutes les denrées que les bourgeois font venir du crû de leurs biens de campagnes etc..., que ces dépenses, se trouvent payées dans le fait par ceux qui n'ont point de biens-fonds, et que leur pauvreté met hors d'état de s'approvisionner en gros. »

Suivent des instructions sur la pratique des formes légales d'établissement, la simplification des tarifs et la suppression des privilèges ; et enfin le fond même de sa doctrine toute entière sur l'objet des octrois : « Je ne vous dissimulerai pas que tous ces droits sur les consommations me paraissent un mal en eux-mêmes ; que de quelque manière que ces droits soient imposés, ils semblent toujours retomber sur le revenu des terres, que par conséquent il vaudrait beaucoup mieux le supprimer entièrement que de les réformer, que la dépense commune des villes devrait être faite par les propriétaires du sol de ces villes, et de leur banlieue, puisque ce sont eux qui en profitent véritablement ; que si l'on peut supposer que certaines dépenses utiles aux villes le sont aussi aux campagnes des environs, ce qui est vrai quelquefois, il vaudrait mieux assigner une portion de l'impôt levé sur ces campagnes pour subvenir aux dépenses dont les campagnes profitent et suivant cette supposition. »

La substance de cette lettre reparaît dans une circulaire adressée aux Intendants le 28 septembre 1774 sur les octrois municipaux. Le fond et la forme, d'une analogie complète, y marquent l'insistance de Turgot sur la fixation claire et précise des droits et sur l'amendement des tarifs.

« Lorsque vous aurez toutes pièces et éclaircissements nécessaires, vous enverrez votre avis sur l'utilité plus ou moins grande des perceptions de ces divers droits relativement aux hôpitaux, ainsi que sur les droits qu'il pourrait être avantageux de supprimer, et sur ceux par lesquels on pourrait les remplacer pour procurer aux villes et aux hôpitaux le même revenu d'une *manière plus simple et moins onéreuse au commerce.* »

La disproportion des dépenses communales avec les revenus stables et normaux est la préoccupation dominante de Turgot en même temps que ses projets visent une éducation administrative plus pratique, basée d'ailleurs sur des ressources financières plus rationnelles que les octrois.

Par l'édit d'avril 1775, Turgot abolit quelques octrois en Bourgogne, à titre d'expérience : quelques mois auparavant, la circulaire mentionnée précédemment prescrivait aux intendants l'obligation pour les villes de justifier, à la veille de dépenses nouvelles, de leur aptitude à faire ces dépenses, en présentant le tableau de leurs revenus et dépenses.

En 1789, le moment solennel arrive de la Convocation des Généraux ; alors qu'est encore toute vive l'effervescence des esprits causée par la Lecture du Compte-rendu de Necker, et la publication des Remontrances de la Cour des Aides. C'est au milieu du mouvement d'opinion le plus hostile aux institutions de l'ancien régime du souffle de justice sociale et d'aspirations de réformes les plus grandioses qui aient remué l'âme d'un pays, que s'ouvrent les Etats-Généraux.

Les questions économiques et financières s'imposent au premier plan ; d'un surcroît de vigueur se dénoncent, par la plume et la parole, les abus dans l'assiette et la perception de l'impôt. Sur l'horizon de confusion et de chaos, l'Assemblée de 1789 trace en lettres flamboyantes la Déclaration des droits de l'homme, et fait jaillir l'étoile directrice de son avenir national : l'égalité comme base politique, la fraternité comme moyen et but suprême de perfection sociale.

Réunie pour rétablir l'ordre dans les finances ; elle recueille les doléances qui se trouvent dans presque tous les Cahiers et qui ont pour objet unanime : la suppression des taxes odieuses telles que les douanes intérieures, les péages, les octrois, les aides, gabelles, dîmes, etc... (1).

Les trois ordres avaient rédigé séparément leurs cahiers qui reflètent entièrement les idées qu'on se formait alors des réformes indispensables. Une complète publicité attestait leur sincérité. Sur bien des points, les vœux de la noblesse concordent avec ceux du Tiers-Etat, et réclament la liberté du commerce et du travail, la suppression des maîtrises et des jurandes, des douanes intérieures et des octrois.

Parmi les cahiers réclamant la suppression complète des octrois, citons ceux du Bailliage de Ham, du Tiers-Etat d'Amiens, d'Amont, de Gray, d'Autun, d'Evreux, du Beaujolais, de Saint-Colombier, de Mâcon, de Montpellier, de Châlons, de Dôle. Les Cahiers de la noblesse du Boulonnais incriminent l'octroi comme étant « un attentat à la propriété. » (2).

Le Tiers-Etat d'Autun demande « une contri-

---

(1) « Le premier acte de la Révolution ne fut point la prise de la Bastille, ce fut la destruction et l'incendie des barrières » (MERCIER. — *Tableau de Paris*).

Parlant de ces barrières, le même auteur ajoute : « Elles sont communément de sapin et rarement de fer ; mais elles pourraient être d'or massif si ce qu'elles rapportent avait été employé à les faire de ce métal. »

(2) D'autres, il est vrai, limitent les vœux sur cette question à une réforme de tarifs ou à la suppression de ces taxes sur les consommations et denrées de première nécessité. (Tiers-Etat d'Aval, de Nantes, de Bayonne, d'Orchies, de Bouvignes. *Archives parlementaires, de 1789 à 1870*, MAVIDAL et LAURENT).

bution annuelle répartie comme les subsides nationaux » : et dans un ordre d'idées analogues la ville de Caen demande « que les Etats provinciaux déterminent la quotité que chaque ville, bourg ou municipalité doit supporter relativement à sa richesse et à sa population ».

A ces réclamations relatives aux perceptions des recettes communales, correspondent souvent, des vœux connexes sur l'emploi plus économe de ces ressources et notamment la suppression des emplois inutiles (cahiers de Bar-sur-Seine, art. p. 2) (1).

De même s'expriment les cahiers du Tiers-État de Nancy (art. 19) : « Ils demanderont : 1° que les traitements excessifs soient réduits dans tous les départements ; 2° qu'on supprime les charges et places inutiles, et principalement celles qui produisent à ceux qui les possèdent d'énormes appointements ; 3° la vérification de toutes les pensions ; 4° la liste des pensionnés avec les causes des pensions (art. 20) : « Ils demanderont qu'aux impôts multipliés qui existent maintenant et dont le produit se trouve en grande partie absorbé par les frais de recouvrement, il en soit substitué d'autres simples, uniformes, d'une perception facile, également répartie sur tous les ordres, corporations et individus, en proportion de leur fortune mobilière et immobilière ».

L'article 42 de ce document réclame enfin la réduction des octrois.

Les cahiers de Toul, de Reims, etc., traduisent les mêmes sentiments sur la prodigalité relative à

---

(1) Tome II. — *Archives parlementaires* de 1789 à 1870.

l'énormité et au grand nombre de pensions et retraites « à toutes les personnes en place ».

De l'unanimité presque complète de ces doléances, résultent les délibérations qui aboutissent au décret du 6 novembre 1789, devenu désormais le principe fondamental de la Révolution en matière de justice financière : « Toutes les contributions et charges publiques, de quelque nature qu'elles soient, doivent être supportées proportionnellement par tous les citoyens et par tous les propriétaires, à raison de leurs biens et facultés ».

Cette réprobation si vive qui frappait les contributions indirectes, en particulier les octrois, était-elle due d'ailleurs toute entière à leurs défauts intrinsèques ; ou se liait-elle, au contraire, à la force d'une doctrine générale qui comportait *ipso facto* leur condamnation? Se souvenir des idées dont la doctrine physiocratique de Quesnay était le principal foyer et dont l'esprit des Constituants se trouvait fortement imbu, c'est répondre à la question.

Selon cette théorie, la terre était l'unique source de richesse ; elle seule fournissait à son possesseur un produit net et seule, par conséquent elle devait apporter au Trésor l'aliment nécessaire pour faire face aux charges publiques. La conclusion extrême qui s'en dégageait, c'était la légitimité de l'impôt direct et unique sur la propriété foncière, à l'exclusion de toutes autres taxes, notamment sur les consommations (1).

Il était devenu d'une théorie courante de dire

____

(1) GOMEL. — *Causes financières de la Révolution.* — Les Ministères de Turgot et de Necker.

que l'impôt foncier, en dernière analyse, portait
en lui tous les autres. C'étaient là les vues expri-
mées par des hommes comme Turgot, Dupont de
Nemours, Mirabeau et la plupart des économistes
de l'époque (1).

Le caractère spécieux des mérites de l'impôt
unique avait toutefois été mis en lumière sous
une forme satirique et plaisante par « l'Homme
aux quarante Écus » de Voltaire, comme il l'était
actuellement par la discussion sérieuse d'un
Necker, dans son ouvrage de « l'Administration
des Finances. »

Mais, les discussions triomphèrent plus sur le
terrain de la doctrine pure que sur le terrain
pratique des nécessités budgétaires, et les inspi-
rations de la justice absolue dominèrent la voix
des exigences immédiates.

Une première satisfaction aux revendications
populaires fut accordée par le décret du 28 janvier 1790 qui supprimait le système si odieux des
privilèges et exemptions en matière d'octrois.
C'était comme un des corollaires les plus évidents
de l'acte du 4 août. « L'Assemblée Nationale
statue ce décret, instruite que..... voulant rendre
communes pour tout le royaume les dispositions
de l'article 5 du décret qu'elle a rendu le 16 septembre dernier pour la Bretagne en particulier, a
décrété et décrète que tous les octrois, droits
d'aides, de gros, et autres de cette nature, sous
quelle dénomination qu'ils soient connus dans les

---

(1) TURGOT. — *Œuvres complètes.* — Lire, en particulier, son
*Mémoire sur la comparaison de l'impôt sur le revenu et de l'impôt
sur les consommations* — Marquis de MIRABEAU : *Tableau économique de Quesnay.*

villes ou autres lieux du royaume, continuent d'être perçus comme par le passé jusqu'à ce qu'il en ait été statué autrement, mais sans aucun privilège, exemption ni distinction quelconque, n'entendant rien innover (1). »

Mais devant le cri d'impopularité qui protestait contre l'existence même de ces « aides maudites », la Constituante, ne crut pas devoir ajourner plus longtemps la réforme. L'opinion du sceptique gentilhomme de 1580 « sur l'excellence des peuples maigres, moins frétillants et prompts à la rébellion » n'était plus en crédit !! La Constituante allait supprimer les aides.

A la séance du 10 février 1791, Dupont de Nemours s'exprime ainsi au nom du Comité d'Imposition : « Votre Comité de l'Imposition, en poursuivant sa pénible carrière, est obligé de vous parler aujourd'hui de taxes à l'entrée des villes sur les objets destinés à la consommation de leurs habitants. Ces taxes, sont comme toutes les autres, des impôts déguisés sur les campagnes. Les habitants des villes vivent en général de revenus déterminés : ils sont propriétaires ou fonctionnaires, aucun d'eux ne peut dépenser plus qu'il n'a. Les artisans qu'ils font travailler, les commerçants qui les approvisionnent, ne peuvent gagner ni par conséquent dépenser à leur tour qu'en raison de ce que les propriétaires de revenus dépensent. La consommation des villes, estimée en argent, est donc inviolablement bornée au revenu que les propriétaires qui s'y rassemblent tirent de leurs capitaux, de leurs terres,

---

(1) *Ancien Moniteur*, tome III, p. 226.

de leurs rentes, ou de leurs emplois ; or, sur leurs moyens bornés, ils ne peuvent pas payer plus de consommations ou des consommations plus chères. Donc, quand on met des taxes sur les entrées qu'eux et leurs salariés consomment, on prend une partie du prix de leurs consommations, et on la retranche aux vendeurs de produits et de marchandises qui viennent vendre à la ville. »

Après cet exposé, refléteur de théories physiocratiques, où Dupont de Nemours signale en même temps cet effet que les marchés de toutes les villes se règlent sur le prix des marchés des villes où existent ces taxes, il propose une réforme basée sur le remaniement des droits d'entrée perçus par le Trésor. L'article 1 porte qu'il sera établi au profit de l'État, à l'entrée des villes dont la population n'est pas au-dessus de deux mille cinq cents âmes et sur quelques-unes des productions et des marchandises que leurs habitants aisés ou riches consomment le plus généralement, des taxes combinées de manière que les pauvres puissent vivre sans être assujettis à presque aucune d'entre elles et que le commerce de transit, ainsi que les principales branches de commerce d'entrepôt ne puissent en souffrir (1).

____

(1) « L'Assemblée chargea Dupont de Nemours de faire le rapport, et Dupont de Nemours, quoique hostile aux octrois, accepta cette tâche, de peur, dit-il, qu'un « méchant commis ne rendît la loi plus dure. » Et alors se passa une scène qui parait étrange à notre époque, mais qui caractérise si bien celle-là qu'il n'est pas inutile de la reproduire : lorsqu'il déposa son rapport devant l'Assemblée, il le fit précéder d'une préface dans laquelle il exposait l'injustice d'imposer sur des marchandises de même nature dont la qualité plus ou moins précieuse ne pouvait être distinguée, des taxes qui seraient légères sur la consommation du riche (laquelle est toujours dans les meilleures qualités), pesante sur celle du pauvre qui

Ce système comportait la division des villes en huit classes suivant l'importance de la population. Le taux des taxes à l'entrée, au profit du Trésor, était réduit à 28 livres par tête pour Paris au lieu de 42, à 12 livres pour les villes de la 2ᵉ classe, et respectivement à 10, 8, 6, 4, 2 livres et une livre pour les autres classes.

Les villes au-dessous de 2500 habitants ne devaient être soumises à aucune taxe d'entrée au profit du Trésor.

Pour les dépenses particulières des communes, la proposition établissait des « sous pour livres » sur les taxes perçues au profit de l'Etat, à charge de ne jamais faire dépasser le montant de la somme levée par l'Etat.

En cas d'insuffisance des sous additionnels, devaient être établis des centimes additionnels sur les contributions mobilière et foncière.

Ces dispositions devaient d'ailleurs se compléter par une combinaison d'exemptions spéciales, afférentes à chaque catégorie de villes. C'est ainsi que telles ou telles denrées comportaient l'affranchissement dans telle ou telle classe, ou dans plusieurs même à la fois. Au-dessus de ces exemptions particulières, devait régner une exemption générale, applicable même aux villes de la pre-

---

ne pouvait atteindre aux qualités supérieures. Il fit encore valoir certaines autres considérations, l'émotion le gagna : « Je finis, dit-il, en déplorant mon sort d'avoir été forcé par le décret impérieux de l'Assemblée Nationale, de prodiguer mon temps et mes efforts contre mon opinion formelle et déclarée, pour une opération contraire à mes principes, à mes lumières, à mon devoir, au vôtre, Messieurs ! mes derniers mots sont : Je vous ai donné plus que ma vie ! »

(Rapport de M. Yves Guyot, *Journal officiel*, 19 avril 1889, annexes de la Chambre des députés, p. 682).

mière classe, et réservée pour les soieries, étoffes, quincaillerie, etc..., certains comestibles, le charbon de terre et la tourbe « de façon que le pauvre puisse vivre dans toutes les villes du royaume sans payer pour ces objets aucune taxe d'entrée. »

Ce système, à la vérité, quelque peu compliqué et empirique ne prévalut pas cependant. La question devait recevoir sa solution, bien éphémère, comme nous le verrons, dans la séance du samedi 19 février 1791, au cours de laquelle le duc de La Rochefoucauld, Rapporteur du Comité des Contributions publiques, présentant à l'assemblée le tableau des moyens de pourvoir aux dépenses de l'exercice, exprima en termes énergiques et sincères le devoir incombant à l'administration financière :

« *En fait de contributions publiques, le système le plus simple et le moins compliqué est le meilleur ; la multiplicité des impôts produit les vexations.* C'est à l'observation de ce principe que s'est attaché votre Comité. Il a pensé que si vous avez supprimé les gabelles et les Aides, ce n'est pas pour établir des contributions qui exigeraient les mêmes moyens de perceptions » Abordant le chapitre des taxes à l'entrée des villes (24.800.000 livres) : « Votre comité n'ignore pas le vice de cette espèce de taxes, l'une des moins vexatoires cependant des impôts indirects. Il ne s'était pas dissimulé les objections qu'on lui a faites à ce sujet, et cependant il n'avait pas cru devoir vous proposer d'abandonner cette perception, mais bien de la diminuer considérablement et de faire le tarif de manière que les comestibles, que les objets de consommation du pauvre ne payassent presque rien, et que la circulation des denrées et marchandises ne fût soumise à aucun droit. »

Continuant son exposé, le duc de La Rochefoucauld estimait que la diminution pour un quart des droits à l'entrée des villes constituait une solution suffisamment heureuse ; il admettait d'ailleurs la suppression totale dans les villes au-dessous de 1000 âmes , en proposant, pour parfaire la réforme, de supprimer les octrois sur les denrées de première nécessité : sur les œufs, sur les fromages, sur les poissons, sur les vins, sur les charbons de terre, sur les porcs et les moutons. De plus, ajoutait-il, les taxes sur les boissons pourraient être diminuées d'un tiers ; il envisagea même, comme surcroît de concession au libéralisme de l'Assemblée, la possibilité de renoncer à la totalité de ces taxes en y suppléant par une augmentation des droits de patente et des droits de timbre.

Enfin l'intervention du député Le Chapelier imprima une direction plus décisive aux débats, qui, après les pressantes objurgations de plusieurs orateurs vinrent se clore, malgré les efforts de Cazalès, par le vote à une très grande majorité, de l'amendement proposé par Le Chapelier : « L'Assemblée Nationale décrète que tous les droits à l'entrée des villes, bourgs et villages seront supprimés à dater du 1er mai prochain ».

Rétablissement des octrois.

La mesure si brusquement amenée par les intentions généreures du législateur de 1789, était malheureusement vouée à une prompte caducité, résultat de l'imprévoyance qui, en dehors de tout système, sagement mûri, de remplacement avait privé le Trésor et les Communes d'une considérable partie de ses ressources.

Certes la loi du 2 mars 1791 suivit de près cette suppression de l'octroi, en en compensant les effets par la participation conférée aux villes dans l'impôt des patentes qu'elle venait créer.

A cette disposition s'ajoutait, de plus, les autorisations éventuelles pour les villes, de percevoir des centimes additionnels à l'impôt foncier et à la contribution mobilière ; pour en compléter les effets, on comptait en outre sur le produit d'une imposition volontaire dite « patriotique ». Hélas ! toutes ces ressources ne purent satisfaire aux dépenses et aux besoins multiples de villes fortement obérées. Des travaux publics commencés se trouvèrent arrêtés, l'entretien des édifices publics et les réparations entreprises devinrent impossibles tandis que se paralysait le fonctionnement même des établissements hospitaliers et de bienfaisance.

Une première loi, celle du 9 germinal an V, vint remédier à la situation engendrée par l'acte législatif du 19 février 1791.

Par son article 6, elle autorise à nouveau la perception des taxes indirectes : En cas d'insuffisance des centimes ou sous additionnels de la contribution personnelle et mobilière pour les dépenses énoncées en l'article précédent, (dépenses des administrations communales), il ne pourra être pourvu à un supplément de revenu, jugé nécessaire par l'administration centrale du département, que par des contributions indirectes et locales, dont l'établissement et la perception ne peuvent être autorisés que par le Corps législatif, à peine de concussion. »

L'impopularité de l'octroi avait cependant été trop longtemps et trop bruyamment manifestée pour que les communes profitassent aussitôt de cette faculté d'établir à nouveau ces octrois.

Elle céda, moins de deux ans après cette nouvelle loi, aux exigences des dépenses communales, auxquelles les revenus patrimoniaux et le nouvel impôt des patentes, d'une perception difficile, furent insuffisantes à pourvoir. Quelques communes enfin demandèrent le rétablissement de l'octroi. La ville de Paris obtint la première, une loi lui permettant l'établissement de cette imposition, sous le nom d'octroi de bienfaisance, et destinée à subvenir aux besoins financiers des hospices, à restituer son fonctionnement au service des secours à domicile (loi du 27 vendémiaire an VII).

Le premier pas ainsi franchi, les demandes devinrent nombreuses des communes désirant le rétablissement de ces taxes. C'est pour y donner satisfaction que le gouvernement obtint le vote de la loi du 11 frimaire, an VII, décidant l'établissement de taxes indirectes locales dans toute commune dont les recettes ordinaires ne pourraient suffire à couvrir les dépenses ; une disposition spéciale, contenue dans l'article 55, prohibait en même temps l'assujettissement aux dites taxes, « des grains et farines, des fruits, beurre, lait,

fromages, légumes et autres menues denrées servant habituellement à la nourriture des hommes ».
Ces taxes devaient d'ailleurs être soumises à l'autorisation du pouvoir législatif.

Cette nouvelle législation amena dans nombre
de communes le rétablissement des octrois. La
loi du 23 nivôse, an VII, l'autorisa pour Bordeaux.
celle du 9 prairial, an VII, pour Nantes, celle du
17 vendémiaire, an VIII pour Grenoble, du 28 prairial, pour Poitiers, du 14 messidor, pour Versailles ; d'autres pour Châlons, Brest, Tours,
Sedan, etc.

Une loi de 19 frimaire, an VIII, augmentait les
droits d'octroi de Paris, suivie de près par une
autre contenant cette prescription importante :
« Ne sont point sujets aux droits d'entrée, les
objets non destinés à la consommation des dites
communes, et qui n'y entrent que par transit, ou
pour être entreposés jusqu'à leur sortie ultérieure ». Il y avait là une innovation essentielle
qui constituait un système d'octroi beaucoup
plus favorable que ne l'était le système antérieur
à la Révolution (1).

Le 5 ventôse, an VIII, une loi nouvelle rendait
obligatoire la création d'octrois dans les villes où
les hospices n'avaient pas de ressources suffi-
santes, et modifiait en même temps les conditions
d'établissement en substituant à cet égard le pouvoir du gouvernement à la volonté législative.

Le Conseil municipal avait à présenter les pro-

____

(1) Cette même loi établissait des octrois municipaux dans les
communes de Reims, Metz, Lille, Courtrai, Calais, Limoges et
Epinal.

jets de tarifs et de règlements à l'approbation du Ministre de l'intérieur, celui-ci devant à son tour les soumettre à la sanction des Consuls. En cas de refus ou de retard de délibération de ces derniers, la décision du Ministre demeurait provisoirement valable (1) (arrêté du 9 thermidor) Les différents actes législatifs n'avaient pas renouvelé le régime des prélèvements au profit de l'Etat, antérieur à 1789. Un arrêté du 24 frimaire, an XI, pris par les Consuls, orienta la législation de l'octroi vers les errements anciens, en obligeant les villes de plus de 4,000 habitants à verser dans les caisses publiques 5 0/0 du produit. L'avantage établi en faveur des villes ayant moins de 4,000 habitants, fut aboli par le décret de 1806 qui imposait ce prélèvement, même à ces communes, lorsque leurs revenus seraient supérieurs à 20,000 fr.

Ce prélèvement, porté en même temps à 10 0/0 ne fut abrogé que par décret du 17 mars 1852. Il était censé devoir compenser l'augmentation des droits perçus, résultant au profit des villes de la consommation des troupes y tenant garnison.

Cependant la législation nouvelle comportait une grave lacune : l'omission de toute réglementation sur la désignation des objets imposables, sur la fixation des tarifs, la perception des droits, l'administration de leur produit.

C'est aux désordres multiples et aux inconvénients créés par cette situation que prétendit remédier le décret du 19 mai 1809, en portant une atteinte des plus graves à l'indépendance adminis-

_____

(1) Rousset. — *Histoire des impôts indirects.* — Le Sourd. — *Législation des octrois.*

trative des communes. Désormais, en effet, les octrois seraient soumis à la haute surveillance de la Régie des droits réunis, quant à la détermination des objets à taxer, aux modes de perception aux règles de comptabilité, etc...

Une telle mesure ne pouvait que se heurter à la sourde résistance des communes qu'elle frappait, et qui se témoigna par la lenteur ou par l'inertie devant l'exécution. Aussi, fut édicté, afin d'en triompher; le décret du 8 février 1812 qui ordonna la perception des octrois par la Régie des droits réunis. Ce régime de rigueur fut d'ailleurs éphémère et dans des vues politiques faciles à concevoir la Restauration rendit au consentement du conseil municipal, le pouvoir exclusif d'établir les octrois. (Loi du 8 décembre 1814, art. 22).

La grande loi du 28 avril 1816 accorda une satisfaction plus complète aux vœux persistants des municipalités, et en y insérant comme condition d'établissement, la demande des conseils municipaux, (art. 147) conféra en même temps à ceux-ci le droit exclusif de déterminer le mode de recouvrement de ces taxes ; la perception devant avoir lieu sous la triple surveillance du Maire, du Préfet et de la Régie.

L'introduction de ces mœurs n'enlevait cependant point aux octrois le vice radical qui faisait de ces taxes un objet renaissant de réclamations et de défaveur. La Restauration, inattentive aux cris de : « A bas les droits Réunis » qui avaient accueilli son avènement, n'avait su que recueillir, sans l'améliorer par des diminutions, le lourd appareil fiscal du rétablissement progressif des Aides anciennes, que lui avait transmis l'Empire. Elle se contenta, hélas, de réformes terminologiques, et comme don de joyeux avènement, offrit à la nation la substitution des mots « contributions indirectes » à ceux de « Droits Réunis ! »

« Louis XVIII règnerait encore s'il avait voulu n'être que Louis Stanislas et s'il n'avait eu la faiblesse de conserver vos chers et abominables « droits réunis », disait Dupont de Nemours dans une pensée qui indique fort bien que dans la vie des sociétés, le sentiment et l'intérêt forment alliance pour prêter ou dérober selon le respect et les ménagements qui les recouvrent, leur appui à un régime.

Napoléon Ier lui-même, n'avait-il pas reconnu quels sont les fruits désastreux que portent l'injustice et l'oppression fiscales ? Lui, qui aimait à philosopher sur les causes profondes des événements, de son impopularité par exemple, de sa chute non moins que des triomphes de jadis, ne dédaignait pas d'attribuer de tels effets à de semblables causes, c'est-à-dire d'attribuer aux souffrances causées par le fardeau accablant des charges fiscales, une partie de sa disgrâce auprès du peuple (1).

Après la révolution de 1830, l'institution de l'octroi retrouva de nouveau ses implacables adversaires d'autrefois. Dans plusieurs communes, leur suppression fut réalisée. Toutefois les cri-

_____

(1) « C'est la question vinicole qui m'a perdu. Si je n'avais pas rétabli les Droits Réunis, je ne serais pas ici maintenant. Je n'aurais pas livré la bataille de Waterloo, si j'avais pu compter sur l'affection des habitants des pays vignobles. J'avais un autre plan d'impôt. » DE GIRARDIN. — *L'Impôt*),

tiques avaient porté principalement sur le principe de la conversion facultative de la contribution personnelle et mobilière en une taxe d'octroi. Une loi restrictive de cette faculté de conversion (25 mars 1831), vint disposer que celle-ci ne pourrait plus avoir lieu que pour les villes autorisées par une loi spéciale à continuer ce régime (1).

La portée de ces mesures modératives fut bientôt amoindrie par une législation nouvelle, celle du 3 juillet 1846, en vertu de laquelle le contingent personnel et mobilier, dans les villes d'octroi, pourrait être payé par les Caisses municipales sur la demande qui en serait faite aux préfets par les conseils municipaux ; ceux-ci ayant à déterminer la portion du contingent à prélever dans les produits de l'octroi.

Ces dispositions, jointes aux principes d'ensemble de la loi du 20 avril 1816, régissent actuellement encore la matière. Des lois ultérieures : celles du 24 juillet 1867, du 12 février 1870, du 2 août 1871, combinées avec la grande loi municipale du 5 avril 1884, complètent la Législation des octrois, par l'apport de modifications plus favorables à l'autonomie des communes. Les avantages théoriques comportés par ces textes apparaissent malheureusement comme infirmés par des pratiques peu sages, sujettes à un contrôle trop faible, et la loi récente du 29 décembre 1897

---

(1) En France, sur 36,000 communes, il y avait en 1830, 1,508 communes percevant 67.5 d'octroi ; en 1834, 1,378 communes percevant 54.3 d'octroi ; en 1850, 1,436 percevant 95.2.

Actuellement, l'octroi existe dans 1,518 communes sur 36,000, soit environ 4 0/0. (P. DUBOIS : *Essai sur les Finances communales.*)

s'annonce en réalité comme le premier essai appréciable de réforme semblant ouvrir l'horizon de la solution idéale.

Nous étudierons cette loi dans la suite de ce travail.

DEUXIÈME PARTIE

LÉGISLATION DES OCTROIS

CHAPITRE PREMIER

---

§ I. — **Caractères généraux de l'octroi moderne**

L'octroi est une taxe indirecte, établie au profit des communes, sur les denrées destinées à la consommation locale. Comme tout impôt indirect, il est perçu, non d'une façon périodique et d'après un rôle nominatif, mais en raison d'un fait déterminé, correspondant à la satisfaction d'une jouissance ou d'un besoin. Il constitue, en un mot, un impôt de consommation sur certains objets déterminés, au prix d'achat desquels il ajoute une cause supplémentaire d'élévation. Il a pour but de subvenir à l'insuffisance des ressources normales des communes.

Trois caractères, de formation récente, lui donnent une physionomie distincte de l'octroi ancien :

1° Il atteint exclusivement la consommation locale, laissant en dehors de ses tarifs les objets qui ne font que traverser la commune. Débarrassé ainsi des droits de circulation qui le compliquaient autrefois, il réduit à une portée restreinte, mais sans le détruire, le reproche de constituer une douane intérieure, et de resserrer par son existence le développement du commerce.

Cette situation nouvelle a été créée par l'arrêté du 29 nivôse an VII, et la loi du 27 frimaire an VIII qui affranchissait les objets non destinés à la consommation intérieure, en les soumettant aux règlementations spéciales du passe-debout et du transit.

2° L'octroi a cessé d'être un droit protecteur pour le commerce et l'industrie des communes ; la taxe en est de nature essentiellement fiscale (1)· On ne peut donc les établir pour favoriser un produit au détriment de produits analogues. Ainsi ne peuvent être admises les différences proposées entre les taxes sur des fourrages artificiels et celles sur des fourrages naturels (2) ; de même entre des bœufs et des vaches, entre des agneaux de saisons diverses, etc... (3).

3° Le produit de l'octroi est versé entièrement dans les caisses municipales. Sous l'ancien régime, au contraire, nous avons vu qu'une partie en était soustraite au profit du Trésor royal, lorsque même l'arbitraire de certains édits n'en confisquait pas la totalité, sauf la concession du doublement. Cependant tout un système de prélèvements avait suivi la réapparition des octrois : le plus notable

---

(1) La dernière exception comprise dans l'ordonnance du 9 décembre 1814, sur les bières, a été supprimée par le décret de 1870.

(2) Avis du Conseil d'Etat, 4 et 5 juin 1846.

(3) Conseil d'Etat. 25 févier 1847.

est celui de 10 0/0 au profit de l'Etat que la loi du 28 avril 1816 avait laissé subsister, et qui ne fut supprimé que par décret du 17 mars 1852 (1).

Les prélèvements de 1/20 pour l'entretien des compagnies de réserve (décret du 24 floréal an XIII) et de 1 0/0 au profit de la caisse des invalides (établi par décret du 20 mars 1811 avaient disparu devant les dispositions de la loi de 1816.

§ II. - - **Droits d'entrée et droits d'octroi**

Il importe de distinguer les octrois de certaines taxes d'une nature différente avec lesquelles on peut être tenté de les confondre : les droits d'entrée.

Tandis, en effet que ces derniers sont fixes, uniformes, et déterminés par une loi, les octrois au contraire sont votés par les conseils municipaux et variables suivant les communes. Le droit d'entrée est perçu au profit du Trésor public et son application se restreint aux liquides ; l'octroi est purement municipal et s'applique à d'autres denrées encore que les boissons (2).

------

(1) Art. 25 du décret du 17 mars 1852 : « A dater du 1ᵉʳ mai prochain, le prélèvement de 10 0/0 attribué au Trésor public sur le produit net des octrois sera supprimé. Les taxes quelconques d'octroi autres que les taxes additionnelles et temporaires dont le produit est maintenant affranchi du prélèvement de 10 0/0 seront simultanément et de plein droit réduites d'un dixième. »

(2) Au point de vue fiscal, les boissons se divisent en trois catégories :

1° Les vins, cidres, poirés et hydromels ; 2° les eaux-de-vie, esprits, liqueurs ; 3° les bières.

Les boissons de la première catégorie supportent un *droit de circulation* ou de consommation en gros, un *droit de détail* et un *droit d'entrée* (système de taxe unique dans les villes au-dessus de 6,000 âmes).

Tout approvisionnement au-dessus de 25 litres est considéré

Tel individu peut n'être pas soumis au droit d'octroi s'il a son domicile hors du rayon, et être au contraire soumis aux droits d'entrée (1). De même doivent être distingués des droits d'octroi, les droits de pesage. de mesurage, et de jaugeage établis dans certaines communes (2). C'est à tort également, dit un autre arrêt, qu'on leur assimilerait le droit de péage établi au profit d'une ville, comme taxe de construction ou d'entretien d'un port, sur toutes les marchandises y débarquant. Une loi du 21 avril 1832 autorise pour certaines villes, et sauf la sanction du chef de l'État, la conversion de leur contingent dans la contribution personnelle et mobilière en un prélèvement sur les produits de l'octroi. C'est le système suivi à Paris, et dans les villes de Versailles et de Montluçon.

§ III. — **Établissement des octrois**

L'initiative de l'établissement des octrois appartient aujourd'hui aux communes seules, ainsi que le droit de réglementation, et de fixation des

comme approvisionnement en gros et soumis au droit de circulation.

Le droit de détail est de 15 0/0 de la valeur des boissons manquant aux quantités prises en charge par le commerce. Il atteint la consommation du cabaret et celles de la famille pour les approvisionnements inférieurs à 25 litres.

Le droit d'entrée s'ajoute aux droits de circulation et de détail dans les communes ayant une population agglomérée de 4,000 âmes et au-dessus.

Les eaux-de-vie supportent un droit de consommation et d'entrée.

Les bières supportent une taxe de 2 fr. 40 par hectolitre perçue sur la fabrication.

(1) Cassat. 6 juin 1822. D. A. 4-134.
(2) Cassat 7 avril 1837. S. 37-1-342.

tarifs ; à cet égard l'autorité réservée au pouvoir central a cessé d'être une autorité d'action pour se restreindre à une simple autorité de contrôle (1).

Tels sont les principes nouveaux posés par la loi réformatrice du 28 avril 1816.

Le progrès réalisé par cette législation consiste dans le droit accordé de façon exclusive, aux élus de la cité de créer l'impôt communal d'octroi, et abolit ainsi le système d'établissement arbitraire en vigueur sous le Consulat et l'Empire.

La loi du 25 ventôse an VIII avait en effet fait subir une atteinte profonde à l'autonomie communale, en statuant qu'en cas de refus ou de négligence de délibérer sur la création d'un octroi, le gouvernement pouvait d'office l'imposer aux communes. Ces dispositions avaient d'ailleurs trouvé leur confirmation dans un décret postérieur, du 17 mai 1809, investissant formellement le chef de l'État du droit d'établir d'autorité un octroi ou de modifier les tarifs existants. « Lorsque les communes refuseront d'établir un octroi, un rapport sera fait pour que le chef de l'État statue ce qu'il faudra. »

C'est à cette législation si attentatoire aux libertés communales que vint porter remède la loi du 28 avril 1816 dont les dispositions empreintes de libéralisme et d'équité, cédaient enfin aux vœux instants exprimés, dès longtemps, par les communes.

Cette loi intitulée : « Loi sur les contributions

______

(1) Dufour, *Droit administratif*. — De Ramel, *Commentaire de la loi du 5 avril 1884.*

indirectes », et divisée en sept titres de 248 articles, comprenait dans son titre II l'ensemble des dispositions consacrées à la matière des octrois.

Par son article 147, elle retire expressément au pouvoir central le droit d'établir des octrois d'office, en l'attribuant aux conseils municipaux qui pourront désormais, en cas d'insuffisance des ressources aux dépenses, instituer des taxes d'octroi sur les consommations. De même, aux termes de cet article, appartiennent aux conseils municipaux la désignation des objets imposés, la fixation des tarifs, la règlementation du mode de perception.

En vertu de la même loi, l'administration supérieure perdait également la faculté de maintenir les perceptions.

L'administration des octrois ainsi restituée aux communes, celles-ci se voyaient pourvues désormais du pouvoir de choisir entre les divers modes de perception : régie simple, régie intéressée, bail à ferme ou abonnement. En un mot, les applications de la règle inscrite déjà dans l'article 2 de la loi du 5 ventôse, an VIII, se trouvaient élargies ; et comme conséquence du droit reconnu aux conseils municipaux de voter les tarifs et règlements de perception de tous les revenus communaux (décret du 17 mai 1809 et ordonnance du 9 décembre 1814), la désignation des objets imposés, les tarifs, le mode et les limites de perception deviennent autant de matières soumises aux délibérations du Conseil municipal.

Les règles établies par cette loi, combinées avec les dispositions des lois du 24 juillet 1867, des

10 août 1871 et du 5 avril 1884, forment la législation actuellement en vigueur (1).

C'est, nous l'avons assez indiqué, une idée de
liberté et de décentralisation communales qui se
trouve à la base de l'établissement des octrois.

Les conseils municipaux, par la loi de 1816,
sont constitués seuls maîtres de la création des
octrois, de la règlementation et de la modification
des tarifs, de la fixation du périmètre, etc. Le
pouvoir central n'interviendra plus qu'à titre de
régulateur, de contrôleur, ce droit de contrôle
ayant pour stricte mesure l'observation des lois
générales de l'économie politique, et le maintien
des décisions des assemblées communales dans
les limites des règles générales de notre droit
administratif.

Justification, par la situation financière, de
l'établissement des octrois, accomplissement des
formalités légales, production de documents à
l'appui et conformité du système des taxes et des
vérifications à l'endroit général du pays, telles
sont les seules restrictions (2).

C'est ainsi que ne pourront être créés des droits
protecteurs destinés à favoriser certains produits
locaux au détriment de la production des autres

---

(1) C'est cette même loi de 1816 qui établit l'obligation pour les
communes, dont les revenus ordinaires s'élevaient à 10,000 francs
de soumettre leur comptabilité à la Cour des comptes. La loi du
18 juillet 1837 a modifié cette disposition en restreignant le contrôle
par la Cour des comptes aux communes dont les revenus dépassent
30,000 francs.

(2) La loi nouvelle du 29 décembre 1897 (art. 8), édicte cependant
pour l'avenir, une prohibition, quant aux octrois sur les boissons
hygièniques, dans les villes qui n'ont pas actuellement d'octrois
sur ces boissons (V. plus loin).

régions. C'est ainsi, également, que l'Etat veillera
à ce que certains objets de consommation demeu-
rent en dehors des tarifs, ou soient soumis à des
taxes modérées qui ne puissent aggraver de façon
nuisible, celles que l'Etat impose pour son propre
compte.

Enfin, la nécessité de l'autorisation par décret
du Conseil d'Etat, ou par vote du Parlement, selon
les cas, protégera (en principe du moins) les Conseils municipaux contre leurs propres entraîne-
ments, et les prodigalités que comporte un mode
d'imposition d'une telle souplesse et d'une telle
facilité.

Vous verrons toutefois si dans la pratique les
homologations sont aussi parcimonieuses qu'elles
devraient être, et si les décisions de recours souvent
intensif à ces ressources sont bien pourvues d'un
contrôle rigoureusement fidèle à la mission tuté-
laire de l'Etat.

§ IV. — **Autorités compétentes pour l'Etablissement des Octrois**

La loi du 23 juillet 1867 sur les Conseils municipaux avait édicté dans son article 8 que l'établissement des taxes d'octroi votées par les Conseils
municipaux ainsi que les règlements relatifs à
leur perception devaient être autorisés par décrets
rendus sur l'avis du Conseil d'Etat. Cette même
autorisation était imposée pour les modifications
aux règlements ou périmètres existants, pour
l'assujettissement à la taxe d'objets non encore
compris dans le tarif local, pour l'établissement

ou le renouvellement d'une taxe excédant le maximum fixé par le tarif général.

Etaient déclarées exécutoires (art. 9), sauf annulation par le préfet dans les trente jours, les délibérations prises par les Conseils municipaux concernant :

1° La suppression ou la diminution des taxes d'octroi pour cinq ans au plus. La validité de ces décisions était subordonnée à cette condition que les taxes n'excéderaient pas le maximum fixé par le tarif général ou qu'aucune de ces taxes ne porterait sur des objets non compris dans ce tarif. L'article 10 portait que ces délibérations n'étaient exécutoires qu'avec l'approbation du préfet (1).

Un nouveau progrès fut réalisé par la loi du 10 août 1871 qui délégua aux Conseils Généraux des attributions réservées jusqu'alors au pouvoir central et pour l'exercice desquelles ils semblaient en effet posséder plus d'autorité et une compétence plus sérieuse.

A eux désormais appartenaient la délibération ou le renouvellement des taxes d'octroi sur des matières non comprises dans le tarif général (loi du 12 février 1870) ; sur l'assujettissement à la taxe d'objets non encore imposés.

L'art. 46, § XXV, décidait que le Conseil Général statuerait définitivement sur les délibérations des Conseils municipaux relatives à la prorogation des taxes d'octroi actuellement existantes ou à

____

(1) Une loi de 1817 avait édicté pour les villes de Paris et de Lyon des dispositions spéciales aux termes desquelles les délibérations prises par les Conseils municipaux sur les objets spécifiés en l'art 9 ne sont exécutoires en cas de désaccord entre le préfet et Conseil municipal qu'en vertu d'une approbation par décret impérial.

l'augmentation des taxes principales au-delà d'un décime, le tout dans les limites du maximum des droits établis et de l'énumération des objets figurant au tarif général.

Etaient soumises, en outre, aux délibérations du Conseil Général (art. 48, § IV), les demandes des Conseils municipaux :

1° Pour l'établissement ou le renouvellement d'une taxe d'octroi sur des matières non comprises dans le tarif général indiqué à l'art. 46 ;

2° Pour l'établissement ou le renouvellement d'une taxe excédant le maximum fixé pour ledit tarif ;

3° Pour l'assujettissement à la taxe d'objets non encore imposés au tarif local ;

4° Pour les modifications aux règlements ou périmètres existants.

Les délibérations prises par le Conseil Général sur les points indiqués à l'art. 48, étaient d'ailleurs exécutoires si dans un délai de 3 mois à partir de la clôture de la session aucun décret motivé n'avait suspendu l'exécution (art. 49).

La loi de 1871 n'avait pas été sans provoquer de nombreuses critiques et soulever des difficultés et d'ordre juridique et d'ordre pratique.

Au premier point de vue, par exemple, s'était posée la question suivante : le gouvernement commettait-il un excès de pouvoir en prononçant la suppression à titre provisoire d'une délibération du Conseil Général relative à une augmentation de périmètre, en se basant sur l'insuffisance des documents nécessaires pour l'instruction de ces sortes d'affaires, alors que ce décret n'était pas motivé en conformité de l'article 49, de la loi du 10 août 1871.

Malgré des controverses multiples ayant donné naissance à une opinion généralement favorable à l'interprétation affirmative, le Conseil d'Etat posa le principe contraire dans un arrêt du 1 avril 1881 (1). Une doctrine analogue ressortait également ment d'un arrêt de Cassation rendu peu de temps après (2).

Ce même arrêt du 1 avril 1881, mentionné précédemment avait jugé encore que n'était pas entaché d'excès de pouvoirs le décret par lequel le gouvernement, après l'expiration du délai de trois mois spécifié par l'art. 49 de la loi de 1871, pour suspendre les délibérations prises par les Conseils généraux (art. 48), rapportait partiellement un précédent décret de suspension intervenu dans le délai légal.

Au point de vue pratique, la législation de 1871 présentait certains vices, notamment l'absence de méthode de coordination et de simplicité. La multiplicité des compétences, l'enchevêtrement compliqué de cette réglementation, la désignaient facilement à des critiques qui s'appliquaient en même temps à combattre le principe consacré par la loi de 1871 de l'attribution d'une tutelle administrative aux Conseils Généraux, principe d'ailleurs contraire à la pensée initiale du législateur. De plus, des retards considérables résultaient de la nécessité d'une décision par une assemblée ne se réunissant que deux fois par an,

____

(1) Sir. 82-3-76 ; D. P. 82-3-73.
(2) Cass. : 21 juin 1882. — S. 83-1-61. — D. P. 83-1-88.

et toutes les délibérations étant adressées à la même époque au Ministère des Finances, il y avait une impossibilité pour ainsi dire absolue, de procéder à leur examen en temps utile (1).

Ces critiques furent habilement mises en relief par M. d'Aillières, lors de la discussion de la future loi du 5 avril 1834, destinée à améliorer et codifier la législation antérieure. « Les Communes qui veulent créer un octroi, disait l'orateur, ou modifier celui qu'elles ont, peuvent avoir recours à cinq compétences diverses, ce qui est trop : 1° si elles veulent simplement supprimer ou diminuer l'octroi, proroger les taxes pour cinq ans au plus ou les augmenter jusqu'à concurrence d'un décime, leur conseil municipal est souverain ; 2° si elles veulent augmenter les taxes au delà d'un décime, tout en restant dans les limites du tarif général, la compétence appartient au Conseil Général statuant souverainement dans les termes de l'art. 47 de la loi de 1871 ; 3° si la commune veut modifier les périmètres ou les règlements, ou bien imposer des objets non encore compris au tarif local, ou voter des taxes dépassant le maximum du tarif général, nouvelle compétence. C'est le Conseil Général, statuant dans les termes de l'art. 49 de la loi de 1871, c'est à dire prenant une délibération pouvant être annulée dans les trois mois par décret, qui doit approuver la délibération ; 4° s'il s'agit d'établir un octroi dans une commune qui n'en possédait

______

(1) DEBUCHY. — *Loi organique du 5 avril 1884.* — HERMITTE. — *Les octrois et les Conseils municipaux.* — MORGAND. — *La loi municipale.*

pas encore il faut un décret rendu en Conseil d'Etat ; 5° enfin, s'il s'agit d'une surtaxe, il faut une loi ».

La Chambre, frappée par ces critiques appuyées par le sous-secrétaire d'Etat aux finances et convaincue par les arguments contraires à l'intervention des Conseils généraux, adopta une solution radicale : suppression pure et simple de l'intervention des Conseils généraux et fixation de deux catégories de délibérations : 1° Celles qui devaient être approuvées par décret (délibérations des Conseils municipaux portant sur les objets indiqués aux §§ I, II, III, IV, de l'art. 48 de la loi de 1871), 2° celles qui seraient exécutoires par elles-mêmes. M. d'Aillères, s'était borné cependant à réclamer le droit d'examiner les délibérations des Conseils municipaux en matière d'octroi.

Le vote de la Chambre se heurta aux vues contraires du Sénat qui exigea l'intervention, à titre de simple avis, soit du Conseil Général, soit de la Commission départementale dans l'intervalle des sessions. Bien plus, le Sénat prétendit soumettre à l'approbation du préfet (art. 138) les délibérations des Conseils municipaux, relatives à la suppression ou à la réduction des octrois, à la prorogation des taxes pour une période de cinq ans au plus, commençant au 1er janvier qui suit la délibération, à l'augmentation des taxes pour cinq ans au plus dans les mêmes conditions.

Après acceptation de la Chambre de la première partie de ces modifications (avis du Conseil général ou de la Commission départementale sur les matières réglées par décret), mais affirmation de sa volonté de rendre exécutoires par elles mêmes les autres délibérations des Conseils municipaux concernant les matières indiquées par les §§ II et III, (prorogation ou augmentation des taxes d'octroi pour une période de cinq ans au plus sous la réserve qu'aucune des taxes maintenues ou modifiées, n'excèdera le maximum déterminé par le tarif général et ne portera que sur des objets compris dans ce tarif.)

Telles furent les conditions novatrices dans lesquelles fut votée la loi du 5 avril 1884 dont les dispositions principales, en ce qui concerne l'octroi, se trouvent contenues dans l'art. 137 qui dispose que l'établissement des taxes d'octroi votées par les Conseils municipaux, ainsi que les règlements relatifs à leur perception sont autorisés par des décrets. Ces décrets doivent être rendus en Conseil d'Etat après avis du Consei Général ou de la Commission départementale : l'innovation essentielle consistant dans l'intervention éventuelle de ce dernier organe.

Quant au rôle du Conseil d'Etat, il s'exercait dans des conditions semblables aux termes de la loi du 24 juillet 1867, qui reproduisait elle-même à cet égard les dispositions énoncées par l'art. 8 de la loi du 11 juin 1842 (1).

Aux termes de l'art 137, de la loi de 1884, « Les établissements des taxes d'octroi votées par les Conseils municipaux, ainsi que les règlements relatifs à leur perception sont autorisés par des décrets du Président de la République, rendus en

____

(1) DE RAMEL. — *Commentaire de la loi du 5 avril* 1884. — MORGAND. — *La Loi municipale.*

Conseil d'Etat après avis du Conseil général ou de la Commission départementale dans l'intervalle des sessions. Il en sera de même de toute délibération portant augmentation ou prorogation pour une période de plus de cinq ans.

Les délibérations concernant :

1° Les modifications aux règlements ou aux périmètres existants.

2° L'assujettissement ou le renouvellement d'une taxe non encore imposée au tarif local.

3° L'établissement ou le renouvellement d'une taxe non comprise dans le tarif général.

4° L'établissement ou le renouvellement d'une taxe excédant le maximum fixé par ledit tarif général.

Doivent être pareillement approuvées par décrets du Président de la République, rendus au Conseil d'Etat après avis du Conseil général ou de la Commission départementale dans l'intervalle des sessions.

Les surtaxes d'octroi sur les vins, cidres, poirés, hydromels et alcools au delà des proportions déterminées par les lois spéciales concernant les droits d'entrée au Trésor, ne peuvent être autorisées que par une loi.

§ V — Divers cas de compétence.

Si en résumé nous envisageons les hypothèses visées par les articles 137, 138 et 139 de la loi du 5 avril 1884, nous aurons à nous demander quelles sont les différentes autorités compétentes pour statuer sur les cas suivants :

1° Etablissement de taxes d'octroi.

2° Augmentation ou propagation de taxes pour plus de cinq ans.

3° Modifications aux règlements et périmètres existants.

4° Assujettissement aux taxes d'objets non encore imposés.

5° Etablissement ou renouvellement d'une taxe non compris au tarif.

6° Etablissement d'une taxe excédant le maximum fixé par le tarif général..

7° Surtaxes d'octroi sur les liquides au-delà des proportions déterminées par les lois concernant les droits d'entrée du Trésor.

8° La diminution ou la suppression des taxes.

9° La prorogation ou l'augmentation des taxes en restant dans les limites du tarif général.

1° Etablissement des taxes d'octroi.

L'établissement d'un droit doit se baser sur une cause essentielle : l'insuffisance des revenus d'une commune pour subvenir à ses charges annuelles, soit pour faire face à des dépenses extrordinaires, soit pour lui permettre l'acquittement des dettes arriérées. (1) Il y a d'autre part pour condition

---

(1) *Instruction ministérielle du 15 mars 1884.* — « Lorsque les Conseils municipaux sont appelés à se prononcer sur l'établissement, le maintien ou l'élévation des droits. d'octroi, il convient qu'ils examinent de quelle somme la commune a besoin pour assurer la marche des services municipaux.

Pour se procurer cette somme, le Conseil vote les taxes principales d'octroi qui ont un caractère annuel et permanent et dont le produit est inscrit au budget ordinaire de la commune. Si après la fixation de ces droits, la commune se trouve dans l'obligation de pourvoir à des dépenses extraordinaires pour l'exécution d'entreprises ou pour le remboursement d'emprunts, le Conseil municipal peut voter de nouveaux droits: soit au moyen de l'addition d'un ou de plusieurs décimes aux taxes principales, soit à l'aide de taxes extraordinaires frappant d'autres articles. « Journal des Communes, 1884, p. 327.

formelle la délibération du Conseil municipal prononçant la demande de cet octroi.

En présence des termes de la loi (art. 147 de la loi du 20 avril 1816) il semble que la question ne peut même se poser de savoir si le gouvernement jouit à cet égard d'un droit rival. On a essayé cependant de soutenir ce système quasi paradoxal, qu'en l'absence d'une demande pour le Conseil municipal, le gouvernement avait la faculté de créer un octroi. Pour étayer ce système on arguait que la loi de 1816 n'a statué que *de eo quod plerumque fit* et que la demande des conseils municipaux n'était pas une condition *sine qua non* de l'établissement d'un octroi. C'est se donner, semble-t-il, une tâche bien facile que de réfuter semblable théorie. Que comprenait en effet le but de la loi de 1816, sinon un progrès dans le sens d'une concession à l'esprit d'indépendance et de liberté communales ?

Il n'est pas douteux que la loi du 28 avril 1816, en excluant, par prétérition, de son article 147 les dispositions antérieures du décret du 17 mai 1809 et celles de l'article 9 de l'ordonnance du 9 décembre 1814, entendait ne réserver qu'aux conseils municipaux seuls, la faculté d'établissement. Admettre une solution différente, c'est méconnaître la pensée même du libéralisme qui devait régir la nouvelle législation. C'est donc dans le consentement exprès des représentants de la commune que réside l'élément régénérateur indispensable de l'établissement d'un octroi (1).

---

(1) De même, et par analogie, il faut décider que l'administration supérieure ne peut supprimer totalement ou en partie un octroi

C'est la doctrine généralement admise, et à laquelle se sont ralliés les auteurs les plus autorisés (1). Deux arrêts du Conseil d'État avaient d'ailleurs fixé l'opinion dans ce sens (2).

En dernière analyse, il résulte enfin de la loi du 5 avril 1884 (art. 149) une indication précise. Aux termes de cet article, les dépenses imposées d'office par le gouvernement ne peuvent porter que sur une contribution extraordinaire établie par une loi ou un décret suivant qu'elle excède ou non le maximum fixé par la loi des finances. Or, comme il s'agit de centimes additionnels, il en résulte cette conséquence implicite que la délibération seule du Conseil municipal, et non la volonté du gouvernement, rend possible la création d'un octroi.

Est-ce à dire que cette délibération du Conseil municipal doit être spontanée ? Admettre l'affirmative serait pousser le principe à une rigueur d'interprétation que ne comporte d'ailleurs point l'article 9, non abrogé, de l'ordonnance de 1884. Le droit doit donc être reconnu au préfet de provoquer cette délibération lorsque l'insuffisance des ressources d'une commune lui est révélée par l'examen de son budget.

---

régulièrement établi. Elle ne pourrait davantage modifier une taxe en l'augmentant, ce qui équivaudrait à l'établissement partiel d'un octroi, acte pour lequel il n'est pas compétent par définition.

Au contraire, l'établissement par une municipalité d'un tarif ou règlement contraire à la loi donnerait ouverture au droit d'intervention du gouvernement. Dans ce cas, les conseils municipaux seraient appelés à délibérer de nouveau. (TURQUIN, *Manuel des Octrois*. n° 259. Avis du Conseil d'Etat, 30 juillet 1884.).

(1) LEBON, M. BLOCK, DUFOUR, DE RAMEL, etc.

(2) Conseil d'Etat, arrêts du 16 décembre 1842 et du 5 janvier 1842. Un arrêt contraire du 25 avril 1845 est venu cependant s'écarter de cette solution

L'acte initial, le vote du Conseil municipal (il a
réglé la nature des objets imposés, les limites de
perception, les tarifs) cet acte étant accompli,
intervient la formalité indiquée précédemment :
l'avis du Conseil général, ou de la Commission
départementale, dans l'intervalle des sessions.
Ce pouvoir de la Commission départementale
résulte, rappelons-le, des dispositions de la loi
et d'une simple délégation facultative du Conseil
général.

Quand le Conseil municipal a terminé son
œuvre, élaboré ses règlements, à l'aide des documents que l'administration des contributions
indirectes met à sa disposition, sa délibération
est adressée par le maire au sous-préfet. Ce
dernier après avoir joint, s'il y a lieu, ses observations, expédie le dossier au préfet qui le
transmet à son tour au Ministre de l'intérieur,
avec son avis et celui du directeur des Contributions indirectes du département. L'Administration
supérieure ne devant prononcer qu'en parfaite
connaissance de cause, il est nécessaire de lui
faire parvenir les documents à l'appui de son
travail. L'instruction ministérielle du 15 mai 1884
spécifie, à ce sujet, les pièces devant être comprises dans le dossier. Ce sont, 1º la délibération du
Conseil municipal ; 2' le budget primitif et le
budget additionnel de l'exercice courant, ou à son
défaut, celui de l'exercice précédent ; 3º un relevé,
présentant, d'après les trois derniers comptes
administratifs, les recettes et les dépenses communales, séparées en ordinaires et extraordinaires ; 4º un certificat du maire et du receveur

municipal faisant connaître : les impositions extraordinaires qui peuvent grever la commune, avec indication de leur quotité, de leur durée et de leur objet, les sommes restant dues en principal sur les emprunts non remboursés, les autres dettes communales ; 5° un exemplaire du règlement et du tarif de l'octroi projeté ; 6° le rapport du directeur des Contributions indirectes ; 7° l'avis du Conseil général ou de la Commission départementale : 8° l'avis motivé du préfet ; 9° un plan de la commune indiquant le périmètre de l'octroi ainsi que l'emplacement des poteaux et des bureaux de perception ; 10° un certificat faisant connaître le nombre des habitants et l'étendue du territoire à comprendre dans le rayon de la perception ; 11° l'avis de l'autorité militaire ou maritime s'il se trouve dans la ville une garnison ou un établissement maritime (1).

Le dossier est enfin transmis au Ministre des finances qui, après connaissance prise, fait procéder à la sanction définitive par la voie d'un décret en Conseil d'État. L'intervention de ce décret donne désormais pleine force légale à la création d'octroi celle-ci, devenant ainsi pour la commune non plus seulement une simple faculté, mais une stricte obligation qui permet à tout contribuable de porter plainte en cas d'inexécution (2).

______

(1) En ce qui concerne le tarif et le règlement, la jurisprudence du Conseil d'Etat exige un exemplaire en trois expéditions certifiées par le maire ; l'une destinée à demeurer aux archives du Conseil d'Etat, la seconde à celles du ministère, la troisième à celles du Conseil municipal pour être annexée à la délibération.
(2) Toulouse, 12 décembre 1882, *Gaz. Pal.* 83, 2-274, 2ᵉ partie.

2° *Augmentation ou prorogation des taxes.*

La loi qui a entouré l'établissement des octrois de certaines formalités protectrices, a pourvu également à des précautions analogues en ce qui concerne les augmentations ou les prorogations des taxes. Elle n'a pas entendu qu'une fois établies ces taxes fussent sujettes à une certaine immuabilité dans l'augmentation ou la prorogation qui en seraient décidées, ni à une restriction trop notable de révision, en dépit des changements survenus dans les affaires communales ou des vœux des populations. Aussi, pour ne pas livrer, pour une période trop longue, les habitants des communes aux décisions des municipalités, à cet égard, la loi a établi une limite qu'elle a fixée à cinq ans. Cette limite impliquant une différence de procédure suivant que les augmentations ou les prorogations votées visent ou non une période de plus de cinq ans, nous rappellerons la disposition des articles 137 et 139 de la loi de 1884 qui déterminent respectivement la marche à suivre à cet égard.

Si en effet ces mesures doivent dépasser une durée de cinq ans, nous nous trouvons dans l'application de l'article 137 : « L'établissement des taxes d'octroi votées par les conseils municipaux ainsi que les règlements relatifs à leur perception, sont autorisés par des décrets du Président de la République, rendus en Conseil d'État après avis du Conseil général ou de la Commission départementale. Il en sera de même de toute délibération portant augmentation ou prorogation pour une durée de plus de cinq ans.

Les pièces indiquées plus haut doivent figurer de même dans le dossier, mais doivent être joints en outre : 1° un résumé des propositions municipales ; 2° un relevé des taxes excédant les maxima du tarif général ; 3° un relevé des taxes portant sur des objets non compris au tarif.

Une observation intéressante doit être notée ici : les décrets rendus en cette matière doivent approuver, en réalité, les délibérations des conseils municipaux et non les tarifs et règlements prorogés ou modifiés annexés aux dites délibérations aux termes de l'article 3 de la loi du 12 février 1870 (1).

Toutes fois qu'il s'agit de prorogations ou augmentations, le préfet doit veiller à ce que les dossiers parviennent au ministère au plus tard dans le courant du mois d'août de l'année où l'octroi devra prendre fin. En outre, les tarifs et règlements doivent porter la mention d'annexes ; l'omission de ces formalités pouvant avoir pour conséquence l'ajournement de l'affaire, soit par le ministère des finances, soit par le Conseil d'Etat (2) (instruction ministérielle du 15 mai 1884).

Si un décret est nécessaire pour ratifier les mesures de prorogation pour une durée de plus de cinq ans, nous savons au contraire que la délibération est exécutoire par elle-même, dans le cas contraire (art. 139, loi du 5 avril 1884). La

_____

(1) Avis des sections de l'intérieur et des finances du 25 juin 1884, rapporté par Béquet (V. *Commune* n° 3122).

(2) De Ramel. — Ouvrage cité.

délibération du Conseil municipal, la transmission de la décision prise au préfet, et le renvoi par celui-ci à l'examen de la direction générale des contributions indirectes : telles sont les seules phases de la procédure, dans l'hypothèse prévue.

3° *Modifications aux règlements et périmètres existants.*

« Les délibérations concernant : 1° Les modifications aux règlements ou aux périmètres existants : 2° .. .., etc. Doivent être pareillement approuvées par décrets du Président de la République rendus en Conseil d'Etat, après avis du Conseil général ou de la Commission départementale dans l'intervalle des sessions (art. 137) ».

En vertu de l'instruction ministérielle du 15 mai 1884, lorsqu'il s'agit d'une extension de périmètre, on doit joindre aux pièces ordinaires : 1° un plan de la commune indiquant par des lignes différentes les limites de l'ancien périmètre et celles du périmètre proposé ; 2° un certificat faisant connaître l'étendue du territoire qu'on se propose de comprendre dans le rayon de la perception, ainsi que l'augmentation de recettes à provenir de l'extension du périmètre ; 3° l'avis du représentant de l'autorité militaire s'il s'agit d'une commune possédant une garnison. Le plan du périmètre doit porter l'indication de l'emplacement actuel des bureaux et des emplacements proposés, au cas où la modification a pour objet la création, le déplacement ou la suppression de bureaux de perception.

D'une façon analogue, enfin, si les modifications

visent les articles des règlements, les délibérations
doivent mentionner le texte ancien et le texte
nouveau, avec spécification détaillée des changements proposés, le tout sous peine d'annulation (1).

4° Assujettissement aux taxes d'objets non encore
imposés au tarif local.

Nous restons ici encore dans la sphère d'application de l'article 137 de la loi du 5 avril 1884 :
un décret en Conseil d'Etat doit sanctionner les
délibérations sur l'assujettissement d'objets non
encore imposés.

Même procédure que pour l'établissement de l'octroi. Outre les pièces ordinaires, la circulaire du
15 mai 1884 prescrit de joindre : 1° un tableau présentant, en regard l'un de l'autre, le tarif en vigueur
et le tarif projeté avec l'indication de la différence,
en plus ou en moins, de la recette sur chaque article
de perception, d'après la moyenne de la consommation pendant les trois dernières années ; 2° l'é-
numération des dépenses urgentes ou des travaux
dûment autorisés auxquels le commerce aurait à
pourvoir.

5° Etablissement ou renouvellement d'une taxe
non comprise dans le tarif,

Les dispositions relatives à cette rubrique, ainsi
qu'à celle qui précède et celle qui va suivre auraient pu être comprises sous un paragraphe
unique : le paragraphe de l'art. 137 qui les contient
implicitement. En effet, si l'assujettissement à la

---

(1) Circulaire minis'érielle 16 mars 1880. — Circulaire ministérielle des finances 12 juillet 1880.

taxe d'objets non encore imposés est assimilable en réalité à l'hypothèse de l'établissement de taxes prévues par ce paragraphe, de même l'établissement ou le renouvellement d'une taxe non comprise dans le tarif ou excédant le maximum de ce tarif est-il étranger à l'empire de ces dispositions soumettant à l'approbation par décret rendu en Conseil d'Etat? Le texte de notre article suffisait pour renfermer non seulement l'hypothèse de la création d'un octroi, mais encore celle des taxes à ajouter successivement au tarif (1).

6° *Etablissement ou renouvellement d'une taxe excédant le maximum fixé par le tarif général.*

La procédure indiquée ci-dessus s'applique à notre cas. Il importe simplement ici de préciser le sens de ces mots : « renouvellement d'une taxe non comprise dans le tarif ou excédant le maximum fixé par le tarif général ».

Il s'agit ici non du rétablissement au tarif de taxes qui en auraient été supprimées — ce qui nécessiterait un décret comme dans le cas d'établissement — mais d'une prorogation de la taxe pour une nouvelle période de perception.

7° *Surtaxes d'octrois.*

On entend par surtaxe la partie du droit excédant le maximum des taxes fixé par la loi pour des objets déjà soumis à des impôts au profit du Trésor. C'est ainsi que les boissons dites hygiéniques, les vins, cidres, poirés, hydromels étant

---

(1) MORGAND. — *La loi municipale.*

déjà assujettis à certains droits perçus par les Contributions indirectes, on a déterminé le maximum des droits d'octroi à percevoir sur ces mêmes objets (1).

L'excédent de ce maximum ou surtaxe constitue une dérogation à la loi générale, et cette dérogation ne peut s'autoriser que d'une loi spéciale.

Déjà la loi du 11 juin 1842 avait posé ce principe que les surtaxes ne pourraient être établies qu'en vertu d'une loi. L'article 8 statuait en effet que les droits à établir sur les vins, cidres, poirés, hydromels et alcools, ne pourraient excéder ceux perçus aux entrées des villes au profit du Trésor ; le décime non compris. Aux termes de l'art. 9, dans les communes ayant moins de 4.000 habitants et non soumises aux droits d'entrée sur les boissons, le droit d'octroi ne devait pas excéder le droit d'entrée existant pour les villes d'une population de 4.000 âmes, toute taxe supérieure au droit d'entrée ne pouvant être établie qu'en vertu d'une loi.

L'intervention législative a été maintenue par la loi du 6 avril 1884 en ce qui concerne l'établissement de ces surtaxes (2).

______

(1) L'expression « surtaxe » ayant été confondue quelquefois, dans le langage pratique, avec les taxes additionnelles, le Sénat désira en préciser le sens (art. 137).

(2) L'art. 9 conserve ses effets en ce qui concerne les alcools ; toutefois la loi du 26 mars 1870 a élevé notablement les droits. La quotité pour les alcools est fixée selon les chiffres suivants qui

L'art. 6 de la loi du 19 juillet 1880 fixe la règle en ce qui concerne les droits d'octroi qui peuvent être perçus sur les vins, cidres, poirés et hydro- mels : « à moins qu'une loi spéciale n'en décide autrement, les taxes d'octroi sur les vins, cidres, poirés et hydromels ne peuvent excéder le double des droits d'entrée perçus par le Trésor public. »

La quotité de ces droits d'entrée varie d'ailleurs, en principal et en décimes, d'après la population des communes, et, en ce qui concerne les vins, d'après la classe à laquelle appartient le départe- ment. L'art. 3 de la loi du 19 juillet 1880 détermi- nait la quotité de ces droits. — Nous repro- duisons ici un tableau dressé par la direction générale des contributions indirectes, indiquant le maximum des taxes d'octroi ne pouvant être dépassé, en dehors d'une loi spéciale, en ce qui concerne les vins, cidres, poirés, hydromels et alcools : (1).

	MAXIMUM DES DROITS D'OCTROI				
POPULATION	PAR HECTOLITRE DE VIN dans les départements de			Par hectolit. de cidre, poiré et hydro- mel.	Par hectolit. d'alcool pur.
	1re clas.	2e classe	3e classe		
Au-dessous de 6.000 âmes	0 64	0 88	1 20	0 56	6 »
De 6.000 à 10.000 âmes	0 96	1 36	1 76	0 80	9 »
De 10.001 à 15.000 —	1 20	1 84	2 40	0 96	12 »
De 15.001 à 20.000 —	1 52	2 24	3 04	1 36	15 »
De 20.001 à 30.000 —	1 76	2 72	3 60	1 52	18 »
De 30.001 à 50.000 —	2 08	3 20	4 16	1 84	21 »
De 50.001 et au-dessus	2 40	3 60	4 80	2 »	24 »

indiquant ainsi le maximun des droits d'octroi pouvant être per- çus sans une loi spéciale

Dans les communes d'une population :

De 4.000 à 6.000 âmes...	6 francs.		De 20.000 à 30.000 âmes...	18 francs.	
De 6.000 à 10.000 — ...	9	—	De 30.000 à 50.000 — ...	21	—
De 10.000 à 15.000 — ...	12	—	De 50.000 et au-dessus.....	24	—
De 15.000 à 20.000 — ...	15	—			

(1) MORGAND — *La Loi municipale.* V. Modif. Loi 29 déc. 1897.— Art. 2.

Ajoutons que des lois spéciales (Lois des 29 déc. 1888 et 23 déc. 1889) autorisent quelquefois le gouvernement à approuver par décret la prorogation de surtaxes d'octroi.

8° *Suppression et diminution des taxes.*

La loi du 5 avril 1884 réalise une innovation notable quant aux délibérations portant sur la suppression ou la diminution des taxes d'octroi. Sous le régime, en effet de la législation de 1867, ces objets figuraient parmi les attributions règlementaires du Conseil municipal avec certaines restrictions tendant à prémunir les communes contre des dégrèvements irréfléchis. Au cas de désaccord entre le Conseil municipal et le maire, la délibération ne demeurait valable que munie de l'approbation préfectorale : en l'absence d'ailleurs de cette hypothèse, le préfet conservait le droit, d'autre part, d'annuler la délibération soit pour violation d'une disposition de loi ou de règlement public, soit sur la réclamation circonstanciée de tout intéressé.

L'art. 138 de notre loi rendait, au contraire, la nécessité de l'approbation du préfet inséparable de toute délibération portant suppression ou diminution de ces taxes.

La loi récente du 29 décembre 1897 vient modifier la législation en restituant d'une part aux communes l'autonomie de ses décisions quant à la suppression des droits d'octroi sur les boissons hygiéniques, et en maintenant d'autre part, de façon implicite, les dispositions antérieures en ce

qui concerne les articles imposés par l'octroi, et
étrangers à cette énumération.

Cette même loi impose d'office, à défaut de suppression totale, certaines diminutions des droits
existants, et ce, dans une limite spécifiée par son
texte (1).

9° *Prorogation ou augmentation de taxes dans les limites du tarif général.*

Tandis que l'art. 138 de la loi de 1884 réalisait
une restriction des pouvoirs municipaux en ce
qui concernait la suppression ou la diminution
des taxes d'octroi, l'art. 139, au contraire, amé-
liore au point de vue de la liberté communale les
dispositions contenues dans l'art. 9 de la loi du
24 juillet 1867. Aux termes de cet article, le Conseil
qui avait droit de prorogation des taxes pour une
durée de cinq ans, ne pouvait les augmenter au-
delà d'un décime sans autorisation du Conseil
général.

La nouvelle disposition permet désormais, aux
assemblées municipales, 1° de proroger les taxes
pour une durée de cinq ans, 2° de les augmenter
dans la mesure qui leur conviendra, sous cette
seule condition, de se tenir dans la limite des
droits et de la nomenclature des objets indiqués
au tarif général annexé au décret du 12 février 1870

---

(1) Article premier. — Les communes seront autorisées à supprimer leurs droits d'octroi sur les boissons hygiéniques (vins, cidres,
poirés, hydromels, bières et eaux minérales), à partir du 31 décembre de l'année qui suivra celle de la promulgation de la présente
loi, à défaut de suppression totale, les communes seront obligées
d'abaisser les droits existants dans la limite des tarifs prévus à
l'art. 2. »

et maintenu en vigueur par la loi du 5 avril 1884 (art. 168).

§ VI. — **Des recours contre l'établissement des taxes d'octroi.**

L'omission des formalités prescrites par la loi, ou l'excès de pouvoir donnerait ouverture au droit pour une commune d'agir par voie de recours au Conseil d'Etat, statuant en matière contentieuse, contre le décret rendu par le pouvoir exécutif. Il en serait ainsi, par exemple, pour un décret portant approbation des tarifs et règlement d'octroi, qui léserait un droit reconnu.

Cette hypothèse écartée, nous reconnaîtrons au gouvernement le droit de refuser son approbation à un tarif ou à un règlement. En annulant des votes des conseils municipaux portant établissement de certaines taxes, le gouvernement reste en effet dans les limites de son pouvoir de coopération, et contrôle. Il est dans l'exercice de son droit sanctionnateur. La jurisprudence du Conseil d'Etat a fixé ces principes dans des arrêts du 18 juillet 1838 et du 25 avril 1845 qui rejetèrent le pourvoi formé par les villes de Commercy et d'Amboise contre les ordonnances royales qui avaient refusé leur approbation à des taxes votées par le Conseil municipal, et réduit le tarif de certains articles soumis à l'octroi.

Ce droit négatif du pouvoir central ne se double pas du pouvoir de créer des taxes d'octroi ou d'aggraver celles existantes. L'art. 147 de la loi de 1816 exige formellement, nous l'avons dit plus haut, que la désignation des objets imposés, le tarif, les limites de perception soient délibérés par l'assemblée municipale.

La méconnaissance de cette règle importante aurait pour sanction l'annulation par le Conseil d'Etat, sur le recours formé par la Commune (1).

Si nous attribuons le caractère de mesures réglementaires, de dispositions générales aux règlements et tarifs d'octroi, que décider à l'égard des recours formés par de simples particuliers ?

Plusieurs arrêts du Conseil d'Etat ont consacré une solution contraire au principe du droit de recours des particuliers. Un arrêt du 15 juillet 1835 s'est prononcé pour la négative. Une fraction de commune avait été englobée dans le rayon d'octroi d'une ville, du consentement du Conseil municipal de cette commune. Il fut jugé, par cet arrêt de 1835, que les habitants de cette commune ayant été représentés par ce Conseil, n'avaient pas qualité pour former opposition dans leur intérêt à l'ordonnance approbative du règlement d'octroi.

Dans une seconde espèce, des habitants de fermes dépendant d'une commune, demandaient la réformation de l'ordonnance qui avaient compris le territoire des lieux qu'ils habitaient dans la circonscription de l'octroi. Ils se fondaient sur l'ordonnance de 1814 qui affranchissait les dépen-

---

(1) V. arrêt du Cons. d'État. 16 décembre 1842.

Une ordonnance royale avait approuvé, *mais en les considérant comme principales,* certaines taxes additionnelles votées par le Conseil municipal de Troyes. Cette décision du gouvernement comportait tous les caractères d'une aggravation, puisque si les taxes étaient principales elles devenaient l'objet du prélèvement de 1/10 au profit du Trésor. Sur le pourvoi de la ville de Troyes, contre l'ordonnance royale, le Conseil d'Etat, réforma cette ordonnance par l'arrêt ci-dessus indiqué.

DALLOZ. — *Jurisprud. génér.* — (mot « Octroi » n° 335 et 336).

dances rurales des lieux sujets à l'octroi La requête fut rejetée par un arrêt du 11 février 1836 (1).

Un arrêt du 15 juillet 1842, décide également la négative. Il s'agissait de plusieurs fabricants de la ville de Douai, qui avaient formé un recours contre une disposition de l'ordonnance approbative du règlement de l'octroi, d'après laquelle les charbons destinés à des fabricants du commerce général, ne devaient être admis à l'entrepôt que cinq ans après. Il intervint, sur le pourvoi, un arrêt de rejet basé sur ce motif, que le pourvoi des requérants tendait en réalité à faire révoquer une disposition générale et règlementaire en matière d'octroi, et qu'une telle demande ne pouvait être présentée au Conseil d'Etat par la voie contentieuse.

Un revirement semble toutefois s'être produit contre cette jurisprudence ; un arrêt du Conseil d'Etat, en 1854, a jugé que les habitants d'une commune comprise dans la banlieue d'une ville, se fondant sur ce que le Conseil municipal n'a pas été appelé à délibérer, ont qualité pour déférer au Conseil d'Etat, par la voie contentieuse, ce décret approbatif d'un règlement d'octroi qui assujettit à la perception des droits, la portion de la commune dans laquelle ils sont propriétaires ou locataires (2).

Certains auteurs pensent que la portée de cette décision doit être restreinte à cette idée, que, lorsqu'il y a omission des formalités prescrites, les habitants lésés, ont, comme la commune, le droit

---

(1) M. BLOCH. — *Dictionnaire général d'administration* au mot « Octroi ».

(2) Arrêt du 28 août 1854.

d'introduire un recours devant le Conseil d'Etat.

Nous estimons au contraire que l'interprétation plus large et plus rationnelle de l'arrêt de 1854, mérite d'être érigée en doctrine stable et définitive.

En toutes hypothèses, lorsque le règlement en vertu desquels des particuliers sont poursuivis est entaché d'illégalité, ceux-ci conservent toujours le droit d'invoquer cette illégalité devant les tribunaux judiciaires dont la compétence est certaine à cet égard.

Lorsque les formalités prescrites par la loi ont été remplies, et l'autorisation du pouvoir exécutif donnée, l'application des tarifs et règlements ne peut être refusée par les tribunaux qui ne sont pas davantage compétents pour les modifier.

Un arrêt de la Chambre criminelle de la Cour de cassation, a jugé que lorsqu'un octroi a été établi par une loi, les modifications apportées par le pouvoir exécutif sous la législation qui lui en donne le droit ont force de loi et doivent être appliquées par les tribunaux comme les mesures législatives émanées des Chambres (1).

----

(1) Ch. crim. cass., 8 ventôse an X.

CHAPITRE II

———

§ Ier. — **Matières soumises aux droits d'octroi**

Au Conseil municipal appartient, en vertu de
l'article 147 de la loi de 1816, le droit de délibérer sur les tarifs d'octroi. Toute demande d'établissement d'octroi est d'ailleurs, nous l'avons vu,
accompagnée obligatoirement d'un projet de tarifs,
ceux-ci étant soumis à l'approbation du gouvernement.

Une question importante se pose immédiatement ici : celle de la liberté des conseils municipaux quant à la désignation des objets imposables.
Tous les objets sont-ils en effet imposables (sauf
certaines exceptions déterminées), ou au contraire
l'énumération en est elle renfermée dans certaines
catégories dont les articles peuvent seuls être
taxés ?

Indiquons de suite qu'en présence du décret du
12 février 1870 dont le tarif général y est annexé
contient des objets non compris dans aucune des
cinq catégories délimitées, on est amené, suivant
toute logique, à nier le caractère limitatif du tarif
général.

Sur cette question, deux systèmes s'étaient
présentés au cours de la législation de l'an V
à 1816. Le premier système consacré par la loi du
9 germinal an V et la loi du 11 frimaire an VII,

conférait aux municipalités le droit d'établir des contributions indirectes et locales, sans fixer d'autres limites ou conditions que le besoin de ressources pour la commune (1).

Cette idée d'une latitude entière réservée aux communes d'énumérer les objets à taxer, reparaît dans une loi de ventôse an VIII, dont l'article 1 statue qu'il sera établi des octrois municipaux et de bienfaisance sur les objets de consommation locale, mais ce, sans poser de restrictions par une indication de catégories.

Le système opposé, celui des catégories, apparaît d'autre part avec le décret du 17 mai 1809, système reproduit par l'ordonnance du 9 décembre 1804. L'article 16 de la loi de 1809 spécifiait cinq divisions : 1° les boissons et liquides : 2° les comestibles ; 3° les combustibles ; 4° les fourrages ; 5° les matériaux. Cette énumération faite sous réserve des exemptions de taxes antérieurement admises.

Un changement de dispositions survient avec la loi du 28 avril 1816. Désormais la désignation des objets imposés, (de même que le tarif et le mode de perception) appartient au Conseil municipal, dans les mêmes conditions de liberté que les délibérations relatives aux dépenses et revenus communaux (art. 147).

De cette dualité de législation surgit ce pro-

---

(1) Toutefois une restriction est imposée par l'article 55, dans l'intérêt des classes pauvres : « Ne pourront être assujetties aux dites taxes, ni les grains, ni les farines, ni les fruits, beurre, lait, fromages, légumes et autres menues denrées servant habituellement à la nourriture des hommes. »

blème : système restrictif du décret de 1809 et de l'ordonnance de 1814, ou abrogation *ipso facto* par la loi de 1816, et partant, liberté pour les communes de désigner les produits imposables.

A l'appui du premier système, on arguait que l'article 147, en parlant de désignation des objets imposés, laissée aux délibérations du Conseil municipal, n'entendait nullement accorder aux conseils municipaux le droit de frapper les objets indiqués dans les catégories ou non, et cela même avec approbation du gouvernement. Elle entendait simplement étendre le pouvoir du Conseil municipal, par la faculté de désigner lui-même, parmi les objets de ces catégories, ceux qu'il voulait taxer. Enfin on invoquait les termes suivants de l'article 148 : « Les droits d'octroi continueront à n'être imposés que sur les objets destinés à la consommation locale. »

Les partisans du système adverse objectaient au contraire que la privation du droit, pour les municipalités, de choisir entre les divers modes d'exploitation et le droit que s'arrogeait le gouvernement d'établir, de sa propre autorité, des octrois comportait un correctif : la limitation des objets à taxer. De façon analogue, la réforme de 1816, rendant leurs droits aux municipalités quant à l'établissement de ces taxes communales, devait naturellement avoir pour corollaire l'abolition du correctif précédent, et la liberté de désignation des objets. En ce qui concernait l'expression « continueront, » le sens en était incontestablement celui-ci : c'est que le système de l'an V consistant à frapper uniquement les objets de consommation locale continuera à être appliqué (1).

Après maintes variations dans sa jurisprudence, à cet égard, la Cour de cassation, par un arrêt du 18 février 1852, s'est fixé dans le sens de l'opinion contraire au système de 1809 (2).

Les auteurs ont adopté unanimement cette doctrine que semble exprimer nettement le décret du 12 février 1870. Comment d'ailleurs le tarif général serait-il limitatif, les conseils municipaux pouvant, selon la loi de 1884, créer une taxe sur un objet qui n'y est pas compris, sauf la nécessité d'approbation par décret du Président de la République rendu en Conseil d'État.

Un jugement du tribunal correctionnel de Lyon a décidé à cet égard qu'un octroi peut percevoir sur tous les produits qui sont compris dans la nomenclature de son tarif (3).

Ce principe néanmoins, ne devrait pas être poussé jusqu'à des conséquences trop absurdes. Nous rappellerons ce que nous avons noté précédemment, à savoir que certaines taxes touchent à l'intérêt général, que la mise en vigueur de quelques unes a eu des effets graves au point de vue économique et qu'enfin certains objets étant déjà imposés par l'État, il importe de modérer les taxes imposées par les communes sur ces mêmes objets.

Aussi ne doit-on user qu'avec mesure de ce

____

(1) Le Sourd. — *Op. cit.*

(2) *Sir.* 52-1-337. — Girard, *Manuel des Contrib. indir.*, p. 251.

(3) Trib. corr. Lyon, 19 déc. 1882. (*Monit. judic. de Lyon* du 31 janvier 1883).

droit d'imposition d'objets non compris dans la nomenclature du tarif général. « En effet, dit un auteur, le décret du 12 février 1870 a écarté la plupart de ces objets, soit parce qu'ils sont déjà frappés de taxes au profit de l'État, et qu'il importe de ne pas en amoindrir la consommation en les assujettissant à des taxes locales trop élevées, soit parce qu'ils constituent des aliments de première nécessité (graines, farine, pain, légumes, lait), soit parceque leur inscription dans les tarifs serait contraire à ce principe que les taxes d'octroi ne doivent atteindre en aucun cas les objets qui ne sont pas des objets de consommation locale » (1).

L'article 148 en visant d'une manière générale la faculté d'établir un droit d'octroi sur les objets destinés à la consommation locale, autorise, par cela même, les conseils municipaux à imposer un droit semblable sur les farines, constituant ainsi une abrogation implicite des articles 55 de la loi du 11 frimaire, an VII, 24 du décret de 1809 et 16 de l'ordonnance royale du 9 décembre 1814.

S'il demeurait, d'autre part, bien établi que les octrois ne peuvent atteindre que les objets destinés à la consommation locale, on était loin cependant de s'accorder sur le sens précis à donner à cette idée ; sur le sort, par exemple, à cet égard, des objets devant être consommés dans les établissements industriels pour s'y transformer en produits destinés au commerce général. Des objets doivent-ils être exemptés comme tels ?

(1) Béquet. — *Communes*, n° 3131.

La jurisprudence a varié sur ce problème avant qu'il ait été résolu définitivement par le décret du 12 février 1870.

Le Conseil d'État et les tribunaux judiciaires décidèrent d'abord que les matières devant servir à la production industrielle étaient comprises dans la catégorie des objets de consommation locale et par conséquent exemptes de tous droits. Une application importante de ce principe avait été faite aux cuirs et aux métaux ainsi qu'aux combustibles consommés dans les établissements industriels (1). Un avis du Conseil d'État du 20 mars 1839 considère notamment que l'article 148 de la loi de 1816 ne saurait comprendre dans l'expression : « Objets de consommation locale » les objets employés dans les établissements industriels pour les produits destinés au commerce général. Une ordonnance royale du 25 juillet 1841 venait, peu après confirmer ce système, en accordant en même temps que son approbation au tarif d'octroi de la ville de Douai, l'exemption aux charbons et combustibles employés dans les usines.

D'autre part, un arrêt de la Chambre des requêtes de la Cour de cassation du 27 novembre 1844 (2), décidait que les charbons servant à l'alimentation des usines, sont affranchis de tous droits d'octroi, en vertu même de l'article 148 de la loi de 1816 contre laquelle ne pouvait prévaloir une ordonnance royale approbative d'un tarif

---

(1) *Avis du Conseil d'État*, 24 août 1836. Conseil d'Etat, 10 juillet 1838. — LEBON, p. 146.

(2) Sir. 18-45-1-27. — D. P. 18-45-1-38. — Pand. 18-44-II-601.

d'octroi, comprenant les charbons parmi les objets y étant soumis.

Un autre arrêt du 15 février 1846, adhère à cette doctrine en disposant que l'inexécution même des conditions imposées à un fabricant pour la jouissance par lui de cet affranchissement, ne pouvait donner lieu à la privation de cet affranchissement.

Cette jurisprudence ne tarda pas à faire place à des décisions consacrant une opinion contraire.

Un arrêt de Cassation, du 8 mars 1847, décida que les houilles ou charbons destinés à l'alimentation des usines sont soumis aux droits d'octroi, les mots : objets de consommation locale comprenant en réalité les choses destinées à la consommation industrielle (1).

Une décision de nature identique nous est fournie par un arrêt de la Cour suprême du 30 mai 1848, au sujet des charbons. Des solutions analogues furent adoptées pour les savons, les huiles, les soudes factices, les fers travaillés convenant à des métaux, mécaniques, etc. (2).

C'est ce système enfin qui a été consacré par le décret du 12 février 1870.

____

(1) Cet arrêt se base sur ces motifs : 1° que les textes législatifs de l'an VII, de l'an VIII et de 1809, ne font en parlant d'objets de consommation locale aucune distinction de leur emploi à l'exception de certaines denrées alimentaires de première nécessité ; 2° qu'aucune exemption formelle ne se trouve indiquée pour les consommations industrielles ; 3° que les mots « consommation des habitants du lieu sujet », employés par l'ordonnance de 1814, se réfèrent purement et simplement aux dispositions antérieures, et qu'ils sont énoncés par opposition à l'idée d'objets en transit ; que la franchise résultant de l'entrepôt n'est accordée qu'aux objets réexportés sans altération de leur nature et en même quantité.

(2) Cass. 6 déc. 1848. — 19 juil. 1854.

Aux termes de l'article 8 de ce décret qui admet le droit à l'entrepôt à domicile, l'affranchissement est accordé aux combustibles et matières premières employés dans les établissements industriels à condition que le produit fabriqué avec ces matières premières ne soit pas soumis aux droits de l'octroi ; dans le cas contraire, l'entrepositaire bénéficiera cependant de l'affranchissement, mais il paiera la taxe due pour ceux de ces produits industriels qu'il ne justifiera pas avoir fait sortir du lieu sujet.

. La disposition de cet article 8 relative à l'exemption des droits d'octroi pour les quantités de combustibles et des matières premières employées à la fabrication d'objets non frappés par le tarif, cette disposition est absolue, décide un arrêt de Cassation du 29 juillet 1884, il ne comporte aucune distinction entre les combustibles servant à la préparation de produits destinés, soit à la consommation locale, soit au commerce général.

En conséquence, décide cet arrêt, une Compagnie d'éclairage au gaz a droit à la décharge accordée par cet article pour les charbons de terre employés à la fabrication du gaz, lorsque d'une part l'usine a été admise à l'entrepôt à domicile, et que d'autre part le gaz n'est pas imposé au tarif d'octroi de la commune.

Il s'agissait dans l'espèce d'une action intentée par la commune de Boulogne-sur-Seine contre la Compagnie parisienne d'éclairage et de chauffage par le gaz, en paiement d'une somme qu'elle réclamait sur les charbons distillés par la Compagnie pour la fabrication du gaz consommé dans le périmètre de l'octroi. La commune invoquait les articles 8, 12 et 13 du décret du 12 février 1870, et l'article 35 de son règlement d'octroi, soutenant que la décharge accordée aux entrepositaires, en vertu de l'article 8 précité, pour les combustibles et matières premières employés dans les établissements industriels à la préparation ou à la fabrication de produits destinés au commerce général, n'était pas applicable lorsque ces produits étaient destinés à la consommation locale. et que dans ce cas le droit était dû. Le juge de paix accueillit les prétentions de la commune à l'encontre de la thèse contraire tirée de l'article 8, posant en principe absolu dans la matière, l'exemption du droit, et déniant avec raison l'applicabilité des articles 12 et 13 aux cas indiqués par l'article 8. Sur appel, sentence confirmée.

Pourvoi en cassation. — L'arrêt, comme nous l'avons indiqué, reconnaît le caractère absolu de l'article 8. « ... Attendu que cette disposition est absolue et ne comporte aucune distinction entre les combustibles servant à la préparation de produits destinés, soit à la consommation locale, soit au commerce général ; — attendu au contraire que le § 4 du même article, relatif aux produits industriels imposés au tarif de l'octroi, distingue entre ceux de ces produits qui seront consommés à l'intérieur et ceux que l'entrepositaire justifiera avoir fait sortir du lieu sujet ; que pour ces derniers seulement, il sera affranchi de tous droits ; — attendu que *c'est exclusivement aux dispo-*

sitions de ce § 4 que se réfèrent les articles 12 et
13 du même décret, qui assimilent les combustibles et matières premières employés sous de
certaines conditions par les administrations de la
guerre et de la marine et par les chemins de fer, à
ceux qui sont employés dans les établissements
industriels pour la préparation ou la fabrication
d'objets destinés au commerce général ; que
l'exemption de droits qui leur est accordée par ces
articles est la même que celle qui est accordée par
le § 4 précité, aux produits que l'entrepositaire
justifiera avoir fait sortir du lieu sujet, et consé-
quemment livrés au commerce général ; — attendu
en fait qu'il résulte des constatations du jugement
attaqué, que l'usine à gaz de Boulogne, exploitée
par la Compagnie parisienne, est un industriel, et
comme tel, admis à l'entrepôt à domicile ; d'autre
part que le gaz n'est pas imposé au tarif d'octroi de
cette commune ; que dans ces circonstances, les
rapports de la ville de Boulogne et de la Compagnie sont réglés exclusivement par le § 3 de
l'article 8 du décret du 12 février 1870, dont l'article 35 du règlement de l'octroi de la dite ville
réproduit, quant à ce les termes ; qu'il suit de là,
que la Compagnie avait droit à la décharge
accordée par cet article ; ... Cass., etc. (1).

Une décision analogue s'imposerait, en vertu
des mêmes principes, pour le cas, par exemple,
d'une Compagnie de tramways à traction électrique. Il ne saurait être question, à notre avis,
d'imposer à cette Compagnie le paiement de l'oc-

______

(1) Cass. 29 juil. 1884. — *Sirey* 1886-1-177.

troi pour les combustibles nécessaires à la production de la force électrique. Des décisions se
sont déjà fait jour dans ce sens (1). Toutefois,
l'application de la dispense est encore contestée
maintes fois. A Nancy, une action a été intentée
par l'administration de l'octroi contre la Compagnie des tramways électriques. — *Adhuc sub
judice lis est.*

§ II. — **Produits ordinaires et produits extraor-dinaires de l'octroi.**

Sous l'empire de la loi de 1837, le produit des
octrois figurait d'une façon générale parmi les
recettes ordinaires ; aussi avait-on conclu qu'ils
ne pouvaient être établis que dans la limite des
dépenses ordinaires.

Une pratique contraire s'établit cependant qui
admit que les octrois pouvaient parfois excéder
les besoins ordinaires pour être leur excédent,
affecté à des dépenses extraordinaires. Dès lors
fut établie une division en taxes principales, d'une
part, avec produit affecté au budget ordinaire, et
en taxes additionnelles d'autre part dont le produit
représentait des recettes distinctes rattachées au
budget extraordinaire. Le prélèvement au profit
du Trésor s'appliquait seulement aux taxes principales.

Cette distinction perdant tout intérêt, en suite
du décret du 1er mars 1852, la loi du 5 mars 1884
donna naissance à une distinction nouvelle : celle
entre les taxes ordinaires et les taxes spéciales.
Les produits des octrois pour la partie affectée aux

____

(1) Arrêt du Conseil d'Etat. — 8 janvier 1896.

dépenses ordinaires étaient, en effet. rangées parmi les recettes ordinaires, et les taxes ou surtaxes, affectées à des dépenses spéciales ou au remboursement des emprunts figuraient parmi les recettes extraordinaires (art. 133 loi du 5 avril 1884.

Les taxes ordinaires, figurent parmi les recettes ordinaires; leur caractère essentiel est d'être d'une perception annuelle, permanente en quelque sorte, les taxes spéciales n'étant au contraire que temporaires, et leur produit étant affecté spécialement à des dépenses déterminées.

L'emploi des taxes spéciales peut-être, en outre, soumis au contrôle du gouvernement. « Sur la question de savoir quels sont les droits du gouvernement, dit un avis du Conseil d'Etat, lorsque ce gouvernement statue en vertu de l'art. 137 de la loi municipale sur des taxes spéciales d'octroi votées par le Conseil municipal, en conformité de l'art. 137 de la même loi, les sections ont été d'avis qu'il appartient au gouvernement de s'assurer si ces taxes spéciales sont réellement affectées à des besoins déterminés et temporaires, sans que d'ailleurs, il puisse modifier le caractère des dites taxes (Conseil d'Etat 16 décembre 1842) ; que dans l'intérêt du bon ordre des finances communales et pour assurer l'éxécution correcte de l'art. 3 § 4 de la loi du 16 juin 1881 (1) sur la gratuité de l'en-

---

(1) Art. 3. — « Les prélèvements à effectuer en faveur de l'Instruction primaire sur les revenus ordinaires des communes en vertu de l'art 50 de la loi du 15 mars 1850 porteront exclusivement sur les ressources ci-après énumérées : 1° les revenus en argent des biens communaux ; 2° la part revenant à la commune sur l'imposition des chevaux et voitures et permis de chasse ; 3° la taxe sur les chiens ; 4° *le produit des taxes ordinaires d'octroi* ; 5° les droits de voirie et de location aux halles.

seignement primaire, il convient d'insérer dans les décrets d'approbation la clause suivante : « L'administration municipale sera tenue, chaque année, de justifier de l'emploi des taxes spéciales au paiement des dépenses en vue desquelles elles ont été créées. Le compte général de ce produit, tant en recettes qu'en dépenses, devra être présenté à l'expiration du délai fixé pour la perception des taxes spéciales. (1).

Le même avis ajoute que les formules « taxes additionnelles ou centimes additionnels aux taxes » ayant disparu de la loi, rien ne s'oppose à ce que la totalité de la taxe perçue sur un objet déterminé soit une taxe spéciale.

§ III. — **Application des tarifs aux différentes catégories d'objets.**

— Nous avons vu qu'aux termes de l'art. 149 de la loi du 28 avril 1816, les droits d'octroi qui seraient établis à l'avenir sur les boissons ne pourraient excéder ceux qui seraient perçus aux entrées des villes au profit du Trésor. — Il ne pouvait être dérogé à cette règle qu'en vertu d'une ordonnance royale. De graves abus ayant amoindri la portée de cette loi, celle-ci fut réformée par la loi du 11 juin 1842 qui exigea une ordonnance royale rendue dans la forme des règlements d'administration publique. Dans les communes qui, à raison de leur population ne sont pas soumises à un droit d'entrée sur les boissons, ajoutait-elle, le droit d'octroi ne pourra être plus élevé que le

---

(1) Béquet. — V. Communes. — Lebon, *op. cit.* n° 365. — Pandectes, Franc-Dalloz.

droit d'entrée déterminé pour les villes d'une population de 4,000 âmes. C'est en vertu d'une loi seulement que la taxe d'octroi pourra dépasser le droit d'entrée.

Un décret du 17 mars 1852 vint réduire de moitié les droits d'entrée sur les boissons perçus au profit du Trésor, ce qui eut pour effet d'abaisser de moitié les taxes d'octroi et d'entraîner une diminution de ressources dont la perspective alarmante pour le fonctionnement municipal provoqua de vives réclamations.

Celles-ci furent le point de départ d'une modification réalisée par la loi du 22 juin 1854 dont l'art. 18 statue sur la matière : Les droits d'octroi sur les vins, cidres, poirés et hydromels ne peuvent être supérieurs au double des droits d'entrée déterminés par le tarif annexé au décret du 17 mars 1852 (le décime non compris). Dans les communes qui, à raison de leur population, ne sont pas soumises à un droit d'entrée sur les boissons, le droit d'octroi ne pourra dépasser le double du droit d'entrée déterminé par le décret du 17 mars 1852, pour les villes d'une population de 4,000 habitants. Il ne pourra être établi aucune taxe supérieure au double du droit d'entrée qu'en vertu d'une loi. L'art 15 du décret du 17 mars 1852 est abrogé ».

L'art 6 de la loi du 19 avril 1880 reproduit ce principe que les taxes d'octroi sur les vins, cidres et poirés ne peuvent être supérieurs au double des droits d'entrée perçus par le Trésor public.

Le calcul du maximum des droits d'octroi doit

être établi d'après le droit d'entrée au principal (1).
La loi du 31 décembre et celle du 19 juillet 1880
ont entendu permettre en effet, aux communes,
de percevoir sur les vins, cidres, poirés et hydromels, des taxes d'octroi dont le produit fût équivalent à celui des taxes dont la perception était
autorisée avant la modification des tarifs d'entrée (2).

Pour les vins en cercles et en bouteilles, cidres,
poirés et hydromels, la taxe ne pouvait dépasser
les maxima fixés pas l'art. 18 de la loi du 22 juin
1854 (Décret 12 février 1870), ni les maxima fixés
par l'art. 9 de la loi de 1842 pour l'alcool pur des
eaux de vie, ni ceux fixés par l'ordonnance du
19 août 1845 pour les alcools dénaturés. Or pour
les vins, cidres, poirés et hydromels, le droit maximum peut s'élever actuellement au double du
droit d'entrée, décimes non compris.

L'art. 2 de la loi du 19 juillet 1880 porte, en ce
qui concerne les absinthes, qu'elles seront comme
les eaux de vie taxées proportionnellement à leur
richesse alcoolique.

Les bières fabriquées à Paris sont soumises
aux droits d'octroi, alors même qu'elles devraient être consommées au dehors (Lois et
règlements anciens relatifs à la ville de Paris et
auxquels n'a pas dérogé l'art. 148 de la loi de
1816) (3).

La vendange est soumise aux droits d'octroi
dans les villes où les règlements municipaux
assujettissent le vin à cet impôt. De même sont

---

(1) Circul. minist. du 26 juil. 1880.
(2) Pand. Fr. (*V. mot « octroi »*.)
(3) Cass : 7 juin 1830. — *Sir. 30-1-250.*

sujets aux droits, à Paris, les vins de raisins secs comme les vins de vendange.

Les fruits secs, à cidre et à poiré, paient, à Paris, le droit d'entrée dans la proportion de 50 kilogr. pour 1 hectolitre de cidre ou de poiré.

Pour les perceptions des droits d'entrée 125 kilogr. de fruits secs comptent comme un hectolitre de cidre ou de poiré. (Art. 23 de la loi du 28 avril 1816.)

Les boissons, eaux de senteur, vernis et tout liquide ou préparation quelconque mélangés d'alcool ou ayant l'alcool pour base paient le double à raison de la quantité d'alcool qu'ils contiennent. Lorsque la nature de ces liquides ou mélanges ne permet pas la détermination exacte de la quantité d'alcool nécessaire à leur préparation ils acquittent le droit à raison de 50 % de leur volume.

Les vinaigres de consommations alimentaires sont tarifés à l'hectolitre. Les vinaigres concentrés, les vinaigres de toilette etc... peuvent être imposés à des taxes sept fois plus fortes que les vinaigres ordinaires.

Les alcools dénaturés, conformément à la loi du 2 août 1872, ne peuvent être soumis à une taxe d'octroi supérieure au quart du droit perçu pour le Trésor.

En ce qui concerne les bières, le tarif du 12 février 1870 porte des droits variables suivant les départements. Les taxes sont moint élevées dans les départements où la bière est la boisson ordinaire.

Que décider relativement aux eaux minérales ?

Certains auteurs émettent une opinion tout à fait contraire à l'imposition de ces articles, comme n'étant pas indiqués au tarif de 1870, d'autres, au nombre desquels M. Turquin admettent l'affirmative pourvu qu'il ne s'agisse pas d'eau d'un usage exclusivement médicinal (1). On objecte avec raison qu'il est fort difficile de reconnaître ou non le caractère exclusivement médicinal d'une eau et injuste de taxer une eau minérale, comme celle de Vichy, par exemple, sous prétexte qu'elle est ailleurs fréquemment employée comme eau de table (2).

En ce qui concerne les comestibles, une loi importante à citer est celle du 10 mai 1846 pour les droits d'octroi sur les bestiaux.

D'après l'art. 26 du décret de 1809 et l'art. 18 de l'ordonnance de 1809, les bestiaux devaient être taxés par tête. Cette mesure s'annonçait d'ailleurs comme fort préjudiciable aux fines laines françaises, celles-ci étant fournies par les bêtes de petite taille et la nouvelle législation engageant à prendre des bêtes de la taille la plus forte.

Une ordonnance du 4 juillet 1830 établit que le droit pourrait être perçu au poids ou par tête, mais

----

(1) Décret du 17 nov. 1870

L'art. 8 de la loi du 29 déc. 1897, en décidant qu'il ne pourra plus dans l'avenir être établi de taxe d'octroi sur les vins, cidres, poirés et hydromels, sur les bières et les *eaux minérales* dans les villes où il n'en existe pas aujourd'hui, semble résoudre implicitement la question.

(2) Le zèle taxateur des préposés d'octroi serait parait-il, si farouche parfois qu'au dire de certain chroniqueur (?) on aurait vu l'un d'eux imposer jusqu'à une bouteille d'eau de la Sallette, en l'assimilant à... l'eau de Saint-Galmier !!

une loi du 10 mai 1846 vint décider qu'à l'avenir les bêtes paieraient au poids.

Cependant, dit l'art. premier, lorsque l'animal vivant est imposé par tête, le droit est de 8 francs au maximum ; le maximum de la taxe pour les bœufs, taureaux, vaches, génisses ne pourra excéder quatre francs par 100 kilogrammes, si la taxe par tête et sur les animaux est inférieure à huit francs, le droit sera établi proportionnellement, et d'après la base ci-dessus indiquée de telle sorte que les 100 kilogrammes ne payent jamais plus que la moitié de la taxe par tête. Quant aux autres animaux, pour obtenir le droit afférent au kilogramme de viande dépecée, la taxe établie par tête sera divisée par le poids moyen de l'animal, tel qu'il est déterminé ci après... etc. » Le résultat sera doublé pour les moutons, chèvres, agneaux et chevreaux, augmenté d'un tiers pour les veaux, et d'un cinquième pour les porcs.

Les viandes de cheval, de mulet ne figurent pas au tarif, et ne sont donc pas imposées. Pour les poissons vendus à la criée, il peut-être perçu un droit *ad valorem*, sur certaines espèces.

Ne sont pas imposables : les fruits frais, (sauf le raisin au-dessus de cinq kilogs), les farines, le riz, les fécules, pâtes alimentaires, les chicorées similaires comme ne figurant pas dans le tarif général.

— Parmi les combustibles, les bois sont taxés d'après leur qualité de dur ou de tendre. — Les bois et planches de déchirage sont imposés comme bois à brûler, tendre.

Sont imposés également : le coke, les huiles à

brûler minérales, les huiles animales et végétales, les chandelles, suifs et bougies (1).

Les fourrages sont imposés ; ceux employés à la nourriture des animaux destinés à la culture ne sont pas exempts.

La catégorie des matériaux présente une complexité de tarification toute particulière. Notons sommairement que : 1° les pierres à chaux ou à plâtre sont taxées à raison de la quantité de chaux ou de plâtre qu'elles contiennent ; 2° sont exempts les moellons provenant des fouilles ou déblais ; 3' les ardoises, les briques, les tuiles, sont imposées au mille, les marbres au mètre cube, etc...

En ce qui concerne les objets divers, sont affranchis de l'octroi : les amidons, les crins, les cuirs, les serrures et clefs, les appareils de chauffage, le tan, etc...

§ IV. — **Exemptions.**

Certains combustibles et matières premières sont affranchis des taxes d'octroi : tels sont ceux servant à la confection et à l'entretien de l'armée de terre, aux constructions navales. Sont de même exempts des droits les matériaux et combustibles destinés au service de l'exploitation des chemins de fer, des gares, aux travaux de chantier, d'atelier et à la confection et l'entretien des voies (2).

---

(1) V. pour les huiles non minérales, la loi du 31 décembre 1873 (art. 4), (tarif faisant varier de 6 francs à 12 fr les 100 kilogs suivant la population). — La loi du 31 décembre 1878 et celle du 30 juin 1893 interdisant pour l'avenir tout tarif d'octroi sur les huiles dans les villes où il n'en existe pas.

(2) Arrêt de la Cour de cassation (Ch. des Requêtes) 30 déc. 1890. Outre ces exemptions réelles, existaient antérieurement à 1790, des exemptions *personnelles*. Aujourd'hui toute personne est passible des droits d'octroi, y compris les Consuls et Agents diplomatiques qui en aucun cas ne peuvent prétendre à la franchise.

CH. LEHR. - *Manuel des Consulats.*

G. BRY. — *Droit international.*

CHAPITRE III

PERCEPTION ET ADMINISTRATION

§ I. — **Périmètre.**

Pour le Conseil municipal qui a décidé la création se pose aussitôt une question sur laquelle il
est également appelé à délibérer : celle du périmètre de l'octroi. La loi de 1884 comme celle de 1816,
établit sur ce point, la compétence du Conseil
municipal. — En vertu de l'art. 25 de l'ordonnance
du 9 décembre 1814, ce sont les règlements d'octroi qui doivent déterminer les limites de la perception, les bureaux où elle doit être opérée. —
Les règles relatives à la perception des limites
sont celles consacrées par une pratique administrative courante, dans le sens ci-après : le rayon
de l'octroi ne doit s'étendre qu'à la partie de la commune dont les habitants jouissent des bénéfices de
l'agglomération. Des auteurs déjà cités par nous (1)
professent cette opinion qu'il faut éviter d'englober les exploitations agricoles eu égard aux
inconvénients tout spéciaux que représentent pour
elles les formalités de la perception.

Une décision du Tribunal de Saint-Girons porte

(1) Turquin, Béquet, Hermitte.

que, à défaut d'une délimitation précise du périmètre de l'octroi sur un point donné, l'octroi doit
s'arrêter aux dernières maisons de l'agglomération urbaine (1). Ajoutons que le périmètre ne saurait englober des portions de territoire qui ne
bénéficient pas des avantages de l'agglomération,
ou qui ne pourraient pas être facilement surveil-
lées (Décret du 24 novembre 1876). — Il ne doit
d'autre part, pas s'éloigner de façon trop sensible
de l'agglomération, ni comprendre par dispositions spéciales du règlement, les habitations cons-
truites à une certaine distance des chemins qui y
aboutissent. Enfin, point important à noter : dans
les communes soumises au droit d'entrée au profit du Trésor, le rayon de l'octroi ne devra pas trop
s'écarter, sauf motifs exceptionnels du rayon de
perception de ce droit d'entrée.

En ce qui concerne les demandes des conseils
municipaux sur les modifications aux règlements
et périmètres existants, l'art. 48 de la loi du
10 août 1871 ordonnait la délibération des conseils
généraux sur ces demandes, délibérations qui,
suivant l'art. 49 de cette même loi devenaient exécutoires, si dans le délai d'un mois un décret
motivé n'en avait pas suspendu l'exécution. L'art.
137 de la loi de 1884 a modifié ces dispositions en
imposant l'approbation par un décret du Président de la République, rendu en Conseil d'Etat,
après avis du Conseil général ou de la commission
départementale dans l'intervalle des sessions.

L'article 152 de la loi du 28 avril 1816, abro-

---

(1) 20 janv. 1882 rapporté par le *Monit. des Just. de Paix*, 1882
p. 117.

geant des dispositions antérieures de l'ordonnance de 1814, décide que, dans le but d'éviter la fraude, des perceptions pourront être établies dans la banlieue des grandes villes, le produit en étant réservé aux communes qui supportent les taxes de l'octroi de banlieue. Nous constatons ainsi le droit pour une commune d'établir, mais avec l'autorisation du gouvernement, des octrois sur le territoire d'autres communes, malgré même leur opposition. Toutefois il importe de spécifier que les grandes villes seules ont le droit d'user de ce droit, grave atteinte à l'indépendance des communes voisines. C'est ainsi qu'aux termes d'un arrêt du Conseil d'Etat du 23 août 1836, une ville ne comptant que 3774 habitants (dans l'espèce Mont-de-Marsan) ne peut être considérée comme grande ville.

Il est à signaler, néanmoins, que d'une façon générale, les octrois de banlieue ne peuvent être établis qu'après délibérations des conseils municipaux des communes intéressées. Le Conseil municipal de ces communes doit donc être préalablement invité à délibérer sur les conditions de la réunion des communes ou autres moyens de garantir la perception des droits d'octroi. En l'absence de cette formalité, les habitants de la commune banlieue peuvent déférer au Conseil d'Etat, par voie contentieuse, le décret approbatif d'un règlement d'octroi qui étend à la banlieue les droits d'octroi établis dans la ville. (Décret du 17 mai 1809, art. 10 ; Conseil d'Etat 28 décembre 1854 (1).

Les limites du territoire auquel la perception s'é-

---

(1) *Olibo*, tome 2, p. 109.

tendra seront indiquées par des poteaux portant ces mots : « Octroi de... » (art. 53 du décret de 1809).

§ II. — **Bureaux de perception et déclaration.**

Les règlements doivent déterminer les bureaux où la perception sera opérée et les formalités et obligations auxquelles seront assujettis les redevables et les employés. Nous reproduisons ci après les textes énonçant ces diverses règles : (Ordonnance du 9 décembre 1814).

Art. 27. — Il ne pourra être introduit d'objets assujettis à l'octroi que par les barrières ou bureaux désignés à cet effet. Les tarifs et règlements sont affichés à l'intérieur et à l'extérieur de chaque bureau, lequel sera indiqué par un tableau portant ces mots : Bureau de l'octroi. Les règlements locaux doivent désigner non seulement les barrières et bureaux de perception, mais encore les heures où la perception aura lieu, les points de déchargement pour les objets transportés par eau. En général la perception doit être interdite avant le lever et après le coucher du soleil (1).

Art. 28. — Tout porteur ou conducteur d'objets assujettis à l'octroi, sera tenu, avant de les introduire, d'en faire la déclaration au bureau, d'exhiber aux préposés de l'octroi les lettres de voiture, connaissements, chartes-parties, acquits à cautions, congés, passavants et toutes autres expé-

---

(1) Le règlement d'un octroi ne peut établir la faculté d'installer des bureaux sur tous les points où cela sera jugé utile. — (Décr. 17 juil. 1882.)

dition, délivrées par la Régie des impositions indirectes, et d'acquitter les droits sous peine d'une
amende égale à la valeur de l'objet soumis au
droit. A cet effet, les préposés pourront, après
interpellation, faire sur les bateaux, voitures et
autres moyens de transport, toutes visites,
recherches et perquisitions nécessaires, soit pour
s'assurer qu'il n'y existe rien qui soit sujet aux
droits, soit pour reconnaître l'exactitude des déclarations. La déclaration des objets arrivant par
eau contiendra la désignation du lieu de déchargement, lequel ne pourra s'effectuer que les droits
n'aient été acquittés ou au moins valablement
soumissionnés ».

Il a été jugé par maints arrêts de la Cour de
cassation que l'obligation de la déclaration est
absolue et que nul ne peut s'en dispenser sous
quelque prétexte que ce soit. Est assimilée à l'absence de déclaration toute déclaration fausse ou
inexacte. Un arrêt de la Cour de Cassation du
8 mai 1841 repousse toute excuse tirée de la bonne
foi. Un arrêt de la Chambre Criminelle du 18 novembre 1853 plus rigoureux encore, déclare que
le conducteur d'objets assujettis aux droits qui
en fait une déclaration inexacte est passible des
peines portées par l'art. 75 de l'ordonnance de
1814, alors même qu'il ignorerait le contenu des
colis qu'il était chargé de transporter, et que sa
déclaration serait conforme à la lettre de voiture (1).

La sanction des absences ou des inexactitudes

---

(1) Le Sourd. — Législ. des Octrois. — pag. 51

de déclarations est édictée par l'art. 29 de l'ordonnance de 1814 : c'est la saisie.

§ III. — **Administration des octrois.**

Les modes d'exploitation des octrois sont délibérés par les Conseils Municipaux ; ils ont varié d'ailleurs suivant les époques.

Le décret du 17 mai 1809 fixait trois modes d'exploitation 1° la régie simple, 2° la régie intéressée, 3° la ferme. — En 1812, l'administration des droits réunis fut chargée de la perception des octrois. Les dispositions, aujourd'hui encore en vigueur, sont celles de la loi de 1816 qui porte en son article 147 : « Le Conseil Municipal décide si le mode d'exploitation sera la régie simple, la régie intéressée, le bail à ferme ou l'abonnement avec la régie des contributions indirectes ».

1° *Régie simple.*

La régie simple et la perception de l'octroi sous la surveillance immédiate des maires (1).

2° *Régie intéressée.*

Elle consiste à traiter avec un régisseur, à la condition d'un prix fixe et d'une portion déterminée dans les produits excédant le prix principal et la somme abonnée pour les frais (2). Ce mode d'administration constitue ainsi un contrat mixte qui participe à la fois du bail et de la société ; elle est exclusivement propre aux grandes villes, et restreint à une juste mesure les bénéfices éventuels des régisseurs. L'art. 105 du décret du

---

(1) Décret du 17 mai 1809. — Art. 102.
(2) Décret du 17 mai 1809. — Art. 104.

17 mai 1809 décide que l'abonnement pour les frais abandonnés à l'adjudicataire ne pourront dépasser 12 °/₀ du prix principal de régie.

3° *Ferme*.

La ferme est l'adjudication pure et simple des produits d'un octroi moyennant un prix convenu, sans partage de bénéfices et sans allocation de frais (1).

Pour la mise à ferme et pour la régie intéressée il est procédé par voie d'adjudications ; celles-ci sont faites, suivant la population des villes, par le maire ou le sous-préfet. Ces adjudications ont lieu sur un cahier des charges dont le modèle a été approuvé par le ministère des finances.

Le modèle du cahier des charges actuellement imposé est celui qui fut joint à une circulaire du ministre des finances du 28 octobre 1852 ; il est fondé essentiellement sur ce principe que l'adjudication d'un octroi étant substituée à tous les droits et avantages de la commune, accepte aussi toutes les obligations qu'elle aurait à remplir en-

---

(1) Le régime de la ferme a été fort critiqué. — « La régie des tributs, disait déjà Montesquieu, qui en fait entrer les produits en entier dans le fisc est, sans comparaison, plus avantageuse que la ferme de ces mêmes tributs qui laisse toujours entre les mains de quelques particuliers une partie des revenus du pays ». (*Esprit de Loi*. — Liv. XIII). — Une des conséquences les plus fâcheuses du système des fermes est d'amener les Conseils municipaux à se désintéresser de la gestion de leurs octrois. D'autre part les fermiers s'efforcent de dissimuler le montant véritable des recettes, afin de déprécier la ferme et d'obtenir de la commune un nouveau traité plus avantageux que le précédent. D'après un rapport de M: Bardoux, dans 133 octrois le fermier n'aurait même pas en caisse une somme égale au prix de ferme !! — La proposition faite au Sénat de supprimer le régime des fermes fut cependant repoussée lors de la discussion de la loi de 1897.

vers elle-même, envers l'Etat et envers les contribuables, si elle ne s'affermait pas ; que cet adjudicataire est tenu d'exécuter avec bonne foi toutes les dispositions législatives et règlementaires qui auraient obligé la commune ; la jouissance d'un fermier est à cette condition.

Nulle adjudication ne peut dépasser trois ans, sauf le cas où on aura à y comprendre ce qu'il resterait à courir de l'année commencée, et dans tous les cas, elle devra toujours avoir pour terme le 31 décembre (1).

L'adjudicataire sera tenu, avant d'être mis en possession, de fournir un cautionnement dont la quotité et l'espèce auront été déterminées dans le cahier des charges (2). Le cautionnement ne sera exigé que dans les communes sujettes au droit d'entrée ou de taxe unique.

Des garanties de moralité et de capacité dont l'appréciation est remise au maire, sauf recours au préfet, sont nécessaires pour l'admission aux enchères. — Ajoutons que le décret de 1809 (art. 127) édicte certaines incapacités : ainsi ne peuvent être adjudicataires ni associés de l'adjudicataire, sous peine de résiliation et d'indemnité, les fonctionnaires des administrations des contributions indirectes, des administrations civiles, ou les personnes attachées aux tribunaux ayant juridiction sur l'octroi.

4e Abonnement avec l'administration des contributions indirectes.

Au cas où les conseils municipaux adoptent le mode d'exploitation, les receveurs versent le mon-

____

(1) Décret 17 mai 1809. — Art. 112.
(2) Décret du 17 mai 1809. — Art. 121.

tant de leurs recettes pour le compte de l'octroi, dans la caisse municipale, sous déduction des frais de perception convenus par le traité.

L'exercice de ce droit d'abonnement est règlementé par les art. 94 et 95 de l'ordonnance du 9 décembre 1814.

Un cinquième mode d'exploitation existait autrefois sous le nom d'octroi par abonnement. Il était perçu au moyen d'un rôle de répartition basée sur la consommation présumée de chaque habitant. Ces octrois ont été supprimés par une ordonnance du 3 juin 1818. Ils avaient été établis par un arrêté du 4 thermidor an X.

5° *Frais de premier établissement.*

Dans les villes sujettes aux droits d'entrée, ces frais sont proposés par le Conseil municipal, et soumis par la régie des contributions indirectes, à l'approbation du ministre des Finances. Dans les autres communes, ces frais seront réglés par les préfets. Dans aucun cas, les maires ne pourront excéder les frais alloués sous peine d'en répondre personnellement (1).

Cette disposition, actuellement encore en vigueur a été modifiée par l'art. 6 du décret du 12 février 1870 prescrivant que les frais autrefois soumis à l'approbation du Ministre des Finances « seront désormais arrêtés par le préfet, qui transmettra à la direction générale des contributions indirectes une ampliation de son arrêté, avec copie de la délibération du Conseil municipal.

---

(1) Art. 10 de l'ordonnance du 9 déc. 1814.

§ IV, — **Passe-debout, transit et entrepôt**

Tout « porteur ou conducteur » dit l'art. 28 de l'ordonnance de 1814, est soumis à l'obligation de déclarer les objets assujettis. Mais aux termes d'une législation dont le principe se trouve dans une loi du 27 frimaire an VIII (art. 22), développée par le décret de 1809 et l'ordonnance de 1814, il est des situations où les « introducteurs » se trouvent exonérés des droits, soit provisoirement soit de façon définitive parce que les marchandises ne font que traverser le périmètre.

Il s'agit ici des introductions faites en passe-debout, transit ou en entrepôt. Ces cas sont du reste définis par le décret de 1809 dont les textes y relatifs sont les suivants : Art. 60 : — Le passe-debout est le passage non interrompu, par une commune, en exemption de droits. Art. 67 : — Le transit est la faculté de passer dans une commune et d'y séjourner suivant les besoins des circonstances, mais seulement pendant un délai qui ne peut dépasser trois jours (1). Art. 71 : — L'entrepôt est la faculté de faire entrer et séjourner en franchise, dans l'intérieur d'une commune, des marchandises sujettes par leur nature à l'octroi et auxquelles le propriétaire veut se réserver de donner une destination ultérieure.

Le passe-debout et le transit offrent un point de ressemblance : c'est que dans les deux procédés, les marchandises ne font que traverser le lieu

---

(1) Cette limitation à un maximum de trois jours n'est pas reproduite dans l'ordonn. de 1814.

sujet, mais ils diffèrent d'autre part notablement en ce qui concerne la durée du séjour.

A cet égard, l'ordonnance de 1814 n'a point renouvelé la règle de la limitation à un maximum de trois jours, pour le transit ; il n'en reste pas moins que cette durée doit être courte : elle est fixée d'ailleurs par les règlements locaux. En cas de silence sur ce point, il faut se guider d'après les usages et les besoins du commerce (1). Le passe-debout, au contraire, ne se donne que pour les marchandises traversant le lieu sujet sans y séjourner.

L'indication des formalités, quand au passe-debout se trouve énoncée à l'art. 37 de l'ordonnance de 1814 ; « Le conducteur d'objets soumis à l'octroi qui voudra traverser seulement un lieu sujet ou y séjourner moins de vingt-quatre heures, sera tenu d'en faire la déclaration au bureau d'entrée, conformément à ce qui est prescrit par l'art. 28, et de se munir d'un passe-debout qui sera délivré sur le cautionnement ou la consignation des droits. La restitution des sommes consignées, ainsi que la libération de la caution s'opéreront au bureau de la sortie. »

Lors cependant qu'il sera possible de faire escorter le chargement, le conducteur sera dispensé de consigner ou de faire cautionner les droits. Les frais d'escorte sont en ce cas, à la charge du conducteur, sans pouvoir dépasser jamais ceux qui sont réellement occasionnés.

En cas de séjour au delà de vingt-quatre heures . (art. 38 de l'ordonnance de 1814) dans un lieu

____

(1) Décr. minist. 19 nov. 1817. — Olibo, tome 2.

sujet à l'octroi d'objets introduits sur une déclaration de passe-debout, le conducteur est tenu de faire dans ce délai et avant le déchargement, une déclaration de transit avec indication du lieu où les objets sont déposés : ces objets doivent être représentés aux employés à toute réquisition. La consignation ou le cautionnement subsistent pendant toute la durée du séjour.

Le transit ne peut-être refusé pour aucun des objets compris au tarif (1).

L'entrepôt est la faculté donnée à un propriétaire ou à un commerçant de recevoir et d'emmagasiner dans un lieu sujet à l'octroi, sans acquittement du droit des marchandises qui y sont assujetties et auxquelles il réserve une autre destination (2).

Il faut distinguer entre deux natures d'entrepôt : l'entrepôt réel et l'entrepôt fictif, celui-ci se faisant à domicile, celui-là dans un magasin public, sous la garde d'un conservateur, et sous la garantie de l'administration de l'octroi, laquelle est responsable des altérations ou avaries provenant du fait de ses préposés (3).

Les entrepôts à domicile pour les boissons seront, sur la demande des Conseils municipaux, supprimés dans les communes sujettes au droit d'entrée ou d'octroi lorsqu'un entrepôt public y aura été régulièrement établi.

Cette disposition empruntée à l'article 9 d'une loi du 28 juin 1883, avait-elle un effet rétroactif et

---

(1) Décret du 16 août 1879.
(2) Ordonnance de 1814 (art. 41).
(3) Décret du 17 mai 1809 (art. 72) et ordonnance du 9 déc. 1814.

supprimait-elle les entrepôts fictifs existant antérieurement à cette loi ? La question qui fut portée au Conseil d'Etat par des bénéficiaires d'entrepôts fictifs, se réclamant d'un droit acquis, fut résolue par un arrêt de rejet.

Les marchands en gros ou en demi-gros peuvent jouir de l'entrepôt à domicile, alors même qu'ils feraient dans les mêmes magasins les ventes au détail.

L'entrepôt fictif n'existe pas à Paris, où d'ailleurs un entrepôt spécial a été établi par l'ordonnance du 29 juin 1838, pour les objets soumis à l'octroi.

Les règlements locaux doivent déterminer les objets, pour lesquels l'entrepôt est accordé ainsi que les quantités au-dessus desquelles on ne peut l'obtenir. (1)

Les formalités auxquelles sont soumises, l'obtention de l'entrepôt et les obligations imposées à l'entrepositaire sont énumérées par les art. 42 et suivants de l'ordonnance de 1814, complétée par les règlements locaux.

§ V. — Abonnement.

Le point qui nous occupe ici est, non pas l'abonnement de la commune avec l'administration des contributions indirectes, mais l'abonnement au profit des redevables. Il peut être accordé à plusieurs catégories de débiteurs. « Les abonnements collectifs que les communes sont autorisées à consentir avec certaines classes

---

(1) Ordonnance du 9 décembre 1814, article 9.

de redevables seront désormais exécutoires avec l'approbation du préfet. Une ampliation de chacun de ces traités sera remise au directeur des contributions indirectes du département, qui la fera parvenir à la direction générale des contributions indirectes avec l'arrêté du préfet qui l'a approuvé. » (1)

Ce qui caractérise cette sorte d'abonnement, c'est qu'il n'est jamais individuel ; c'est un traité passé, avec toute une catégorie de redevables. (2) Mais, d'autre part, il est admis une autre catégorie d'abonnements : l'abonnement individuel. — L'abonnement individuel, en matière d'octroi, est une convention passée entre le maire et le redevable, dans le but de rendre la perception plus facile et de simplifier les formalités imposées aux entrepositaires. Ce procédé expressément autorisé pour les contributions indirectes par les articles 70 et 71 de la loi du 21 avril 1816, l'a été implicitement pour les octrois par les lois et décrets, qui régissent la matière, notamment par le décret du 17 mai 1809 et par l'ordonnance du 9 décembre 1814. Pour nier ce droit d'abonnement individuel, il faudrait pouvoir arguer d'une disposition légale expresse, restreignant sur ce point la liberté des conventions, disposition qui n'est nullement contenue dans le décret de 1870. L'article 4 de ce décret complète simplement, objecte-t-on la législation antérieure sur les abonnements. — Mais l'article 14 qui a introduit les abonnements in-

---

(1) Décret du 12 février 1870, article 4.
(2) Décret du 16 août 1879.

dustriels (1), qui n'a nullement exclu par son silence la faculté générale des abonnements individuels (d'ailleurs d'une pratique constante), est bien plutôt confirmé par ce décret.

L'abonnement commercial peut donc, en matière d'octroi, être valablement consenti aux contribuables, même à titre individuel. (2)

---

(1) « L'abonnement annuel, dit le texte, pourra être demandé pour les combustibles et matières, admises à l'entrepôt, aux termes des articles 8, 11, 12 et 15. Les conditions de l'abonnement seront réglées de gré à gré, entre le maire et le redevable. »

(2) Cass. 17 mai 1898, v. *Revue générale d'administration*, juillet 1898, p. 298.

CHAPITRE IV.

——

§ I. — **Contentieux des octrois.**

Nous diviserons l'étude de ce chapitre d'après
les diverses compétences qui peuvent se partager
la contestation en matière d'octrois. — La compétence est la mesure du pouvoir de juger. La
compétence est absolue ou relative. La première
est celle qui se base sur les limites entre les deux
juridictions, judiciaire ou administrative. La seconde se détermine pour un même ordre de juridiction d'après l'aspect spécial, ou l'importance de
l'affaire.

A la juridiction administrative appartiendra le
jugement de toutes contestations sur des mesures
de police, d'administration ou relative à l'interprétation à donner à des actes émanés de l'autorité administrative.

A la Juridiction judicaire ; 1° le jugement de
toutes contestations civiles *lato sensu*, c'est à dire
celles qui peuvent s'élever entre les fermiers et
la commune, autres que celles concernant les
interprétations des clauses de baux, celles que
peut faire surgir l'interprétation des tarifs etc...
— 2 L'examen par les Tribunaux correctionnels
des faits délictueux relatifs aux octrois, de leurs
caractères généraux etc...

§ II. — **Contentieux administratif.**

Seront déférées au préfet qui statuera en Conseil de préfecture, après avoir entendu les parties, et sauf recours en Conseil d'Etat : les contestations qui pourront s'élever sur l'administration ou la perception des octrois en régie intéressée entre les communes et les régisseurs de ces établissements (art. 136 du décret du 17 mai 1809). — Il en est de même, aux termes de cet article, des contestations qui peuvent s'élever entre les communes et les fermiers des octrois sur le sens des clauses des baux. Toutes les autres contestations qui peuvent s'élever entre communes et fermiers d'octrois seront portées devant les Tribunaux ordinaires (1).

Conformément à cette dernière règle, un arrêt du Conseil d'Etat a jugé que le Conseil de préfecture, et en appel le Conseil d'Etat, sont compétents pour interpréter les clauses du bail en cas de contestation entre la commune et le fermier de l'octroi (2).

Mais dans le cas de mise en ferme, doit-on appliquer la portée des mots : « le sens des clauses des baux » à toutes les contestations sur l'administration et la perception des octrois ?

Cette interprétation nous semble contraire à l'essence de la distinction des deux compétences, qui attribue aux tribunaux administratifs la con-

---

(1) LAFERRIÈRE. — *Traité de la juridiction admin. t. I.* — FÉRAUD-GIRAUD. -- *Code de la séparation des pouvoirs.*

(2) Cons. d'Etat. — 14 fév. 1890. — S. 92-3-67. — Pand 92. III 67.

naissance de toutes les contestations que feraient naître les rapports établis par l'adjudication entre la commune et le fermier.

Si la régie intéressée engage, en effet, les intérêts d'une commune en sa qualité d'associée du régisseur et implique nécessairement par là, l'intervention de l'autorité administrative, le régime de la ferme, au contraire, ne comporte qu'une adjudication pure et simple des produits d'un octroi moyennant un prix convenu. Aussi les difficultés étrangères à toute question d'interprétation des clauses du bail et empruntant leurs caractères à la nature même des contrats ordinaires, sont de la compétence exclusive des tribunaux civils (1).

C'est ainsi qu'il a été jugé par un arrêt du Conseil d'Etat (du 24 décembre 1875) que les Tribunaux ordinaires ont compétence pour interpréter les tarifs lorsque des contestations surgissent à propos d'une interprétation des tarifs. Toutefois il a été admis que le Conseil d'Etat pouvait procéder à l'interprétation d'un tarif d'octroi, alors qu'il s'agissait d'apprécier la portée des actes administratifs ayant précédé le décret qui l'avait arrêté (2).

Jugé également que si pour évaluer une indemnité réclamée par un fermier de l'octroi à une commune, il est nécessaire d'interpréter le bail administratif, notamment à la fin de savoir s'il autorise la perception du droit sur certaines

____

(1) Arrêts du Conseil d'Etat 12 avril 1829. — 9 mars 1832. — 22 juin 1836. — Décision du Tribunal des Conflits du 8 nov. 1851. — Arrêt. de la Cour de Cassation, 7 avril 1835.

(2) Cons. d'Etat, 24 déc. 1875 (Chemin de fer de Lyon). — Féraud-Giraud. — *Code de la séparation des pouvoirs.*

denrées, l'autorité judiciaire cesse d'être compétente, et doit surseoir, jusqu'à ce que l'autorité administrative ait statué sur le véritable sens du bail (1).

Peut-on, par des clauses particulières insérées dans le cahier des charges, modifier les règles de la compétence ? Le Conseil d'Etat avait admis, pendant longtemps, qu'une clause pouvait enlever au préfet la compétence pour la transporter au Conseil de préfecture (2).

Mais bientôt on renonçait à cette doctrine, et le Conseil d'Etat décida par un arrêt du 9 mars 1832 que bien que le cahier des charges de l'adjudication à ferme défère les contestations qui pourraient naître entre la commune et l'adjudicataire au conseil de préfecture, il n'appartient qu'au préfet en conseil de préfecture de décider sur ce point ; et qu'on ne pouvait déroger par des conventions particulières aux lois et règlements sur la compétence, qui sont d'ordre public (3).

La même doctrine a été consacrée par un arrêt du Tribunal des conflits en date du 8 novembre 1851.

La compétence attribuée par le décret de 1806 au préfet, en Conseil de préfecture seul, appartient aujourd'hui Conseil de préfecture seul, en vertu de la loi du 11 juin 1865 (art. 11).

§ III. — **Contentieux civil.**

La connaissance des contestations entre fermiers d'octroi et communes sur l'exécution des

---

(1) Cass. : 7 avril 1835. — Sir. 35-1-356.

(2) Arrêts du 21 févr. 1814 ; 13 mai 1818 : 17 juin 1818 ; 3 juin 1820 ; 27 août 1823·

(3) Lebon, t. 5. p. 126. — D. P. 33-3-8.

clauses du bail appartient à l'autorité judicaire, lorsque d'ailleurs le sens de ces clauses n'est pas contesté, il en est de même des difficultés relatives à l'application des tarifs ou à la quotité des droits réclamés. Mais le juge civil devant lequel seront portées ces contestations sera-ce, comme en matière de contributions indirectes le tribunal de première instance ?

A cette question répondent les lois du 2 vendémiaire et 27 février an VIII, confirmées par le règlement du 17 mai 1809 et l'ordonnance du 9 décembre 1814 : la compétence de ces contestations appartient aux Juges de Paix.

« Les contestations civiles qui pourront s'élever sur l'application du tarif ou sur la quotité des droits exigés par les receveurs d'octrois municipaux et de bienfaisance créés par les lois existantes, ou qui pourront être créés par les diverses Communes de la République, pour l'acquit de leurs dépenses locales, celles des hospices civils et secours à domicile seront portées devant le juge de paix de l'arrondissement, à quelque somme que le droit contesté puisse s'élever pour être par lui jugé sommairement et sans frais, soit en dernier ressort, soit à charge d'appel, suivant la quotité de la demande » (1).

La loi du 27 frimaire an VIII, le règlement du 17 mai 1809 (XIII, art. 164) posent les mêmes règles reproduites par l'article 81 de l'ordonnance de 1814 (Tit. IX).

Ajoutons que pour que le juge de paix soit valablement saisi, il faut qu'il n'y ait eu ni contravention

---

(1) Loi du 2 Vendém. au VIII (art. 1).

ni procès-verbal dressé ; ainsi la déclaration des objets prétendus tarifs et la consignation préalable des droits sont une condition de la compétence du juge de paix : c'est au tribunal correctionnel, seul qu'il appartiendrait de statuer soit sur la contravention, soit sur les questions d'application du tarif soulevées à titre d'exception préjudicielle sur le prévenu (1).

Les contestations sur le fond du droit et sur l'application du tarif d'octroi aux objets fabriqués dans l'intérieur d'une commune donnent lieu, enfin, à la compétence du juge de paix, ce qui a été jugé par un arrêt de la Cour de cassation du 25 juillet 1825.

De même il a été jugé que, chargé de statuer sur toutes contestations relatives à l'application des tarifs et à la quotité des droits, le juge de paix est nécessairement compétent pour apprécier la légalité des actes en vertu desquels la perception est faite. (2)

Le Juge de paix prononce sommairement et sans frais, soit en dernier ressort, soit à charge d'appel selon la quotité du droit réclamé.

Le Juge de paix étant compétent sur les contestations sur le fond du droit, que décider enfin si celles-ci se rapportent tout à la fois à l'octroi et aux contributions indirectes ? Dans cette hypothèse,

---

(1) V. arrêt de la Cour de Besançon — 30 juillet 1869 — Sjr. 70-2-170.

(2) Cass. 19 avril 1875. — *Gaz. Trib.* 27 avril 1875. — V. CARRÉ. *Compétence judiciaire des juges de paix.* — Se reporter aussi à un arrêt de la Cour de Paris du 20 octobre 1890 qui a fait application de ce principe en déclarant le Tribunal civil incompétent pour connaître d'une demande en dommages intérêts, dirigée par un redevable, arguant de l'illégalité de l'application des tarifs.

la compétence du juge de paix devra-t-elle céder devant celle du Tribunal de première instance, auquel appartient, nous l'avons vu, la connaissance des difficultés en matière de contributions indirectes? La solution affirmative, d'ailleurs très rationnelle, nous est indiquée par la loi du 25 ventôse an XII (art. 88), et le décret du 10 mai 1809 qui décident qu'elles seront portées devant les tribunaux de première instance, prononçant en chambre du conseil et sur simples mémoires, sans ministère d'avoués.

— En cas de faillite du redevable, l'administration de l'octroi jouit d'un privilège en ce que, non assujettie aux formalités de production et de vérification, elle a le droit de procéder par voie de contrainte. L'opposition à cette contrainte est de la compétence des tribunaux civils, ainsi que toutes contestations s'élevant sur l'exercice de ce privilège (1).

En ce qui concerne les difficultés relatives aux exemptions, il résulte de la compétence même des tribunaux judiciaires relativement aux contestations sur l'application des tarifs, ce corollaire ; eux seuls ont à décider si les redevables ne se trouvent pas dans un des cas prévus par les règlements où ils jouissent d'une exemption de taxe(2).

----

(1) Trib. civ. de la Seine — 4 février 1887 (*Journal des f. illites* 1887) — V. LABORI. — *Recueil général de jurisprudence.* V.Octroi.

(2) Cass. 21 janvier 1884 ; Sir. 86-1-257 ; — Cass. — 29 juillet 1884 ; — 28 mars 1885. Sir. 87-1-493.

En juin 1895 un industriel de Roubaix avait fait monter dans sa filature une série de tuyaux en métal, suspendus par des brides aux sommiers intérieurs de l'établissement ; c'était des extincteurs automatiques ; le tout pesait environ 20.000 kilos — L'octroi réclama une taxe en vertu de l'art. 523 du Code civil : « Les tuyaux

Le Juge de paix compétent est celui du lieu où la taxe contestée est établie ; celui du canton dans lequel siège l'administration municipale.

§ IV. — **Contentieux pénal**.

D'après la loi du 2 vendémiaire an VIII, le juge de paix était investi, en certains cas, d'attributions pénales, et l'article 78 de l'ordonnance du 9 décembre 1814 disposait comme suit : « L'action résultant des procès-verbaux en matière d'octroi et les questions qui pourront naître de la défense du prévenu, seront la compétence exclusive soit du tribunal de simple police, soit du tribunal correctionnel du lieu de la rédaction du procès-verbal, suivant la quotité de l'amende encourue ».

Le tribunal de simple police était compétent si l'amende n'excédait pas quinze francs, maximum que puisse prononcer le juge de police. Mais cette compétence fut retirée par la loi du 28 avril 1816 et celle du 24 mai 1832 dont l'art. 9 rendait applicables à toutes les communes ayant un octroi, les dispo-

---

sont immeubles et font partie du fonds auquel ils sont attaché. » La somme réclamée était de 381 fr. 95. L'industriel paya, puis il assigna la ville en restitution de la somme perçue injustement, disait-il, attendu que ces tuyaux ne pouvaient être considérés comme destinés à la construction immobilière.

L'affaire vint en simple police, et le juge de paix, dans un jugement fortement motivé, interprétant d'une manière plus libérale l'art. 523 du Code civil, déclara que les tuyaux en métal ne doivent être assujettis aux droits d'octroi que lorsqu'ils rentrent dans une construction immobilière et non lorsqu'ils n'en sont qu'un accessoire. Et enfin *qu'en cas d'incertitude ou d'ambiguité, le juge de paix a le pouvoir d'interpréter le tarif d'octroi, et doit le faire plutôt en faveur des assujettis que de la régie.* — La ville de Roubaix fut en conséquence condamnée à la restitution de la somme indûment perçue. — Ce jugement fut confirmé par le Tribunal de Lille, puis par la Cour de cassation.

sitions d'une loi antérieure, du 29 mars 1832, étendant à toutes les denrées sujettes à droits d'octroi à l'entrée de Paris, la pénalité de cent francs à deux cents francs d'amende édictée par la loi de 1816.

Etant donné le taux de cette amende, ce sont donc les tribunaux correctionnels qui sont actuellement compétents pour les contraventions d'octroi (1).

Toute poursuite en matière d'octroi doit avoir pour base un procès-verbal qui doit énoncer des faits délictueux, matériels et précis. — Les procès-verbaux en matière d'octroi sont soumis : 1° aux dispositions spéciales des art. 75 à 77 de l'ordonnance de 1814 ; 2° aux dispositions générales régissant les procès-verbaux (2). Ont qualité pour dresser procès-verbal non seulement les préposés de l'octroi, mais encore les employés de la régie, les formalités auxquelles sont soumis les procès-verbaux dressés par ces derniers étant beaucoup plus strictes. — Parmi les différences à noter entre ces deux catégories de procès-verbaux nous indiquerons : 1° qu'un seul préposé a qualité suffisante pour dresser procès-verbal ; au contraire, les employés des contributions indirectes doivent être deux : — (art. 75 de l'ord. de 1814). — 2° en matière d'octroi, les procès-verbaux doivent affirmer dans les vingt-quatre heures, et ceux des contributions indirectes dans les trois jours. — 3° les formalités prescrites pour les procès-verbaux de contributions indirectes

____

(1) Arrêt de rejet de la Chambre criminelle, en date du 27 mars 1840.

(2) V. art. 11, 16, 18, 20, 33 et suiv. du Code d'Inst. crimin.

sont exigées à peine de nullité, tandis qu'en matière d'octroi, l'affirmation devant le juge de paix, dans les vingt-quatre heures suffit. — Il a été jugé qu'il n'est pas nécessaire que le procès-verbal soit écrit de la main du préposé qui l'a écrit et signé (1). Toutefois et il est à peine besoin de l'indiquer, l'omission des formalités substantielles, entraîne en tous cas, la nullité (2).

L'article 29 de l'ordonnance de 1814 et l'art. 27 de la loi de 1816, portent que tout objet sujet à octroi, et qui serait introduit sans déclaration ou sur une déclaration fausse, sera saisi.

La saisie peut être d'ailleurs de pure forme, l'objet pouvant être laissé à la garde du prévenu ; c'est ce que décide un arrêt de rejet de la Chambre criminelle en date du 20 mai 1862 (3).

La saisie, mesure simplement conservatoire, ne saurait être confondue avec la confiscation, celle-ci étant une peine prononcée par jugement.

Toute saisie ne peut porter que sur les marchandises qui sont l'objet de la contravention (4).

Les objets saisis doivent être déposés au bureau le plus voisin ; si, dans le délai de dix jours, la partie ne se présente pas à l'effet de payer ou de consigner l'amende encourue, ou si il n'a pas été formé opposition à la vente, cette vente sera faite

---

(1) Arrêt de la Cour de Nîmes, 7 mars 1822.

(2) Cass. 17 juin 1836.

(3) Quand la saisie de marchandises introduites en contravention a été fictive, la confiscation doit consister dans la condamnation au prix des dites marchandises à l'époque de la contravention. (Amiens, 25 avril 1885.)

(4) Arrêts de la Chambre criminelle du 12 germinal an XI, et du Tribunal d'appel de Paris, 30 frimaire an XII.

par le receveur, cinq jours après l'apposition, à la porte de la mairie d'une affiche signée de lui (1).

Toute introduction ou tentative d'introduction d'objets soumis aux droits d'octrois, à l'aide de moyens préparés pour la fraude, peut donner lieu à l'arrestation des fraudeurs (2).

Quelles sont les personnes ayant qualité pour intenter les poursuites ? Ce sont : 1° le maire, représentant de la commune, agissant seul si l'octroi est en régie simple, avec le concours du fermier, s'il est en régie intéressée ; 2° le fermier, si l'octroi est affermé ; 3° le directeur des contributions indirectes, assisté du maire, en cas d'exploitation par abonnement.

En matière d'octroi comme en matière de contributions indirectes domine ce principe qu'il n'y a aucune distinction à faire entre l'action publique et l'action privée. Elles se confondent en quelque sorte, et n'en font qu'une seule, qui peut-être exercée soit par le ministère public, sur une plainte, soit par les administrations, fermiers ou adjudicataires (3).

---

(1) En matière de contributions indirectes, contrairement au droit commun, la nullité de la saisie entraîne la nullité de la confiscation. (DALLOZ, *Jurisp. génér.*, supplément, au mot « Peine », n° 803 ; *Jurisp. génér.* au mot « procès-verbal », n°ˢ 16, 447, 482.)

(2) Loi du 28 avril 1816 (art. 223, 224 et 225), et loi du 24 mai 1834 (art. 9.)

(3) Cass. 26 août 1826. — D. P. 27-1-14 ; — arrêt de rejet, 12 août 1853 ; — Douai, 22 juin 1880.
Les fraudes et contraventions d'octrois dans la zone de Paris sont poursuivies par le directeur au nom du préfet de la Seine. Les transactions ne sont définitives qu'après avoir été approuvées par le préfet, sur l'avis conforme du Conseil d'administration.
A l'égard des fraudes et contraventions communes à l'octroi et aux droits d'entrée perçus au profit du Trésor, le directeur peut seul suivre l'effet des procès-verbaux devant les tribunaux, ou consentir à des transactions d'après les règles propres à l'administration des contributions indirectes. (Maurice BLOCH. — *Dictionnaire général d'administration*)

Les contraventions communes à l'octroi et aux contributions indirectes doivent être constatées et poursuivies d'après les règles propres aux contributions (1). Cette solution résulte de l'article 164 du décret du 17 mai 1809, relatif aux octrois. « Il sera procédé, dispose cet article, pour les octrois, conformément aux lois des 2 vendémiaire et 27 frimaire, an VIII. Néanmoins, dans le cas où une contestation soit sur le fond du droit ou l'application du tarif, soit sur des contraventions, aurait à la fois pour objet des droits d'octroi et des droits réunis, il sera procédé sur le tout conformément aux dispositions du chapitre 6 de la loi du 5 ventôse an XII concernant les droits réunis (2).

Le droit d'appel n'appartient qu'aux parties qui ont figuré en première instance ; les délais pour l'appel et les formes de procédure sont les mêmes en matière d'octroi que ceux prescrits par le Code d'instruction criminelle.

L'appel doit donc être mis dans les dix jours du prononcé du jugement et non pas seulement dans la huitaine de la signification, comme l'exige l'article 32 du décret du 1er germinal an XIII, en matière de contibutions indirectes.

L'administration des octrois peut valablement se pourvoir en cassation en cas de simples contraventions ; elle ne le peut, pour les délits, que si elle a été partie dans l'instance (3).

Nous avons vu que la peine édictée par l'ordon-

(1) Cass. ch. crim., 19 octobre 1894 (DALLOZ, *Jurisp. gén.* 1898. — 15ᵉ et 16ᵉ cahier, p. 401.
(2) Cass. ch. crim , 22 décembre 1888; (D. P. 89-1-83.)
(3) Arrêté du 13 mars 1806.

nance de 1814 était une amende égale à la valeur
de l'objet. Les lois de 1832 et de 1834 modifièrent
le régime des amendes. Elles établirent une
amende de 100 à 200 fr., suivant la gravité des cas,
sans préjudice de la confiscation des objets introduits en fraude (1).

Un délit spécial a été créé, relativement à notre
matière, par l'article 15 de la loi du 27 frimaire
an XII : celui d'opposition aux exercices des employés d'octroi. Ce délit est puni, suivant cet article, d'une amende de 50 francs (2).

Les tribunaux ne peuvent arbitrer l'admission
des circonstances atténuantes en matière d'octroi.
L'article 42 de la loi de finances du 30 mars 1888
qui a rendu l'article 463 du Code pénal applicable
aux délits et contraventions prévus par les lois
sur les contributions indirectes, ne peut être

---

(1) Les amendes et confiscations en matière de contraventions
aux lois sur les contributions indirectes, constituant des pénalités
étrangères au système du code pénal, et ayant un caractère d'indemnité et de réparation civile, en vertu desquelles elles sont encourues par le fait même qui donne lieu à la contravention et
acquises par le Trésor, dans la limite fixée par la loi existante à
la date de l'infraction, il n'y a pas lieu dès lors d'appliquer rétroac-
tivement à une contravention commise sous l'empire de la loi
ancienne, la loi du 29 mars 1897 qui, dans son article 19, permet
désormais de supprimer sous certaines conditions la confiscation,
sous réserve du droit fraudé (Cass. ch. crim. 17 février 1898. —
France judiciaire, 28 mai 1898). — Le principe du non cumule des
peines n'est d'ailleurs pas applicable aux infractions aux lois sur
les contributions indirectes ; chaque contravention doit être punie
d'une amende distincte. Une jurisprudence constante a consacré
cette doctrine. Décisions récentes : Poitiers, 11 novembre 1891. —
D. P. 92-2-31 ; — Cass. ch crim., 22 décembre 1893. D. P. 27-1-302,
etc.

(2) Le produit des amendes est, aux termes de l'art. 84 de l'ordonnance de 1814, réparti par moitié entre les employés de l'octroi et les communes, déduction faite des frais.

étendu par analogie aux contraventions d'octroi (1). Ajoutons, à ce propos, qu'au cours de l'une des dernières séances de la législature de 1893, un député, M. Cunéo d'Ornano, a proposé un amendement à la loi de finances, tendant à étendre le système des circonstances atténuantes aux contraventions d'octroi. Il est à regretter que cet amendement, adopté par la Chambre, ait été judicieusement repoussé par le Sénat.

— Il nous reste enfin à parler de la prescription et des transactions en matière d'octroi. La prescription est celle du droit commun : l'action de l'administration de l'octroi se prescrit par trois ans, à partir de la date du fait délictuel, et non à partir de la date du procès-verbal constatant l'infraction (2).

En vertu de l'article 83 de l'ordonnance du 9 décembre 1814, les maires sont autorisés, sauf l'approbation des préfets, à faire remise par voie de transaction, de la totalité ou d'une partie des condamnations encourues, même après le jugement rendu.

L'adjudicataire ne peut transiger sans l'autorisation du maire, et sans l'avis du préposé des droits réunis chargé de la surveillance de l'octroi. Lorsque la saisie intéresse en commun, le service de la régie et celui des octrois, le directeur seul a le droit de transiger dans l'intérêt de ces deux services (3).

---

(1) Trib. correct. Orthez, 4 février 1890. — Grenoble, 7 février 1889 (Recueil de Grenoble 1889-1-76). — Cass. 22 déc. 1888 (Pand. Franç., 1889-1-197). — En sens contraire cependant un arrêt de la Cour de Bordeaux, 9 mai 1888 (Recueil de Bordeaux, 1889-1-46).

(2) Trib. correct. Orthez, 4 février 1876 V. également Journal « La loi » du 3 mai 1890.

(3) Ordonnance de 1814 (Art. 83).

TROISIÈME PARTIE

CRITIQUE DE L'OCTROI ET LOI DU 29 DÉCEMBRE 1897

CHAPITRE PREMIER

---

§ Ier. — **Généralités**

L'institution des octrois a des partisans et des détracteurs également résolus. Parmi ceux-ci il en est peu d'ailleurs qui limitent leurs vœux ou leurs exigences à la seule suppression des octrois. Cette suppression des octrois ne serait pour eux, ainsi que celles des impôts de consommation, des taxes sur la circulation, de l'impôt foncier sur les propriétés non bâties, la réforme des lois successorales, l'établissement de l'impôt sur le revenu, etc., qu'une des conséquences du plan de réforme générale rêvée par eux.

Aux yeux des adeptes de l'école radicale, les abus financiers de l'ancien régime n'ont fait que reparaître sous d'autres noms. Les faits disent-ils, sont en désaccord flagrant avec les principes de notre Révolution. La répartition injuste de nos impôts directs, si voisine du système antérieur à 1789, la masse oppressive de nos impôts indirects, si extensibles, si arbitraires, si improportionnels, qu'est-ce donc sinon le système de

10

l'indifférence, de la routine et du laisser aller en matière d'égalité financière ? Où l'impôt vraiment proportionnel préconisé par les Montesquieu, les Adam Smith, les Stuart-Mill, les Jean-Baptiste Say, les Faucher, les Garnier et tant d'autres éminents théoriciens ? Les principes proclamés en 1789, sur l'égalité fiscale, sont encore à mettre en application, car des paroles et non des actes leur ont rendu hommage, et le législateur prodigue de dépenses, mais longanime pour les œuvres de modération, d'ordre et de justice fiscale semble guidé par un seul principe : vivre au jour le jour.

A cette situation, le radicalisme répond par l'aspiration vers une refonte de tout notre système fiscal, basée sur coopération aux dépenses, en raison de la richesse, du revenu véritablement acquis, et non d'après les apparences et dans la mesure même des besoins selon la tendance malheureuse actuelle.

L'établissement de l'impôt sur le revenu général, ou sur les revenus classés par cédules, une surélévation sérieuse de l'impôt sur l'alcool sinon le monopole de l'alcool par l'Etat, permettront facilement, concurremment avec un régime rigoureux d'ordre et d'économies, la suppression des taxes sur les consommations d'usage général, et l'abolition des octrois.

D'autres, au contraire, vantent les bienfaits de l'impôt indirect : On le paie sans s'en rendre compte ; c'est l'impôt payé en détail, par très petites fractions et qui a cet heureux effet d'empêcher la notion d'une différence entre le prix naturel du produit. Cet impôt ne s'acquitte qu'au jour le jour, au fur et à mesure de la consommation. N'est-ce pas un impôt volontaire, en réalité? « Les droits sur les marchandises, disait déjà Colbert, sont ceux que les peuples sentent le moins parce qu'on ne leur fait pas une demande formelle. Ils peuvent être si sagement ménagés que le peuple ignorera presque qu'il les paie. Pour cela, il est d'une grande conséquence que ce soit celui qui vend la marchandise qui paie le droit. Il sait bien qu'il ne paie pas pour lui, et l'acheteur qui dans le fond paie, le confond avec le prix ».

Que le consommateur se voie obligé de restreindre sa consommation, que l'excès des impôts indirects excite à la fraude, à la démoralisation, cela passe inaperçu auprès des avantages résumés par cette formule : extraire le maximum des contributions avec le minimum de mécontentement. — A ces enthousiastes de l'impôt prétendu volontaire, Condillac répondait, il y a un siècle : « Les sujets qui ne gagnent au jour le jour que de quoi subsister et faire subsister leur famille, sont-ils plus libres de retrancher sur leur consommation? Voilà cependant le plus grand nombre. Il y en a beaucoup qui ont à peine du pain ».

Ainsi, si l'impôt par son iniquité de répartition, consume suivant l'expression de M. Emile Chevalier, la « substance de l'amélioration populaire », qu'importe, semblent répondre nos optimistes, si l'opération est faite habilement. Subtiliser les quelques sous économisables par l'ouvrier, voilà le plus indubitable résultat de ces impôts ». Voler, insiste sur ce point un auteur, ce n'est au fond rien de plus que de prendre l'argent des gens sans qu'il s'en aperçoivent. Un tel impôt est tout ce qu'on peut imaginer de plus immoral. C'est en réalité la fraude organisée par l'Etat, et cela seul explique la haine instinctive du peuple pour les douaniers et autres collecteurs de tels impôts auprès desquels les contrebandiers sont les vrais défenseurs de la morale publique. Un tel système fical peut se concevoir entre un gouvernement despotique et un peuple qui le subit ; mais cela ressemble à une absurdité, à une étourderie de la loi, à une aberration de l'esprit chez une nation où le peuple et le gouvernement ne sont qu'un corps, un organisme dont tous les membres sont solidaires » (1).

Les dithyrambistes de l'impôt indirect ne s'arrêtent pas facilement à de telles raisons. Conservateurs et prétendus libéraux imaginent que la diminution de l'impôt indirect au moyen de l'augmentation de l'impôt direct n'est point conforme à l'équité et au principe de la justice distributive. De nos jours, l'apologie en fut faite par M. Thiers, lors de la discussion de l'impôt sur le revenu à laquelle il prit une part si brillante, à la séance de l'Assemblée Nationale du 26 décembre 1871. « Diminuer l'impôt indirect pour augmenter l'impôt direct, disait l'éloquent homme d'Etat, n'est pas un moyen aussi assuré qu'on l'imagine d'améliorer le sort des classes pauvres aux classes riches. Ce résultat on ne peut le trouver que dans un équilibre savant maintenu avec courage. Si même on connaissait les vrais effets de l'impôt,

___

(1) CLÉMENCE ROYER. — *Théorie de l'impôt*, t. I, p. 209.

on, saurait que si, en définitive, l'impôt direct
comme l'impôt indirect, se résolvent en une augmentation du prix des choses, le premier est le
plus incommode de tous, parce qu'il va chercher
le contribuable pour exiger à tel jour, à telle heure
une somme que celui-ci n'a pas eu la précaution de
mettre de côté, tandis que le second, confondu dans
le prix de tout ce qui s'achète, se paie insensiblement, à mesure des consommations, et que le contribuable ne mange, ne boit pas une fois, ne porte
pas un vêtement qu'il ne soit forcé d'acquitter une
de ces contributions sans le vouloir, sans le savoir.
Aussi le populations, seulement en cédant à leur
propre impulsion n'hésitent-elle jamais à préfé-
rer l'un à l'autre de ces impôts. Dans presque
toutes les grandes villes, en effet, on demande à
convertir la contribution personnelle et mobilière
en octrois. A Paris, notamment, on déclare irré-
couvrables trois millions de francs sur les plus
basses cotes de la contribution, et on les prend
sur les octrois. Insupportable sous forme d'impôt direct, cette somme devient insensible sous
forme d'impôt indirect (1). »

Et dire qu'il s'agit là d'apologie !

Les lieux communs développés sous cette théorie sont-ils autre chose que la paraphrase spécieuse de sophismes périmés, de paradoxes

______

(1) L'impôt indirect, prétendait aussi M. Thiers, se répartit à
proportion de ce que chacun consomme, il se diffuse, et de répercussion en répercussion, il devient partie intégrante du prix des
choses ; celui qui achète le plus d'objets est celui qui paie le plus
d'impôts. Par un argument diamétralement opposé à la logique, il
ajoutait : Il faut que l'ouvrier retrouve forcément dans son salaire
le prix des impôts qu'il a payés, autrement il changerait de profession ou mourrait de misère ! Or, c'est précisément l'impossibilité de changer de profession, qui le condamne à cette misère.

comme ceux consistant à prétendre que l'impôt indirect a l'avantage d'épargner aux contribuables le contact agaçant avec l'agent du Trésor, enfin d'arguments qui rappellent le dicton ancien : « Plumer la poule sans la faire crier », et auquel les physiocrates répondaient par cet aphorisme : « Impositions indirectes, pauvres paysans ; pauvres paysans, pauvre royaume ». — L'impôt indirect frappe tout le monde ; donc n'est il pas égal ? « Le pauvre en sa cabane où le chaume le couvre est sujet à ses lois, et la garde qui veille aux barrières du Louvre n'en défend point nos rois » !...

La perception des impôts indirects, fait-on valoir, ne se fait pas aussi brusquement que celle des impôts indirects. Volontiers dirait-on qu'elle est lénitive et émolliente . — Le rendement des impôts indirects augmente avec la prospérité du pays ! Mais on néglige de faire remarquer que cet avantage porte en lui-même sa faiblesse, et qu'il n'est pas très prudent de faire dépendre la situation financière et le crédit d'un pays « d'une bonne ou d'une mauvaise récolte, et de s'exposer ainsi à de graves mécomptes » (1) ; et que en outre les impôts indirects ont cet inconvénient de diminuer quand les besoins sont plus grands, quand il y a famine, crise industrielle ou révolution (2) Ce sont des impôts volontaires ! On est libre de les payer ou non ! Consomme qui veut telle ou telle denrée ! Qui vous oblige à manger du bœuf, du poisson, du beurre, des œufs, de la

______

(1) GAMBETTA. — *Discours Parlementaires.* — Séance du 28 octobre 1870.

(2) J. GARMIER. — *Science des Finances.*

bière, etc... S'ils n'ont pas de pain, qu'ils man-
gent des brioches, diraient volontiers les partisans de ce système inflationniste des impôts
indirects.

Les arguments présentés par M. Thiers en 1871
avaient reçu leur réfutation avant la lettre, dans
un discours du 23 février 1869. « Comment ! un
budget de 250 millions dans une seule ville ! Mais
c'est deux fois le budget de la Bavière ! C'est presque deux fois celui de la Belgique !... Et cela ne
s'est-il passé que dans Paris ? Hélas ! non, les
budgets ont doublé, triplé, quadruplé dans presque toutes les villes de France... Oui ! 102 millions
provenant de l'octroi ! Telle est la source de cette
grande prospérité, à laquelle M. le Préfet de la
Seine s'est adressé pour opérer la merveille que
le monde, dit-il, dans son rapport, que le monde
admire, mais que le monde ne paye pas. Je ferai
pourtant remarquer qu'il ne faut pas être si fier de
ces 102 ou 103 millions provenant de l'octroi. Le
moindre entrepreneur de travaux publics qui,
pour l'exécution d'une portion de chemin de fer
réunit des ouvriers sur un chantier, réalise des
miracles de ce genre. Ces ouvriers sont des consommateurs auprès desquels affluent les denrées
de tout genre, et si l'on entourait leur chantier
d'un cordon fiscal, vous y verriez des merveilles
d'impôt se produire à l'instant même. » — Or, quel
était l'auteur de cette réponse acérée et mordante
à ceux qui justifient l'exagération des contributions indirectes par l'amélioration des conditions
de la vie urbaine ? M. Thiers ! il est vrai qu'il était
alors dans les rangs de l'opposition, et à juste

cause d'ailleurs ! « Et les vivres, s'écriait le même orateur en s'adressant au Préfet de la Seine ! Quand vous avez rassemblé des multitudes d'ouvriers à Paris, oui, leur salaire s'est accru, c'est vrai ; j'en suis enchanté, quant à moi, mais ils sont obligés de vous en rendre une partie par l'octroi ; et ils voient le reste disparaître, grâce à la cherté à laquelle vous avez fait monter les choses. De manière que cette prospérité que vous leur avez procuré n'est qu'un changement de chiffres sans bénéfice pour eux. Car la dépense a autant augmenté que leur salaire. Vous parlez de votre baguette magique ! Cette baguette, c'est l'emprunt, c'est la cherté ! Cette cherté, vous en avez pris 200 milliards par l'octroi ! Un milliard d'emprunt, 700 millions levés sur la cherté de toutes choses, voilà les ressources avec lesquelles vous avez accompli les merveilles de Paris (1) ».

En dépit de l'éloquence des faits plus grande encore que celles de telles critiques, en dépit de l'impossibilité où l'on se trouve d'établir sérieusement que des charges qui retombent si lourdement sur des travailleurs, ont leur justification dans des avantages sensiblement proportionnels à leur égard, l'impôt indirect qui dans l'espace de 40 ans s'est développé en France dans d'énormes proportions (d'environ quatre cents millions en 1839), le chiffre en est monté à un milliard trois cents millions de nos jours (2), trouve néanmoins

----

(1) *Discours sur les finances de la ville de Paris.* — Séance du 12 février 1869.

(2) Le tableau suivant nous donnera quelques indications de la progression :

des apologistes, les uns résignés (1), les autres résolus.

Des économistes comme MM. Leroy-Beaulieu, Fawcett, M. Bloch, etc... admettent surtout sa nécessité afin de préserver les Etats, étant donné l'avènement au pouvsir de la démocratie, des dépenses inconsidérées auxquelles la masse n'aurait point à prendre part si elle n'y contribuait par les impositions indirectes.

On invoque en outre la dignité des classes pauvres intéressée dit-on, à participer de ce côté-là, aussi aux charges publiques.. Etrange et pieux souci de la dignité des pauvres ! La moralisation des masses par une sorte de grapillage du riche

IMPOTS INDIRECTS D'ÉTAT

	1847.	1870.	1885.
	Millions.	Millions.	Millions.
1) Douanes.	160.3	75.1	290.9
2) Sel	70.7	31.8	33.4
3) Boisson	102.0	243.4	455.1
4) Sucre	19.3	111.8	151.1
5) Tabac	112.5	246.8	379.1
	464.8	708.9	1309.6

IMPOTS DÉPARTEMENTAUX ET COMMUNAUX

1847.	1870.	1885.
Millions.	Millions.	Millions.
86.2	233.8	348.7
88.0	201.3	277.1
174.2	435.1	625.8

Sous le deuxième Empire. ce qui caractérise les impôts français, c'est l'augmentation sensible des droits de mutation, des impôts indirects (enregistrement, timbre, boissons, sucres, tabacs). Les revenus de l'impôt direct sont restés à peu près stables. Cette augmentation s'est accentuée encore, sous le régime actuel, sous l'influence de diverses causes politiques et nationales.

(1) Du Puynode : « Tant que les dépenses seront élevées, la nécessité des contributions indirectes sera incontestable, mais il faut renoncer à les justifier au point de vue de l'équité et de la raison scientifique comme au point de vue de la saine politique

Fournier de Faix : « Les taxes de consommation sont nécessaires à la vie des Etats modernes. »

sur le pauvre ! Système rappelant la thérapeuthique des médecins de Molière et consistant à diminuer ce qui soutient la vie matérielle — de la façon la plus élémentaire — pour renforcer le moral ! « A votre place, je me ferais crever cet œil, vous y verriez mieux de l'œil voisin ! » Nous aurions cru pourtant que, comme l'a dit avec tant de vérité Rabert Peel, dans un de ses discours « que l'abondance des vivres et la modicité de leurs prix tendent à diminuer le chiffre des crimes et à répandre la moralité !... »

— En Allemagne, M. de Bismarck a préconisé, il y a quelques années à la tribune du Reichstag le système de la prédominance des impôts indirects. A ce système utilitaire et favorable à l'esprit antidémocratique, les progrès du socialisme infligent des protestations de plus en plus retentissantes. A quoi attribuer ces progrès ? écrivait récemment l'auteur d'une étude sur le socialisme allemand. Beaucoup moins aux « utopies » séductrices du programme socialiste qu'à des abus réels, charges militaires, lourds impôts, crise alimentaire, faveurs du législateur faites aux grands capitalistes, aux grands propriétaires (1).

Si l'on considère les résultats de cette façon d'imposer inégalement le travail et la richesse, si

---

(1) J. BOURDEAU. — *Le Socialisme Allemand*, ch. III, p. 189 — *Congrès de Gotha ;* — 2ᵉ partie du programme : un seul impôt progressif sur le revenu pour l'Etat et la commune au lieu de tous les impôts indirects existants, surtout de ceux qui pèsent particulièrement sur le peuple. — *Programme d'Erfurt* : « abolition de de tous les impôts indirects, douanes et autres mesures économiques sacrifiant le peuple aux intérêts d'une classe privilégiée. » M. DE VOLLMAR, chef du socialisme modéré, fait entrer dans son discours de Munich, parmi son plan de réforme pratique la réforme sur les taxes indirectes.

l'on compare ces résultats avec ce fait que le luxe des villes qui profite de l'exagération des impositions locales, et que l'on se souvienne que l'excès de fiscalité engendre l'excès d'impatience et peut précipiter sous l'influence de certaines crises, ou de certaines contingences les manifestations de l'exaltation populaire, devra-t-on nier que les intérêts immédiats des classes salariées et les intérêts d'une politique générale d'ordre et de prospérité s'unissent et se solidarisent étroitement pour exiger de se mettre résolument à l'œuvre des réformes, à établir la justice distributive notamment dans les charges fiscales en faisant à l'impôt direct une place plus conforme à cette justice et à la possibilité de déplacer les taxes (1).

---

(1) Congrès international du Commerce et de l'Industrie, tenu à Paris du 16 au 22 août 1873 (n° 19 de la série) : — Sur la question : quels sont les impôts qui, par leur nature feraient le moins obstacle au développement du commerce et de l'industrie sans réduire les ressources de l'Etat ?

Quelle est, sur les intérêts matériels et moraux de l'industrie, l'influence des impôts recouvrés par l'exercice ? quel serait le meilleur mode de transformation ?

1re branche de la question :

Attendu que la multiplicité des impôts, et la variété de leurs objets sont la cause de mécomptes et des difficultés qui, en entravant le marché et l'essor du commerce et de l'industrie, les paralysent dans leurs efforts pour obéir aux lois du progrès ; qu'il est donc désirable que les impôts soient réduits et simplifiés dans leur assiette aussi bien que dans la perception.

2e branche de la question :

Attendu que le mode de l'exercice pour le recouvrement de l'impôt crée entre le Trésor et les particuliers un antagonisme inévitable, qu'il engendre d'une part dans l'esprit des agents du Trésor, des méfiances et des suspicions injurieuses pour le contribuable, que d'autre part par des mesures vexatoires qui sont la conséquence de ces méfiances et de ces suspicions, il irrite l'esprit du contribuable, etc.

LA SECTION ÉMET LE VŒU :

1° Que le mode de perception adopté pour la perception des con-

Emploi utile, généreux mais économe de l'impôt, commodité dans la perception, modération et discernement dans l'assiette. Ce sont, contre les difficultés financières, des principes essentiels dont le mépris, il est bon de le rappeler parfois, a été la cause immédiate de la Révolution.

Ces observations générales présentées, il nous reste à étudier l'application spéciale de ces critiques à l'impôt des octrois. Mais auparavant, nous indiquerons quelques brèves données statistiques sur ces impôts.

§ II. — **Nombre des communes d'octroi et Produits de cet impôt**

Les octrois se sont développés, nous l'avons constaté déjà, et tendent à se développer avec une énormité de progression qui fait prévoir que dans un avenir non éloigné ce sera réelle témérité, sinon même chimère, — relativement à ce qu'il serait possible actuellement — de songer à sa suppression radicale. Ainsi pourrait-on faire en France l'épreuve déplorable de la réalisation de cette menace adressée en 1860 en Belgique, aux hésitants du Projet de Réforme : « Si la réforme des octrois ne se fait pas prochainement, elle deviendra impossible à cause du chiffre énorme qu'il faudra bientôt pour l'opérer ».

Les chiffres qui vont suivre mettront en lumière les éléments d'un tel danger pour notre faculté de réformes à cet égard.

---

tributions indirectes, et connu sous le nom d'exercice soit au plus tôt radicalement supprimé.

2° Que tous les impôts soient ramenés au seul régime direct et à une forme unique de perception.

A Paris, le produit des octrois qui atteignait la somme de 11 millions sous le Consulat, s'élevait à 20 millions en 1808, à 34 millions en 1847, et dépassait 37 millions en 1850. En 1860, après l'annexion de la banlieue, le chiffre des octrois perçus était de 73 millions ; en 1862, de 80.764.531 fr. ; en 1869, le rendement montait à 107 millions ! Ainsi donc, comme le faisait observer M. Maxime du Camps, de 1789 à 1869, le produit des octrois a augmenté de 100 millions ! En 1884, l'octroi avait produit 139.987.417 fr., mais en 1885, ce chiffre se réduisit à 135.348.973 fr., accusant ainsi une diminution de 4.600.000 francs environ.

Que si nous interrogeons les résultats pour l'ensemble de la France, nous obtenons les réponses présentées par le tableau suivant :

44 millions	en	1823
65	—	en 1843
141	—	en 1862
199	—	en 1872
258	—	en 1887
283	—	en 1888
305	—	en 1891

Exactement 282.710.000 francs pour 1888 et 305.700.000 fr. pour 1891 (1).

De 1843 à 1887, c'est à dire en moins de cinquante ans, le rendement avait septuplé.

Le trait qui sort particulièrement saisissant de l'ensemble des données statistiques est l'énormité du produit des octrois à Paris par rapport au

____

(1) P. Leroy-Beaulieu. — *Science des Finances*, t. *III*, Cauwès. — *Econom. Polit.*, *vol. 4, 3ᵉ partie.*

reste de la France. En 1891, ce produit était de 149.100.000 francs contre 153.000.000 pour les départements (1).

La taxe par tête d'habitant pour Paris était, en 1885, évaluée à environ 64 francs et à 14 fr. 50 pour les autres communes. Une famille de quatre membres payait donc à Paris une somme approximative de 240 francs. Ce chiffre serait celui qui serait payé par une famille d'ouvriers, ou d'artisans, sur la généralité des produits taxés (y compris les fourrages, les matériaux et autres objets). Il serait peut-être plus exact d'analyser cette taxe. en répartissant les produits particuliers de l'octroi ; c'est ainsi que pour les boissons, par exemple, on arriverait à un chiffre de 36 fr. par tête, et de 13 fr. 50, pour la taxe sur les combustibles, les comestibles, etc..., soit environ 51 fr. que paierait un ouvrier, et 204 fr. une famille de quatre personnes.

La moyenne individuelle est actuellement, à Paris, d'environ 65 fr. par tête ; dans les départements cette moyenne est de 24 fr.

Pour la ville de Bordeaux, un rapport très complet de M. Georges Périé au Conseil Municipal de cette ville donnera, par exemple, les indications suivantes : Produit total des octrois : 6.247.117 fr. ; les boissons et liquides représentant 28,39 p. 100 de ce produit et les comestibles 47,33 p. 100. Ces deux premières séries accusant à elles seules 75,72 p. 100 du produit total. « La population bordelaise étant de 256,906 habitants, il en résulte que chaque habitant paraît payer 24 fr. 29 par an de droits d'octroi ainsi divisés : »

____

(1, Pour les boissons et liquides seules, cet impôt produisait 135 millions dont 80 millions pour Paris.

Boissons et liquides. . .   6 fr. 90
Comestibles   11   51
Combustibles   2   24
Fourrages   1   66
Matériaux   1   69
Objets divers   0   29

TOTAL. . . . 24 fr. 29

Mais, ajoute ici ce rapport, si l'on déduit les trois séries comprenant les objets divers, les matériaux et les fourrages qui n'entrent pas dans la consommation générale comme le fait remarquer son auteur — ce qui établit une équitable ligne de démarcation entre les divers tributaires de l'octroi... — et d'autre part le produit des consommations de luxe, plus les droits d'octrois acquittés par les étrangers (1.388.442.87 fr.), il reste pour la consommation ordinaire 3.797.107.33 fr., ce qui réduit la somme payée par chaque habitant à 14 fr. 78 (1).

Ces résultats dont l'indication favorable a des analogues dans toutes les données statistiques relatives à l'octroi, peuvent paraître très exacts *in abstracto* et faire illusion, mais il y a lieu d'observer ici qu'en matière semblable, *il y a ce qu'on voit et ce qu'on ne voit pas*, et qu'en dépit de toutes déductions, la réalité s'analyse en une charge très sensible et très iniquement répartie, pour les budgets des populations ouvrières.

— Il existe 1.533 communes possédant des octrois (2).

(1) GEORGES PÉRIÉ. -- *Rapport au Conseil Municipal sur « la suppression de l'octroi ou la revision des tarif et règlement actuels »* page 42.

(2) En 1863, il y avait 1.514 octrois ; en 1866 nous en trouvons 1.530 ; ce nombre redescendit à 1.510 en 1870 pour remonter à 1.526 en 1879 ; en 1880, il était de 1.541. (LE SOURD. — *Législation des octrois*).

Les départements qui en comptent le plus sont :
le Finistère (184) ; les Bouches-du-Rhône (58) ; le
Var (49) ; le Lot-et-Garonne (46) ; le Vaucluse (45).
— Ceux qui en renferment le moins sont :
Belfort (2) ; la Lozère (2) ; le Doubs (3) ; la
Meuse (4).

Il y avait en 1850, dix-neuf villes dans lesquelles
l'octroi produisait plus de 500.000 francs ; il se trouvait d'autre part, une centaine de communes où
il ne rapportait pas 500 fr. et quelques-unes où le
produit était même inférieur à 100 fr.

De petites communes comme Fontanil, Monte-
reau, Agde, Paimbœuf ont supprimé leurs octrois.

§ III — **Comparaison des produits des octrois des principales villes** (1).

DÉSIGNATION des villes	Boissons et Liquides	Comestibles	Combustibles	Fourrages	Matériaux	Objets divers	Totaux
Lyon.	5.596.818	3.058 897	545.772	491.865	1.090.250	75.784	10.859.380
Marseille. . .	4.584.011	3.512.132	1.203.128	869.773	1.200.865	59.016	11.428.925
Bordeaux. . .	1.729.887	2.958.992	573.630	434.102	444.327	75.953	6.216.901
Lille.	2.594.207	1.427.482	513.773	353.041	715.342	26.646	5.630.471
Rouen	1.326.717	1.215.511	645.363	273.786	470.615	68.570	4.040.562
Toulouse. . .	853.454	1.470.157	397.518	207.864	248.234	9.041	3.186.838
Nantes. . . .	968.380	908.850	342.349	216.297	219.949	72.976	2.728.810
Le Havre . .	1.337.974	785.582	672.145	186.051	356.019	112.322	3.450.693
St-Etienne . .	1.354.815	1.021.473	148.521	100.580	267.807	15.818	2.999.014

(1) PÉRIÉ. — *Op cit.* (V. *Annexe* p. 132).

— Pour Nancy : produit des octrois (comptes de 1896) : 2.185.746
francs 22. Dépenses : 191.358 fr. 97.

Chiffre proposé pour 1898 : 2.000 000. (Budget de la ville de
Nancy pour l'exercice 1898)

CHAPITRE II

____

CRITIQUE DE L'OCTROI

____

§ I. — Arguments en faveur des Octrois.

S'il est vrai que les municipalités aient souvent
abusé de la puissance du rendement de l'octroi,
« cette caisse toujours ouverte où l'on peut puiser
à même », on ne peut nier, disent les partisans de
l'octroi, qu'au point de vue pratique, l'importance
et l'élasticité de rendement de l'octroi n'en fassent
une des impositions les plus séduisantes et les
plus précieuses. Les taxes d'octrois sont modérées,
pour ainsi dire, par nature, appliquées comme
elles le sont à des faits de consommation générale, et atteignant un nombre considérable d'objets. Cette modération des taxes est d'ailleurs
imposée aux villes par l'intérêt financier même de
celles-ci (1).

L'on vante la richesse de ses ressources, mais
l'on se dissimule à plaisir que par là même il
offre les tentations les plus graves à l'esprit de
dépenses, et qu'avec l'octroi c'est la marche souvent aveugle ; la course sur la pente rapide des

____

(1) « Porté au-delà d'une certaine limite, l'impôt diminue la consommation et produit une perturbation profonde sur le marché.
Non seulement il diminue les jouissances du contribuable, mais il
nuit aux intérêts du fisc. » Rossi. — *Cours d'économie politique.*

prodigalités. « Notre octroi rapporte 950.000 fr.,
disait comme avec fierté le rapporteur d'un budget
municipal, nous arriverons bientôt au million.
« Oui, Monsieur, saluons-le, nous ne le reverrons
pas », pourrions-nous répondre suivant un mot
célèbre, répartissait spirituellement M. Moullart,
dans son enquête publique sur les octrois. Loin
de tirer argument de cette fertilité de rendement,
ne devrait-on pas plutôt s'inquiéter des empiètements d'un système financier qui absorbe si facilement des revenus. Certes, c'est un spectacle
curieux que celui de ses empiètements successifs,
« mais plût à Dieu qu'il ne fût que curieux ! Mais à
chacune de ses invasions, l'octroi fait des victimes,
il déplace des industries et souvent les détruit
entre les mains de ceux qui les possèdent. Il bou-
leverse et renverse en un instant les résultats
acquis par de longs travaux (1) ».

Puis, l'argument invoqué par Montesquieu,
celui développé par M. Thiers sur l'inconscience,
l'inaperception du paiement de cet impôt, reparaît
naturellement dans la théorie des défenseurs de
l'octroi. Ces droits, diraient-ils volontiers à leur
tour « peuvent être si sagement ménagés que le
peuple ignorera presque qu'il les paye. »

Nous avons précisé plus haut la valeur de cette
manière indulgente d'apprécier le caractère,
somme toute, immoral d'un impôt qui a main de
fer au gant de velours.

Mais encore. L'octroi est un impôt ancien, c'est
une institution qui compte plusieurs siècles d'exis-

______

(1) Michel CHEVALIER. — L'*Industrie et l'octroi de Paris* (Introduction'.

tence, qui a fait ses preuves ! Nous ignorons, au contraire, les surprises que nous réserve un système nouveau. « Gardez-vous, dit l'axiome économique, autant que possible de créer de nouveaux impôts ; gardez-vous, au même degré, de supprimer ceux qui existent, lorsque cette perception est passée dans les habitudes et dans les mœurs. Dans l'un comme dans l'autre cas, l'effet inévitable est de réagir directement sur les prix au bénéfice du seul intermédiaire, au détriment des producteurs et des consommateurs. »

A cela, nous avons répondu déjà que l'âge d'une législation ne constitue pas sa vénérabilité et son intangibilité ; soutenir le parti contraire c'est admettre l'imprescribilité des erreurs. Les douanes intérieures, elles aussi, avaient un passé séculaire, mais de nuisance économique, de préjugés, d'injustices. C'est justement que l'on a rappelé que l'impôt d'octroi était tolérable autrefois « parce que les villes étaient presque toutes exemptes de la taille, ou de quelque autre impôt dont les campagnes étaient grevées. »

On allègue aussi que c'est là une forme d'impôt généralement admise. Et l'on cite l'exemple de l'Italie, de l'Espagne, mais on semble ignorer son inexistence en Angleterre, en Allemagne, aux Etats-Unis, en Danemark, sa suppression en Belgique et en Hollande. Mais l'octroi est un moyen d'universalisation d'impôt dans la commune comme l'impôt indirect pour l'Etat ! Il importe que les classes qui jouissent du droit de suffrage politique, contribuent, en revanche à l'impôt auquel, sans ces taxes elles échapperaient. On ne

peut atteindre les classes inférieures, dit-on, que
par leurs consommations journalières ; si chaque
individu, ouvrier ou artisan, contribue annuellement par 40 ou 50 francs aux dépenses publiques,
et que ces droits soient supprimés, on lui demande
vainement en remplacement une somme beaucoup
moindre, parce qu'il ne met rien en réserve. Mais
cet argument, réplique M. Boislandri « porte en
lui-même la preuve la plus claire de l'immoralité
et de l'injustice de l'impôt des entrées ; ceux qui le
font ne s'aperçoivent pas qu'ils en prononcent
eux-mêmes la réprobation. »

D'autres alignent des chiffres pour prouver que
toutes les denrées trouvent cependant des acheteurs ! Il n'y a pas excès, dit-on, par exemple,
dans nombre de produits agricoles atteints par ces
taxes. La culture de la vigne s'est accrue ; on vend,
on consomme plus de vin, donc les octrois ne font
pas obstacle à la consommation ! Il est possible,
en effet, que si malgré ces droits, le vin à 50 francs
l'hectolitre se vend en plus notable quantité, c'est
que le nombre des consommateurs pouvant payer
ce prix, augmente chaque jour ; mais à supposer
qu'une certaine année, cent mille personnes de
plus, peuvent, malgré l'octroi, acheter plus de vin,
cela détruit-il la certitude de ce fait, qu'un dégrèvement de 10 francs sur cette même quantité d'un
hectolitre fera apparaître immédiatement une
classe nouvelle de consommateurs.

Une considération importante milite en faveur
du maintien de l'octroi, prétendent ses partisans :
le dégrèvement ne profitera qu'à l'intermédiaire,
sans être d'aucune utilité au consommateur. A

l'appui de cette allégation, on rappelle volontiers
qu'en 1830, la réduction à Paris, des droits sur
les boissons n'a pas été suivie d'une modification
de prix en faveur de la consommation, le commerce de détail ayant seul profité du dégrèvement.
En 1848, objecte-t-on encore, le droit sur la
viande, à l'octroi de Paris fut complètement supprimé et la conséquence ne fut autre qu'une diminution de prix dans les quartiers riches, alors
que ces prix restaient invariables dans les quartiers
pauvres. Mesure qui se serait résumée ainsi en
une perte pour le budget de la ville, sans avantage pour la classe des contribuables à laquelle
on l'avait dédiée.

L'expérience faite à Lyon, en 1870, est également invoquée par les négateurs de l'utilité réelle
des diminutions ou des suppressions de taxes indirectes. Sous l'administration du Comité de Salut
public, l'impôt d'octroi cessa, durant dix mois,
d'être perçu à Lyon. Or, le Directeur du service
des octrois appréciait ce fait dans les termes suivants : « Si du moins la suppression de l'octroi
avait profité au consommateur ! Mais non, les
objets de consommation furent vendus aussi
cher que précédemment, et de plus, les consommateurs eurent à supporter les impôts nouveaux,
établis en remplacement des droits d'octroi. L'intermédiaire seul bénéficia de la suppression, car
bien que n'acquittant plus les taxes, il continua à
vendre ses produits aux prix établis avant cette
suppression. »

A propos même de l'expérience de la suppression des octrois en Belgique (1860), on a tiré ar-

gument d'une déclaration de M. Anspach, bourgmestre de Bruxelles, relative à une certaine
déception qui se serait manifestée dans la population, après la disparition de ces douanes intérieures. Au lieu d'une notable et immédiate diminution du prix des denrées que se représentait par
avance un raisonnement, — que nous croirions,
dans l'espèce, simpliste et hâtif — on aurait assisté à l'élévation du prix de la viande, de la bière
et des volailles !

Mais de tels arguments ne présentent que fra-
gilité. Peut-on contester sérieusement qu'en présence des faits de la concurrence, un dégrèvement
notable n'oblige l'intermédiaire à faire profiter
l'acheteur de la baisse du prix réalisé (1). Certes
la baisse n'est pas toujours immédiate. Tel marchand entendra bien s'adjuger exclusivement le
profit du dégrèvement; mais le client gardera-t-il
une attitude indifférente? Il réclamera, et pour se
préserver de l'abandon de ces clients, il baissera
ses prix pour obtenir avantage sur les concur-
rents qui, eux mêmes ne tarderont pas à l'imiter.
Ainsi se produit petit à petit le résultat. — Et alors
même que cette baisse de prix ne se manifeste pas,
durant une certaine période, n'est il pas des phénomènes cachés qui masquent l'efficacité du dégrèvement ? Des prix se sont maintenus station-
naires qui se seraient élevés, si cette détaxe n'avait
pas été véritablement opérante ; le prix nominal
des denrées peut n'avoir pas baissé à la suite d'un
dégrèvement, tandis que le prix réel révélerait

____

(1) V. discours du rapporteur de la nouvelle loi au Sénat (*séance
du 20 décembre 1897.*)

cependant le phénomène inverse. Puis, comme le fait remarquer si justement M. Yves Guyot, « si on paye les impôts indirects sans s'en apercevoir, on ne s'aperçoit pas toujours très bien de leur disparition (1). »

Qu'importera dans la discussion l'objection tirée de l'insuccès des expériences de 1830, de 1848, de 1870 dès qu'on aura répondu que pratiquées à des époques troublées, durant des années de guerre ou de révolutions, alors que d'autre part la liberté de concurrence n'existait pas si pleinement, il serait téméraire de poser des observations concluantes, vu les circonstances exceptionnelles qui fournissaient par avance des éléments de neutralisation dans les conditions où ces expériences étaient tentées.

L'abolition des octrois en Belgique n'a-t-elle pas augmenté le bien-être en diminuant la cherté de certaines denrées quoi qu'en prétendent les adversaires de cette réforme, aux récriminations desquels des documents de toute autorité donnent un démenti certain. Il suffit, pour s'éclairer à cet égard, de rappeler un rapport de M. Anspach, bourgmestre de Bruxelles, dans lequel nous lisons : « Nos habitants ont profité directement de la diminution de prix sur les matériaux, sur le charbon, sur le gaz » (2). Et ailleurs : Une réduction réelle du prix sur plusieurs objets détaxés a suivi l'abolition des octrois. Il est résulté d'une

---

(1) V. rapport de M. Yves Guyot, 17 décembre 1888. — *Journal Officiel*, année 1888, 2ᵉ vol., p. 685.

(2) V. *Enquête Agricole, 1869, t. 2. p. 424* (cité également par M. YVES GUYOT, Rapport du 17 déc 1888). — *Journal officiel année, 1888, t. 2).*

enquête sommaire faite à ce sujet au commencement de 1861, qu'une diminution était accordée aux consommateurs par beaucoup de marchands, notamment dans les villes de Gand, Verviers, Bruxelles, Liège, Termonde, Malines, Spa, Saint-Nicole, etc. : sur des objets qui étaient soumis à une taxe assez élevée pour être appréciable eu égard aux quantités qu'on achète habituellement à la fois. Des marchands annonçaient même cette réduction pour attirer les chalands. »

Dira-t-on, de même, que la suppression des droits de douane sur le thé, le café en Angleterre n'a pas considérablement profité à la consommation générale, et fait entrer les subsistances en quantités plus abondantes dans les demeures qui auparavant les recevaient trop rarement. La consommation du thé a sextuplé depuis 1842, année des premières diminutions des droits.

Dans tous les pays où l'on a supprimé l'octroi, les avantages de cette réforme se sont traduits par une augmentation d'activité commerciale, de ressources et de bien-être. Dans ces pays, les marchandises circulent rapidement et « *le service des colis postaux affranchis de ses inquisiteurs*, y rend d'inappréciables services alors qu'en France (ajoute avec raison et plaisamment M. Mayet) nous en sommes encore à nous regarder avec des airs inquiets d'augures : « supprimer l'octroi ! diable ! » (1)

En France même, les dégrèvements réalisés sur

____

(1) Lire dans le « Temps » (n°ˢ des 28 juin, 20 juillet, 12 août et 19 août) et sous la signature de M. Mayet, une série d'articles intéressants sur le service des colis postaux et l'octroi, dont on retrouvera une analyse dans la suite de cet ouvrage.

les huiles, les bougies, le sucre n'ont-ils pas profité à la masse des petits contribuables? En ce qui
concerne le sucre, un fait précis démontre l'influence de ces dégrèvements sur la consommation.
En 1880, une loi avait réduit le droit de 50 francs
à 40 ; les comptes rendus de l'administration des
contributions indirectes accusaient une importante plus value, une augmentation de la consommation : quelques années plus tard (loi de
juillet 1884) le droit est reporté à 50 francs. Le
résultat ne se fît pas longtemps attendre ; l'année
suivante un fléchissement très appréciable s'était
opéré dans le mouvement de la consommation
pour cette denrée.

— Mais s'est-on exclamé, les étrangers ? Comment contribueront-ils désormais à nos dépenses
municipales si nous supprimons les octrois.
M. Fould, ancien ministre des Finances a paru,
autrefois, insister beaucoup sur cet argument.
Oh ! qu'a cet égard on se fait de singulières idées
et combien vite on est dupe des formules. Le
nombre des étrangers est beaucoup plus restreint
qu'on se l'imagine. Voyons quelques chiffres. Le
recensement de 1881, nous disent les chiffres de
M. Guyot, compte 513,000 individus, de passage,
voyageurs et étrangers pour toute la France, soit
6 sur 75 habitants; celui de 1886, 430,000 soit 1 sur
88. A Paris en 1886, 31,509, soit 1 sur 78 ; et dans
tous les départements de la Seine 39,557 soit 1 sur
72. De même, ajoute l'éminent économiste, on se
fait de singulières idées sur leur influence concernant la production au point de vue de l'octroi.

Voici, à cet égard, le tableau fourni dans le travail parlementaire de M. Y. Guyot :

ANNÉES.	RECETTES D'OCTROI.
1864	85,960,000
1865	89,949,000
1866	96,082,000
1867	100,152,000
1868	100,813,000
1869	107,557,000

De ce tableau il ressort que l'année 1869 qui suivit l'année de l'Exposition fut plus productive de 7 millions environ, malgré la disparition en très grande partie de l'élément étranger.

A l'égard des produits comparatifs à l'année de l'Exposition (1878), les chiffres suivants sont non moins significatifs :

ANNÉES.	RECETTES D'OCTROI.
1875	118,243,000
1876	184,248,000
1877	125,398,000
1878	132,182,000
1879	136,259,000
1880	142,619,000

Alors même d'ailleurs que les chiffres à cet égard seraient nettement favorables à cette thèse des partisans de l'octroi, serait-il juste et logique de faire supporter un impôt par les neuf dixièmes du nombre des citoyens à cette unique fin de faire porter cet impôt sur un élément hostile, représenté par un dixième de ce nombre (1).

---

(1) Rapporté par M. Yves Guyot. — *Journal Officiel Annexes* 1888, 2ᵉ vol

Au Conseil municipal de Dijon, M. Duthu, il y a quelques années, résumant cette réfutation s'écriait avec raison après avoir présenté le décompte des produits provenant des étrangers; « quoi ! c'est pour une misérable somme de 800 francs, prélevée sur les étrangers que l'on s'appuie pour demander aux habitants une somme cent fois plus forte ! »

L'impôt sur l'étranger serait en tout cas bien plus justement représenté par une taxe municipale, personnelle, sur les étrangers, et particulièrement sur les ouvriers étrangers.

Ce qui, dans l'ensemble de ces arguments, nous semblerait plus digne d'attention, c'est le reproche fait à certains dégrèvements dont le taux minime ne saurait avoir qu'une influence nulle sur le prix ultérieur du produit dont on prétend favoriser la consommation. Comme exemple de ces dégrèvements absurdes qui ne peuvent que léser le Trésor sans profit aucun pour la majorité des contribuables, on doit mentionner le dégrèvement fait par l'État sur les vins en 1894, consistant dans une diminution de moins de un franc en moyenne, par hectolitre, sur le droit de circulation. Les résultats s'analysèrent en une moins-value de 70 millions de recettes pour le Trésor, mais sans avantage corrélatif pour les consommateurs.

Il est des raisonneurs par à peu près : ceux-là diront, en cette matière, que la taxe d'octroi ajoute si peu au prix des denrées que c'est là un élément négligeable. Par ce qu'on ne perçoit que par très faibles quotités à la fois, le résultat cesse d'exister ! Le raisonnement est spécieux, dit à ce propos M. Moullart, qui ajoute plaisamment : un homme ne devient pas chauve parce qu'on lui arrache un cheveu ! Non, mais continuez d'appliquer ce beau raisonnement, et la tête sera bientôt nue. » — Sur les viandes, par exemple, le prélèvement total de l'octroi est de 18 millions, pour Paris, 9 fr. 73 les 100 kilos, ce qui élève le prix d'un sou par livre. « Quand on songe, fait remarquer un écrivain financier, aux efforts de marchandage des malheureuses ménagères pour économiser chaque matin, à l'étal des bouchers un sou sur la livre de viande, on se rend compte de l'énormité de ce sou (1). »

En 1869, une enquête générale fut ordonnée auprès des Conseils généraux ; obligées de délibérer dans la période très courte de leur session, et privées de la possibilité de mûrir leurs résolutions, ces assemblées transmirent très rapidement, — dans un délai de 8 à 10 jours —, leurs réponses à ce sujet. Un très grand nombre de ces assemblées avaient émis le vœu du *statu quo ;* les départements agricoles furent unanimes à se plaindre d'un système qui grevait si fortement les marchandises agricoles et entravait la liberté de la circulation. Plusieurs départements vinicoles s'étaient montrés favorables à l'abolition ; le Conseil général de Puy-de-Dôme avait voté l'abolition ; dans le département du Nord, le Conseil d'arrondissement de Lille avait, dès 1867, demandé la

______

(1) R Stourm., *systèmes généraux d'impôts*, p. 389.

« Il n'y a rien de minime, disait à la Chambre le maréchal Bugeaud, pour les malheureux qui, avec une journée de 15 à 20 sous doivent nourrir une femme et leurs enfants »

suppression des octrois et la ville de Lille avait, un an avant l'enquête émis de nombreux vœux conçus dans les dispositions les plus libérales ; le Conseil général du Nord refusa de s'associer à ces désirs.

Le *Journal officiel* du 27 mai 1870 contint le rapport adressé à l'Empereur, sur les travaux de la Commission supérieure, par le Ministre de l'agriculture, M. Louvet. Les octrois trouvèrent grâce devant la Commission supérieure qui constata l'impossibilité de supprimer les octrois sans les remplacer par de nouvelles taxes. Le rapport de cette Commission, en préconisant la continuation du système, établissait sa conformité avec les impôts généraux, les inconvénients du système belge et faisait ressortir l'absence d'autres impôts qui présenteraient aux villes la même élasticité que les octrois. Il est d'ailleurs plus opportun et plus intéressant de rappeler ici les résultats d'une enquête beaucoup plus récente, faite peu de temps avant la discussion de la loi de 1897, auprès des maires des principales villes de France. Voici le résumé de quelques-unes de ces observations :

Le maire de Lille se demande par quelles ressources on pourrait suppléer aux cinq millions qui proviennent dans sa ville des octrois ; et si les nouvelles taxes ne seront pas plus vexatoires.

« Le maire de Nancy nous dit, exposa le rapporteur, qu'il ne faut pas se faire d'illusion ; c'est l'impôt municipal sur la propriété bâtie qui remplacerait pour les trois quarts les produits de l'octroi, car les autres taxes directes ne peuvent être perçues que sur des catégories fort restreintes et ne produiraient par conséquent que des sommes peu importantes. Or, les immeubles supportent déjà des charges lourdes, puisqu'à Nancy le prix des loyers est exorbitant ; une augmentation quelconque de ces charges aurait sa répercussion inévitable sur le taux des loyers ! (1) »

Le maire de Bordeaux reconnaissait l'unanimité du vœu de l'opinion publique dans le sens de la suppression, mais en ajoutant qu'il serait difficile de remplacer l'octroi sans grever le contribuable de taxes plus lourdes encore que celle dont l'abolition est demandée. L'opinion d'une réforme sérieuse, opérée par le moyen de l'abandon par l'Etat d'une partie de la matière imposable fut énoncée par le maire de Lyon, M. le docteur Gailleton.

Enfin, il est des adversaires de la réforme et de la suppression qui prétendent que les vœux abolitionnistes sont inspirés beaucoup plus par des questions de sentiment que par la réalité des faits ; et que l'opinion publique est beaucoup moins intéressée par cette question qu'on ne le pense ! M. le sénateur Forest s'est fait, à la tribune du Sénat, l'interprète de cette doctrine.

§ II. — Arguments hostiles aux octrois.

Nous avons examiné quels sont les griefs généraux qui sont attribuables aux octrois communé-

---

(1) *Rapport de M. Bardoux au Sénat*, séance du 3 juin 1897. — *Journal officiel*, p. 918.

M. le Maire de Nancy, dans un discours prononcé le 24 avril 1898, exprima cette opinion que si le gouvernement voulait la suppression des octrois, il devait aller jusqu'au bout, et ne pas laisser aux villes le devoir de rechercher des taxes nouvelles. « Je suis pour la suppression des octrois, et si l'Etat veut remplacer nos ressources, je vous ferai la vie à bon marché, si je suis encore votre maire. » Ces paroles paternelles furent couvertes d'applaudissements. .

ment avec ceux dont toute contribution indirecle
est tributaire. Après avoir énoncé quelques aper-
çus de l'énorme progression du rendement des
octrois, il nous reste à soumettre ce mode de taxe
aux critiques spéciales qui lui incombent.

Il est, d'abord, la négation des principes de juste
administration financière posés par Ad. Smith.
1° L'impôt, disait-il, doit être basé sur la justice et
proportionné aux facultés de chacun ; 2° il doit
être certain et non arbitraire. Chaque contribuable doit connaître exactement le montant des
contributions qu'il a à payer, comment il doit les
payer et à quel moment ; 3° l'impôt doit être exigé
aux époques et sous les formes les moins incom-
modes pour les contribuables ; 4° l'impôt doit être
perçu dans les conditions les moins onéreuses
possibles.

Au point de vue de ses vices d'improportionnalité, quelle plus flagrante iniquité, par exemple,
que de voir tous les vins quelles que soient leur
qualité et leur valeur vénale payer à l'entrée une
taxe égale. En réalité, donc, plus le prix d'achat
est élevé, et moins cette marchandise paie d'impôt. C'est ainsi que l'on constate que, d'après le
tarif unique de la ville de Paris, les grands crûs
du Bordelais et de la Bourgogne paient 8 à 9 0/0
de leur valeur, les crus de seconde qualité, 33 0/0,
les vins de Bordeaux ordinaires 103 0/0, et les
vins de consommation courante paient 137 à
250 0/0 de leur prix d'acquisition aux vignobles.

Supposons d'autre part un produit d'octroi de
15 francs par tête, soit de 60 francs par famille
de quatre personnes. Pour un ouvrier gagnant

1200 francs par an, cela représente le vingtième de son revenu ; pour une personne ayant 6000 francs de revenu, c'est le centième, pour une personne ayant 60,000 francs, c'est le millième. Si nous augmentons de deux personnes la famille de la personne à 6000 francs de revenu, l'impôt alors de 90 francs n'est encore que le soixantième du revenu ; et si nous ajoutons dix personnes à la famille du possesseur de 60,000 fr. de revenu, l'impôt de 210 francs n'est encore que la 215ᵉ partie du revenu (1).

Aux débours causés par cet impôt se joignent en outre ceux du droit d'entrée de l'Etat, du droit de détail, etc... !

L'octroi n'est pas seulement d'une iniquité criante. Il est vexatoire et incommode. Autant d'octrois, autant de douanes intérieures, avec leurs remparts de formalités gênantes, et odieuses. Toute commune à octroi doit avoir une enceinte plus ou moins fermée, des agents postés près de cette enceinte avec mission d'interroger, de scruter, de fouiller. Certaines portes sont fixées par lesquelles doivent passer les hommes et les voitures soumis à la visite. Certains règlements imposent même aux conducteurs et porteurs d'objets taxés sous peine de contravention, le passage par telle ou telle route déterminée pour aller aux bureaux d'octroi.

Des entraves inhérentes à cette forme d'impôt viennent gêner le commerce et l'industrie. La

______

(1) MOULLART. — *Enquête Publique sur les octrois.* — YVES GUYOT. —Rapport à la Chambre 1889. — LE SOURD — *Législation des octrois.*

chronique des octrois fourmille d'exemples de vexations, deminuties administratives ridicules et odieuses. « Un industriel de Lille, raconte l'auteur d'une brochure sur les octrois, demeurant dans un de ses faubourgs, a besoin de faire essayer une chaudière à vapeur ; un mécanicien de la ville lui envoie la pompe nécessaire et le prie, l'épreuve terminée, de lui renvoyer cet instrument. Le fabricant, le lendemain, retourne la pompe, mais à l'octroi, procès-verbal est dressé, le cheval et la voiture sont retenus. Pourquoi ? Parce que la pompe reposait sur des madriers en bois boulonnés qui lui servaient de supports. Le bois soumis à la taxe aurait dû être déclaré ! On ne l'avait pas fait.

L'industriel dut déposer un cautionnement de 150 francs pour obtenir la remise de son cheval et de sa voiture, et fatigué de perdre son temps et ses soins pour un procès qu'il voulait faire, il y renonça en payant neuf centièmes, taxe du bois non déclaré. »

Autre exemple des caprices des préposés : « Un individu rapporte des environs d'une ville voisine un superbe brochet pris dans des entailles ; il veut l'envoyer à Amiens ; la pièce pesait un certain poids, l'expéditeur ne pouvait la faire partir que le lendemain, il demeurait dans un faubourg et par conséquent devait traverser la ville : à l'octroi, il déclare le poisson taxé et demande un passe-debout. On lui fait payer des droits, mais on lui refuse le passe-debout sous prétexte qu'il est à pied et non en voiture. Que faire ? Se soumettre, il est tard, on est fatigué. Le lendemain il faut rentrer en ville pour aller porter le poisson au bureau d'expédition du chemin de fer. L'octroi fait de nouveau payer la taxe. Elle est ainsi payée deux fois pour une denrée qui n'est pas consommée dans la ville (1) ! »

Que dire enfin d'un système de perception contraignant un voyageur débarquant à Paris, à la gare de l'Est, pour se rendre de là à la station d'une gare voisine, d'acquitter les droits d'octroi au sortir de cette première gare de même façon que si les objets imposables devaient être consommés dans cette ville où il ne séjourne pas!

Une des objections les plus graves faites contre l'octroi est l'élévation disproportionnée des frais de perception. Ceux-ci varient beaucoup d'ailleurs, suivant l'importance de la recette brute, l'importance et la situation de la population, suivant l'étendue et la nature des objets imposés. On les évalue en moyenne à 10 0/0 du produit brut. Dans des circonstances exceptionnellement favorables, comme à Paris, ils s'abaissent jusqu'à 5.75 0/0 de la recette brute. Mais même dans les grandes villes comme Marseille, Bordeaux, ils sont relativement élevés, (entre 14.75 et 14.69 0/0 dans ces deux villes en 1887).

Toutefois dans d'autres villes d'importance moyenne, ils ne s'élèvent que jusqu'à 7, à 10 0/0, généralement de 9 à 13 0/0. A Nancy, le taux des frais de perception ressort à 8 0/0. Le minimum des frais de perception est trouvé par Roubaix (5,29 0/0). En 1887, le maximum était au Creusot : 20,31 0/0. Le second maximum a été atteint par Versailles (17,93 0/0).

____

(1) MOULLART. — *Op. cit.*, p. 52 et 53.

Si nous opposons à ce taux des frais de perception des impôts d'octrois, le taux des frais pour les impôts indirects, nous constatons qu'il était de 3,3 0/0 en 1889. Pour les impôts indirects le taux était de 4 0/0, et de 7.6 0/0 pour les douanes.

Nous indiquons en outre ici la marche du rendement et des frais de 1831 à 1888 :

ANNÉES	PRODUIT BRUT *en millions*	FRAIS DE PERCEPTION *en millions*
1831	54.24	5.88
1847	87.98	9.60
1869	201.35	16.34
1872	199.43	17.51
1888	282.71	24.69

C'est de cette critique, parmi d'autres, que s'était armé l'intendant Turgot lorsqu'il écrivait: « Dispendieux dans sa perception, cet impôt entraîne une foule de gênes et de procès, une tentation continuelle à la fraude, il attaque en mille choses la liberté ; c'est un droit abusif dont se servent les villes pour se procurer des ressources au détriment des campagnes. »

Immoral est l'octroi comme tous les impôts indirects similaires lorsqu'ils sont portés à des limites extrêmes. L'impôt sur les consommations, plus que tout, engendre la fraude et comporte ainsi une influence pernicieuse sur la moralité des populations. L'appât du gain, ou plutôt une sorte d'instinct de conservation économique, amènent à chaque élévation de taxes, des violations sans cesse plus grandes de la loi par suite des exigences fiscales. Le sentiment d'injustice que crée d'ailleurs semblable fiscalité éveille facilement dans l'esprit du contribuable pauvre l'idée que sa fraude n'a aucun caractère intrinsèquement malhonnête, et qu'elle est légitime comme une défense !

A la fin de l'ancien régime, Necker constatait une moyenne de 12,000 arrestations par an pour violation des lois fiscales. Le régime des douanes intérieures expliquait d'ailleurs ce chiffre effrayant : « L'effet disparut avec la cause, mais le rétablissement des impôts indirects sous le premier Empire fournit de nouveau l'occasion à la justice de réprimer des délits dont l'espèce semblait éteinte à jamais ».

Les chiffres suivants que nous empruntons à M. Ach. Mercier (1), montreront la recrudescence du nombre des fraudes, après chaque augmentation des droits de consommation :

De 1850 à 1854 . . . 218
— 1855 à 1859 . . . 186
— 1860 à 1864 . . . 199
— 1866 à 1869 . . . 236

Les préventions pour tromperie sur la quotité des marchandises donnent des chiffres bien supérieurs encore : 1850-1855, 5,560 préventions ; 1855-1859, 5,881 préventions ; 1871 ; 5903 préventions !

Ainsi, écrit l'auteur de cet article, que de personnes poursuivies auraient gardé leur honorabilité sans l'exagération de l'impôt sur les consommations.

---

(1) V. article « La justice criminelle et les impôts indirects » (*Journal des Econom.* t. 36, année 1874).

En ce qui concerne l'atteinte réelle que portent ces droits d'octroi sur les salaires, les partisans de cet impôt ne se résignent pas aisément à confesser leurs injustes effets à cet égard.

Des économistes comme Ad. Smith, J.-B. Say, de Parieu, L. Say émettent sur l'incidence de taxes d'octroi ou de consommation d'une façon générale, des doctrines qui ne sont pas à omettre. Si quelques fabricants, dit Ad. Smith, ou quelques négociants sont grevés, ils seront forcés d'élever le prix de leurs marchandises, afin de retirer de leurs capitaux des avantages semblables à ceux des autres industriels ; et si l'impôt atteint les profits de tous les manufacturiers et de tous les commerçants, tous pouvant hausser leurs prix, aussi bien qu'un petit nombre d'entre eux peut le faire, ils les hausseront en effet, et les consommateurs auront encore à solder l'impôt.

Que le salaire des travailleurs soit ainsi amoindri par de semblables taxes, c'est ce que nient plusieurs partisans de l'octroi. Selon eux, ces taxes favorisent une hausse des salaires, le travailleur qui paie plus cher les denrées en rejetant bientôt le poids sur le patron (1). Mais si les lois économiques du salaire amènent quelquefois le remboursement à l'ouvrier des impôts indirects dont il a fait l'avance, d'une façon générale, il est plus exact de dire que le consommateur qui paie la taxe éprouve un dommage immédiat et sans appel. A entendre les théoriciens de cette opinion, il n'y aurait qu'à augmenter les taxes sur les con-

---

1) M. BLOCH. — *L'octroi. Pourquoi il est conservé.* — P. LEORY-BEAULIEU. — *Science des Finances,* t. III.

sommations pour faire hausser les salaires ! Les besoins du salarié sont-ils donc les seuls éléments qui entrent dans la fixation du salaire ? Et alors même que les évélations de taxes sont appelées dans certains cas, à grever le profit des « employeurs » dans un certain avenir, il n'en est pas moins véritable que dans l'intervalle de cette période à celle de la réalisation de la réelle incidence, des gênes, des souffrances se produiront dans la situation des classes salariées (1).

Ce fait d'ailleurs est reconnu comme un axiome par certains adversaires mêmes d'une réforme radicale des octrois. « L'impôt, dit M. de Parieu, reste au moins immédiatement à la charge de celui qui le paie, si l'objet sur lequel il est assis n'est pas susceptible de restriction. Il est rejeté en tout ou en partie sur d'autres contribuables, si l'objet sur lequel il est assis est susceptible de restriction. » Si celui sur lequel l'impôt est réfléchi est, à son tour, en état de reserrer la jouissance à l'occasion de laquelle il reçoit le contre-coup de la taxe, il neutralisera en partie l'effet de la répression de l'impôt en la rejetant soit sur le contribuable primitif, soit sur d'autres (2).

Un aveu non moins autorisé, dans ce sens, est celui que nous trouvons résumé dans la doctrine suivante émise par M. Léon Say : « Le fisc effectue son prélèvement sans savoir quelle personne en supportera définitivement le poids, sans même s'en inquiéter. »

------

(1) « En définitive les impôts tombent sur ceux qui ne peuvent s'y soustraire. » J.-B. Say.

(2) *Traité des impôts.*

Une fois l'objet taxé dans les mains du producteur ou des intermédiaires, le fisc laisse le consommateur, quel qu'il soit, riche ou pauvre, acquitter ultérieurement le surcroît de prix résultant de la taxation. En conséquence on peut dire que « les impôts sur les consommations frappent certains objets de consommation indépendamment de la personne du consommateur (1). »

Les impôts. d'octroi ne sont pas seulement injustes dans leurs moyens, vexatoires dans leurs perceptions, mais il frappent en aveugles, et riches et pauvres sont, sans discernement, appelés comme tributaires des objets de consommation. Le véritable contribuable, en effet, n'existe même pas encore quand les marchandises sont saisies au passage ; ce véritable contribuable n'apparaîtra que plus tard lors de la mise en consommation. Alors seulement on pourra voir avec quel degré de fausseté et d'ironie cruelle se présente cette théorie de « l'impôt volontaire » ; alors se dressera cette alternative d'une injustice inconcevable : payer ou renoncer, « délier sa bourse ou s'abstenir », alternative qui est défendable peut-être à l'égard des objets de luxe, et qui devient inadmissible et odieuse quand elle s'applique à des objets de première nécessité !

En dépit des assertions problématiques qu'opposent les défenseurs de l'octroi relativement à l'influence minime qu'il exerce sur la cherté des vivres et la compensation supposée qu'il déterminerait par l'élévation des salaires, il semble

---

(1) L. SAY et CHAILLEY. — *Dictionnaire d'Econ. Polit.* — V. au mot « Octrois ».

que la réfutation de cette théorie soit presque
superflue ; ces assertions étant d'ailleurs proposées et soutenues avec une conviction d'apparence bien faible par leurs auteurs. Les plus pru-
dents en matière de transformation de régime
financier reconnaissent eux-mêmes, après quelques éloges décernés à ses avantages pratiques et
quelques paroles trop facilement pessimistes sur
l'impossibilité d'un remplacement rationnel et heureux en avantages que « ce sont les droits d'octroi
qu'il convient de réduire avant tous les autres.
parce que ce sont les plus inégaux et les plus vexatoires (1). »

L'octroi semble donc aux mieux prévenus en
sa faveur une des causes les plus sérieuses qui
influent sur les misères de la vie urbaine. L'Angleterre a réalisé, il y a un demi-siècle déjà, la
partie la plus considérable de ce progrès : allègement aussi complet que possible des charges fiscales grevant la population salariée. Cette réforme
si bien amenée à point par l'habileté, l'esprit
ferme de méthode et de persévérance de ses hommes d'Etat, a été elle-même, le point de départ de
l'amélioration générale, de son système financier
et l'essor de son industrie (2).

En France on est encore bien éloigné ; hélas, de

-----

(1) Leroy-Beaulieu. — *Article de l'Econ. Franc.* (7 octobre
1876). — « La première réforme financière qu'il serait bon d'opérer
est la suppression des octrois » (Pouyer-Quertier).

(2) Voyez, disait Cobden, cette femme entourée de son mari et
de ses enfants ; elle a été chercher les deux pains nécessaires à
leur nourriture et n'en rapporte qu'un seul : le fisc a pris l'autre.

On cite, de même, ce dicton naguère répandu en Hollande
qu' « un plat de poisson apporté sur la table payait une fois au
pêcheur et six fois à l'Etat. »

pareils résultats. C'est ainsi que tous les hygiénistes déplorent la faible consommation de la
viande dans notre pays. Tandis que les Anglais
en consomment 47 kilogs par tête et par an, chez
nous, au contraire, cette moyenne reste généralement inférieure à 35 kilogs (1).

Quand on considère, dit M. Stourm, le minimum règlementaire de 300 grammes par jour
attribué à l'armée, soit 109 kilogs, par tête et par
an, on voit l'énorme différence. « Les efforts des
pouvoirs publics devraient donc tendre à faciliter
la propagation de cette nourriture essentielle dont
dépend la vigueur des générations des travailleurs
et qui en tout cas, avec le pain, constitue un objet
de première nécessité. » Pour la France entière,
les prélèvements effectifs de l'octroi sur la viande
sont d'environ 55 millions. En ajoutant les droits
sur la charcuterie, la volaille, les fromages, le
beurre, etc., on arrive à un total de 75 à 80 millions (2).

S'il est vrai, en outre, que les impôts excessifs
restreignent les profits, il est surtout juste d'ajouter qu'ils « rognent » les salaires, et rendent la
concurrence étrangère difficile à soutenir, et com-
promettent les intérêts de l'industrie nationale.
A ces causes d'élévation de prix, s'ajoutent depuis
1887 et 1891, de graves éléments nouveaux résultant des taxes établies à la frontière sur les bœufs,
moutons, porcs, volailles, charcuterie, etc., de
prélèvement total sur l'ensemble de la consom-

(1) Pour la population rurale, la consommation moyenne qui
était de 18 k. 57 en 1862, s'est élevée à 21 kil. en 1882 (*Diction.
écon. polit.* p. 194).

(2) R. STOURM. — *Systèmes généraux d'impôts*, p. 388.

mation nationale, peut de ce chef, être évalué à plus de 150 millions (1).

Aussi, dit M. Villey : « à chaque page de l’enquête sur la crise industrielle, on entend l’écho des plaintes de tous les travailleurs, patrons et ouvriers. » Parmi les causes permanentes de la crise industrielle de Saint-Etienne (Rapport de M. de Lanessan), tous les déposants sont d’accord pour signaler le chiffre trop élevé des impôts (2).

Nous avons vu tous ces reproches formulés à la veille de la Révolution par Turgot, alors intendant du Limousin. Cet impôt, disait-il : « entraîne une foule de fraudes, de gênes, de procès, de condamnations, la perte d’un grand nombre d’hommes, une guerre du gouvernement avec les sujets, une disproportion entre le crime et les peines, une tentation continuelle à la fraude. » A ceux qui, aujourd’hui encore, espèrent trouver la solution du problème dans la suppression des objets de première nécessité, au tarif des octrois, en réalisant l’extension de la nomenclature des objets dont le décret du 12 février 1871 interdit la valation, à ceux-là, Turgot répondrait, sans doute, ce qu’il écrivait à l’abbé Terray : Je ne vous dissimulerai pas que ces droits d’octroi ne paraissent un

---

(1) (Loi du 11 janvier 1892). Tarifs de douanes sur les viandes :

Bœufs	10f »	par 100 kilogs.
Veaux	12 »	—
Moutons	15 50	—
Porcs	8 »	—
Volailles	20 »	—
Viandes fraîches de mouton	32 »	—
— — de bœuf	25 »	—
Viandes salées de porc	25 »	—
Charcuterie	25 »	—

Les dites taxes étant indépendantes d’ailleurs de celles perçues sur les bestiaux (5.600.000 fr. en 1886, 3.900.000 fr. en 1892).

(2) Edm. Villey. — *La question des salaires.*

mal en eux mêmes. Il serait préférable d'arriver à leur suppression complète plutôt qu'à leur réforme.

Un des reproches les plus constants adressés à l'octroi est de pousser à la sophistication, à la falsification des boissons hygiéniques, des vins en particulier. Dans les villes, le marchand de vin qui est obligé de payer les droits d'entrée, a pour alternative ou d'élever le prix du litre de vin pour se faire rembourser par l'acheteur les droits qu'il a avancés, ou de fournir une marchandise frelatée ! Que fait-il généralement ? Il s'arrête à ce dernier parti ; il fabrique du vin, en mêlant de l'eau, puis de l'alcool à divers autres produits nuisibles, parmi lesquels l'aniline, entre autres.

Un des effets certains et directs de la cherté du vin est de favoriser l'ivrognerie, l'alcoolisme avec son cortège de déplorables conséquences sociales. Le travailleur obligé de se priver de boissons saines et fortifiantes, cherche dans les excès de l'alcoolisme, dans les délices de « l'Assommoir », la compensation de l'inadaption de l'usage de ces boissons hygiéniques à son maigre budget (1).

(1) La question de l'alcoolisme a été tout particulièrement étudiée ces derniers temps. Nous relaterons ici quelques données statistiques empruntées à un des articles de M. Vanlaer, parus sur cette question dans le *Correspondant* (25 mai 1897).

CAS D'ALIÉNATION MENTALE		SUICIDES DUS A L'ALCOOL	QUANTITE d'alcool consommée
			Hectolitres.
1861-1865	14.983	439	873.007
1871-1875	21.962	564	1.019.790
1876-1880	39.822	789	1.313.052
1881-1885	51.207	868	1.444.829
1890	56.965	954	1.662.801
1892	58.753	1.053	1.735.367

Enfin, un des reproches les plus plausibles que mérite l'octroi (ainsi que beaucoup d'autres impôts indirects), c'est celui même qu'on veut opposer aux partisans du monopole de l'alcool : c'est de développer le fonctionnarisme, et d'enlever à la production un nombre considérable d'agents : d'où une moins-value pour le pays, car sans cela, tous ces employés eussent pu s'adonner à des travaux utiles pour le bien général : des travaux de culture, d'industrie, etc. Il est à peine besoin de noter combien les entraves auxquelles l'agriculture est soumise, par là, à l'entrée des villes, cause d'appauvrissement, ou de gêne dans les transactions. Comment, lorsque souvent une taxe égale ou dépasse la valeur des marchandises, les prix couvriraient-ils les frais si ces marchandises

Notons ici que les Compagnies anglaises d'assurances sur la vie ont si bien compris cette influence de l'alcool sur la résistance organique, qu'elles accordent aux *teetotalers* des tarifs plus avantageux. Un hygiéniste a eu récemment l'idée originale de compulser leurs registres, et il a pu constater que sur 1000 assurés *teetotalers*, 590 ont atteint l'âge de 65 ans tandis que 453 seulement pour 1000 assurés ordinaires ont atteint cet âge.

Le Dr. Rochard, dans un travail publié, récemment, évalue le budget de l'alcoolisme à plus d'un milliard et demi. Dans ce chiffre le montant des journées de travail perdues (à 2 fr. par jour en moyenne) figure pour 1,340,147,500 francs. Le montant des frais de traitement pour aliénés 2,652,902 francs ; celui des frais de chômage est de 70,842,000 francs.

Parmi les remèdes proposés il faut citer la limitation légale du nombre des cabarets. Au cours de la session du Conseil général, de Meurthe-et-Moselle, du mois d'avril 1898, M. Laurent, conseiller général s'est fait l'interprète d'un vœu dans ce sens, qui a été adopté à l'unanimité. — D'autres mesures ont été préconisées: interdiction générale de vendre le dimanche, les jours d'élection et de fête ; l'absence de boissons enivrantes dans les lieux de plaisir ; l'enlèvement des écrans et de toute obstruction pouvant empêcher les passants de voir à l'intérieur etc... — (V. un article de M. W. BLACKMAR : *La législation sur les boissons fortes aux Etats-Unis. — (Rec. de Dr. Pub. 1895).*

sont refusées par un consommateur préférant la restriction de sa consommation à l'augmentation de ses dépenses ? Les droits d'octroi ferment des débouchés, renchérissent la vie, provoquent d'autre part des sophistications, et d'une façon générale constituent une cause de dépression, nuisible aux intérêts de l'agriculture et de l'industrie.

§ III. — **Le service des colis postaux et l'octroi.**

Le décret du 5 septembre 1897 sur les colis postaux a modifié heureusement les systèmes de 1881 et de 1892 en portant jusqu'au poids de 10 kilos l'admission au titre de colis postal.

Toutefois la garantie accordée aux expéditeurs relativement aux délais est très avarement stipulés dans les termes très vagues de l'article 5 de ce décret, article 5 ainsi conçu.

« Les colis postaux de 0 à 10 kilos seront transportés par les trains en usage pour les colis de grande vitesse et dirigés par le même itinéraire que ces colis. Leur expédition, leur transmission d'une compagnie à une autre et leur livraison auront lieu dans *les délais les plus courts fixés par les réglements généraux pour les transports* à *grande vitesse.* »

Nous n'analyserons pas ici les règlements d'une commode élasticité pour l'administration responsable des règlements indiqués par les arrêtés des 12 juin 1866 et 7 août 1895. Qu'il nous suffise de constater que *pratiquement,* grâce à une règlementation obscure, l'impartition des délais se trouve à peu près dépourvue de sanction.

Le règlement de 1898 établit « que la législation spéciale aux colis postaux n'accorde pas d'indemnité en cas de retard accidentel d'un colis postal. Toutefois il est dérogé à cette règle lorsque le retard a eu manifestement pour effet d'occasionner l'avarie du contenu. Mais dans ce cas, l'indemnité allouée ne pourra dépasser celle prévue pour la perte elle même du colis. » (Cette indemnité étant respectivement de 15, 25 et 40 francs suivant la catégorie des colis quant à leur poids).

Cette application, si restrictive de l'article 1382 du Code civil, est par surcroît mise en échec souvent, par les difficultés de juridiction inhérentes à ce fait que la Compagnie invoquant sa « substitution à l'Etat » pour *service postal* dérobera aux tiers le bénéfice de la juridiction civile, en plaidant avec succès la compétence administrative. Cette thèse ayant pour se soutenir l'autorité de la Cour de cassation qui, maintes fois, a repoussé le système limitatif de l'article 10 de la convention du 2 novembre 1880 qui attribue aux Tribunaux administratifs la connaissance des contestations entre l'administration, les compagnies et les tiers, auxquelles pourraient donner lieu l'exécution et l'interprétation de cette convention.

De ces indications, nous retiendrons : 1° que l'amélioration apportée aux règlements sur les colis postaux ne pouvait viser qu'une satisfaction accordée à la facilité et à la rapidité des échanges, constituant un avantage appréciable pour les agriculteurs surtout quant à l'écoulement de leurs produits ; 2° que ce règlement plus favorable devait être comme un palliatif aux prohibitions de l'octroi, l'effet de ces avantages risquant d'être annihilé par l'existence des octrois qui est contradictoire avec le but poursuivi : économie et rapidité du transport des colis postaux.

Or, il semble qu'à l'instant précis où le service des colis postaux a rempli son but utile, on veuille par l'octroi accumuler obstacles sur obstacles et élever un rempart contre cette utilité, afin de préserver les saines traditions de routine et de bureaucratie, et faire de ce service un objet de dérision. M. Mayet, dans les articles consacrés à cet objet, détaille d'une façon aussi éloquente que pittoresque et amusante, les beautés de ce douanement intérieur. Quelques observations, quelques notes surtout sont si piquantes que nous y renvoyons le lecteur ; nous voudrions pouvoir citer au long certains passages, voire même les traits humoristiques de la toilette de la mariée qui, renvoyée pour malfaçons ne pourra par suite des procédés d'une administration plus récalcitrante encore être livrée en temps utile et sera laissée pour compte (nous parlons de la toilette...) La lutte homérique entre un poulet et un employé d'octroi (1) fait l'objet d'une notation non moins significative dans sa fantaisie et sa verve même.

L'énumération des multiples *impedimenta* reste au-dessous des tristes réalités de l'ingénieuse maladresse et tracasserie administrative.

---

(1) « On le réemballe Et le poulet résiste, et à chaque pression de l'homme d'équipe sur la carcasse, la carcasse rebondit et apparaît victorieusement, maîtresse de la position. »

Ici, c'est le branle-bas et la folle mêlée qui, à l'annonce des trains, anime tout à coup le désert d'une des grandes gares de Paris. L'ouverture des fourgons, l'entassement des colis postaux sur les brouettes, ouvrage pour lequel se précipite la « fourmillière » des employés et des hommes d'équipe. Sur le quai deux ou trois cents hommes font les cent pas. Après le déchargement c'est la vérification des colis postaux, l'éventrement brutal des paquets soigneusement ficelés, un travail de douane fait de vexations, de soupçons et de quasi-vandalisme. Quel grouillement, quelle fôlatrerie hiérarchique, que de divisions et de subdivisions d'employés ! Oh ! ces conflits entre employés de manutention, brigadiers et sous-brigadiers d'octrois, sans oublier les préposés à la taxation, à l'enregistrement, à la recette etc..., etc..., que d'employés ! que d'employés !

Là s'alignent et s'étagent sur un vaste comptoir huit ou neuf cents colis ; le régiment des hommes d'équipe se prépare à la manœuvre ; ils ressemblent « à des convives debout à la table d'honneur d'un banquet. A cette table séparés par de larges espaces égaux sont reliés perpendiculairement, comme dans les dîners de gala, quatre groupes de tables, de petits comptoirs destinés aux brigades de l'octroi. Chacun de ces groupes est composé de couloirs parallèles entre eux et séparés par un étroit couloir... Un haut pupitre les surmonte à chacun de leurs extrémités, soit au total huit pupitres.... D'un côté du pupitre, s'assied un facteur enregistrant de la compagnie, de l'autre un employé de l'octroi ; auprès d'eux, debout dans un des petits couloirs de séparation, prend place un sous-brigadier.... flanqué, par devant, d'un homme d'équipe de la compagnie, armé d'un ciseau à froid dit pince-monseigneur et d'un couteau serpette ; par derrière un autre homme d'équipe muni d'un marteau, d'une boîte à clous et d'un panier rempli de bouts de ficelle. »

Le travail des pesées des colis est terminé. Le massacre peut commencer, les liens des paquets sont dénoués ou rompus, les caisses ont vu leurs caisses soulevées ou enfoncées, les cachets des ficelles brisés, tout est fouillé, retourné. vidé (1). « Le beurre, les truites, le veau, sont repris par l'employé, remis dans la caisse ; il ramasse sur le comptoir le crin végétal qu'il a fallu enlever, le replace comme il peut, enlève les clous tordus du couvercle, enfonce des clous neufs. raccommode les ficelles etc. » Voilà qui est fait. Le colis semble n'avoir jamais été touché et bien mal avisé celui qui parlant d'un colis incomplet, songera à une soustraction, à un vol possible d'un des nombreux manipulateurs de l'administration.

Car il faut bien le reconnaître, ce n'est pas seulement un retard de livraison des colis postaux et de gaspillage de temps qui résulte de ces puériles formalités, mais un risque de vols très fréquents ayant pour cause principale ces pro-

---

(1) « Le travail de déballage et de réemballage scabreux aura lieu *méthodiquement*, chaque colis à son tour. — Le colis a été pesé, la somme à percevoir indiquée, et pendant cette opération, quelques colis ont été déposés sur le premier comptoir. « Je vous ai déjà dit, observe le sous-brigadier d'octroi à l'homme d'équipe de la compagnie, que je ne voulais pas de confusion. La foire n'est pas sur le pont. Amenez moi les colis un par un. Pas d'encombrement ! — Très bien ! »

cédés même d'effraction, de l'octroi. Comment ne pas se rendre compte que cette effraction n'est, maintes fois, que le préliminaire d'un cambriolage en règle. Il faut se rappeler, observe-t-on, que 60 à 80 0/0 des colis sont violés et les objets qu'ils contiennent déballés, taxés et réemballés. Les marchandises déballées s'accumulent sur le comptoir, et restent bientôt en tête à tête avec les nombreuses brigades d'hommes d'équipe, affectées au service des messageries, quand les employés de l'octroi ont terminé leur œuvre.

Comment induire cependant une suspicion si injurieuse pour certains de ces auxiliaires. Ah ! la tentation sera si forte !

De pauvres gens affligés des défauts et des vices communs à tant d'autres, voilà ce que sont souvent ces hommes d'équipe. « Ils sont gourmands, écrit M. Mayet, envieux, sensuels ; ils aiment les poulets, les saucissons, les gâteaux, les fruits, les jambons et le bon vin ; comme l'octroi met le corps du délit à la portée de leur main, certains d'entre eux ne résistent pas à la tentation et ils commettent....., ils ont commis il y a long-temps, veux-je dire, un premier larcin, puis un second, puis un troisième. Aux veillées de Noël, du jour de l'an, de Pâques, aux époques d'ava-lanche de colis postaux, ce sont chez eux des noces de Gamache — faites comme ils le disent dans leur argot — aux frais de la princesse..... Aussi, « le colis postal devient-il de plus en plus le colis de famille et d'ami, sans une responsa-bilité effective pour le protéger et sans vraie sécu-rité. »

La conclusion qui se dégage de ce tableau moins pessimiste et moins exagéré qu'on pourrait le croire, est la suivante : non seulement l'octroi est un impôt inique flétri par tous, onéreux et vicieux, mais il incite à la fraude et les contribuables d'une part, et exerce d'autre part une influence funeste sur la moralité d'employés, auxquels ils offrent comme à plaisir les facilités les plus évidentes, les tentations les plus grossières à la commission des larcins.

Que se plaindre ? Et que parler, comme on le répète si souvent, de mesures fiscales routinières et primitives comme nulle part n'en existent dans les nations d'Europe les plus avancées en civilisation. Le public est bon enfant. Ils récriminent, ils chanteront mais « ils pagaront » toujours. Des vues cinématographiques des opérations de l'octroi pourraient donner des preuves parlantes et des documents de l'histoire de Paris et des grandes villes pour amuser et instruire les contemporains devant les innombrables figures de cette scène et les tristes ridicules et odieux de ce manège ? Que se plaint-on de retards possibles et d'avaries, et de vols ? L'article 5 nous reste ; c'est une garantie : « Les colis postaux de 0 à 10 kilos, en usage pour les colis de grande vitesse... etc... Leur expédition, leur transmission d'une compagnie à une autre, et leur livraison auront lieu dans les délais les plus courts fixés par les règlements généraux pour les transports à grande vitesse. » Ajoutons à cela les bienfaits de la réglementation de 1898.

L'administration, en France, est, comme on dit,

pavée de bonnes intentions, mais elle aime à rire,
et à fournir les thèmes les plus variés pour la critique. Elle se plaît parfois à ce jeu qui consiste à
retirer d'une main ce qu'elle semble avoir accordé
del 'autre.

pavée de bonnes intentions, mais elle aime à rire,
et à fournir les thèmes les plus variés pour la critique. Elle se plaît parfois à ce jeu qui consiste à
retirer d'une main ce qu'elle semble avoir accordé
del 'autre.

CHAPITRE III

———

LA LOI DU 29 DÉCEMBRE 1897.

———

§ I. — **Propositions de lois antérieures.**

Il est peu de questions peut-être, sur lesquelles
l'activité parlementaire se soit donné aussi libre
cours que sur celle des octrois qui, comme l'écrivait il y a quelque temps M. Aynouard, « remonte
à la nuit des temps ! »

Parmi les plus récents projets, nous devons
rappeler la proposition de loi de M. Ménier tendant à remplacer les octrois par des taxes directes ;
celle du 22 juin 1886, formulée par M. Yves Guyot
et signée de plus de cent députés, qui proposait de
remplacer les octrois par des taxes directes qui
devaient n'être établies que sur des propriétés ou
objets situés dans la commune, ou des revenus
en provenant. Cette proposition adoptée dans la
séance du 1er mars 1889 fut soumise à certaines
modifications ; devenue caduque par la fin de la
législature, elle était reprise cependant à la législature suivante, grâce à l'initiative de M. Guil-
laumon. Une nouvelle proposition émanée de
M. Guillemet prononçait la suppression radicale
des octrois. Elle consistait à abandonner aux communes les contributions personnelles et mobiliè-

res, et à compenser ce sacrifice pour l'Etat, par une surtaxe sur les alcools et la suppression du privilège des bouilleurs de cru. Des taxes directes pouvaient en outre être créées dans les communes auxquelles ces trois contributions ne donneraient pas de revenus égaux aux recettes moyennes des trois dernières années. Celles qui n'avaient pas d'octroi devraient affecter le montant de leurs trois contributions à l'organisation de leur assistance publique.

Dans la séance du 4 mai 1893, la Chambre adoptait un projet autorisant les communes à remplacer leurs octrois en tout ou en partie, sous réserve de l'approbation législative par des taxes directes. Ces taxes ne devaient être prélevées que sur des objets ou propriétés situés dans la commune, ou des revenus en provenant. Aux termes de cette proposition, il ne pouvait plus être établi d'octroi dans aucune commune à partir de la promulgation de la loi (1). Mais ce projet n'ayant pu être voté en temps utile par le Sénat, et la législature prenant fin au mois de juillet de cette même année, ce projet resta lettre morte, de même que le précédent.

Cette question de la suppression des octrois se liait d'ailleurs intimement à celle de la réforme des droits sur les boissons perçus dans les villes : le projet de budget de 1893 comportait cette jonction, en proposant la suppression des droits, en très grande partie, sur les boissons hygiéniques, à la condition que les villes consentiraient à supprimer la taxe d'octroi. Ce projet portait, en outre,

____

(1) *Journ. offic.* du 5 mai 1893. — Débats Parlem. p. 1330.

interdiction à partir de la promulgation de la loi, de percevoir de nouvelles taxes d'octrois sur les vins, les cidres, les poirés, les hydromels. Dans les villes, enfin, qui perçoivent un droit sur ces boissons, la suppression du droit d'entrée demeurait subordonnée à la disparition de la taxe municipale.

« L'initiative des communes est ainsi sollicitée, disait le ministre des finances, dans l'exposé des motifs. Du dégrèvement qu'il médite, l'Etat se sert pour hâter de nouveaux progrès. »

L'influence de diverses circonstances politiques empêchèrent ce projet d'aboutir ; lors de la discussion du budget au Sénat la disjonction de la réforme de l'impôt sur les boissons fut votée. Elle fut reprise cependant par le projet de budget de 1894 ; et le ministre, après avoir indiqué les taxes d'entrée qui seraient perçues sous le régime qu'il propose, ajouta les paroles suivantes dans l'exposé des motifs : « Les taxes d'entrée disparaîtront dans toutes les villes qui renonceront à percevoir des droits d'octroi sur les vins et les cidres. On n'a pas oublié, en effet, que le projet présenté l'année dernière combinait le dégrèvement des boissons hygiéniques, de manière à faire concorder l'action des villes avec celle de l'Etat. Il interdisait la création de nouvelles taxes d'octroi sur les boissons hygiéniques, fixait pour ces mêmes taxes des maxima auxquels elles devaient être ramenées au fur et à mesure de l'expiration des tarifs en vigueur, et encourageait enfin les villes à les supprimer entièrement par la perspec-

tive de la suppression simultanée des droits d'entrée sur les mêmes boissons. »

Enfin, après diverses vicissitudes, la proposition
de loi sur la suppression des octrois sur les
boissons hygiéniques, vint utilement devant le
Parlement, et l'Assemblée du Sénat, saisie la première, vota dans les séances des 3 et 4 juin 1897,
après une longue discussion générale, les 9 articles compris dans la propositien de loi.

§ II. — **Vote de la Loi.**

M. Bardoux, rapporteur de la proposition de
loi, après un court résumé de la question où il
rappelait « que la question est complexe, qu'elle
touche par des incidences à toutes nos réformes
d'impôts, et que la solution est dominée par la
situation des communes et aussi par celle de
l'Etat », donna connaissance de l'état de la dette
communale, de France, emprunté à la statistique
publiée par le ministre de l'Intérieur (1). — S'ef-
forçant de démontrer ce qu'il appelait l'impossibilité de constituer un fonds communal, à l'exemple de la Belgique, pour remplacer le montant
du produit des octrois et la nécessité de renoncer
au système des taxes sur la valeur vénale des
propriétés bâties, sur les centimes additionnels,
M. le rapporteur Bardoux, s'exprima ainsi : « A
défaut d'abrogation complète, pouvait-on du moins
supprimer en totalité les droits d'entrée sur les
boissons hygiéniques ? »

______

(1) Cette dette, d'après cette statistique, s'élevait en totalité au
31 mars 1893 à la somme de 3 milliards 296,916,125 francs et au
31 mars 1894 ; à la somme de 3 milliards 314,436,672 francs, dont
2 milliards 73,657,880 francs pour la ville de Paris.

Ces droits produisent à Paris 57,737,000 francs ; ce sont les résultats de l'année 1895. Dans les départements ces mêmes droits produisent 47,690,000 francs ; total par conséquent pour les boissons hygiéniques 105,427,000 francs.

« Cette somme se subdivise ainsi par espèces de boissons : Pour les départements : droits sur les vins 307,443,000 francs. Pour les cidres, dans les départements : 3,417,000 francs ; pour Paris, 626,000 francs.

...Nous étions favorables au dégrèvement de l'impôt sur les boissons hygiéniques.

« Pourquoi ? La viticulture en France a été renouvelée, et c'est par centaines de millions que les vignerons ont dépensé leur épargne, pour renouveler la vigne, Nous savons par quels efforts, particulièrement dans le Midi et dans les départements du centre, le cultivateur a pu reconstituer sa richesse.

« Nous savions aussi, messieurs, que pour nos vins usuels les marchés étrangers sont fermés. Il n'y a plus d'exportation pour nos vins de luxe. Il y avait donc grand intérêt à ouvrir aux vins ordinaires le marché intérieur. »

Expliquant les raisons justifiant à ses yeux la non présentation d'un projet comportant la suppression complète des droits sur les boissons hygiéniques, M. Bardoux entama la discussion des moyens de remplacement adoptés par la commission.

L'article 1 était ainsi conçu : « Les communes auront la faculté d'abolir tous les droits d'octroi sur les boissons dites hygiéniques (vins, cidres et bières) ; à défaut de la suppression totale, elles seront obligées d'abaisser les droits existants dans la limite des tarifs prévus par la présente loi. »

Malgré des observations hostiles de M. le sénateur Forest qui proposa un amendement d'où était bannie la première partie de cette disposition, l'article 1 fut voté à une grande majorité, et dans la même séance du 3 juin 1897, les 8 premiers articles du projet.

A la Chambre des Députés, un contre-projet signé de M. Guesde, de M. Jaurès et de M. Jourde proposait l'abolition totale des octrois ; et M. Guesde, d'autre part, présenta quelques observations d'une portée limitée d'ailleurs, afin de ne pas entraver le vote de la loi par une proposition trop radicalement divergente du texte voté par le Sénat.

« Je demande seulement que la faculté accordée aux communes de supprimer leurs droits d'octroi ne soit pas limitée aux seules boissons hygiéniques, mais porte également sur les denrées alimentaires ». Les paroles de l'orateur furent suivies d'une réplique de M. Cochery, Ministre des Finances qui reconnut qu'en réalité le paragraphe 1 constituait une simple indication et n'ajoutait aucun droit à ceux qu'ont actuellement les communes. « Par conséquent, même après le vote de cette loi, les communes auraient le droit absolu de supprimer les droits d'octroi sur les denrées alimentaires aussi bien que sur les autres objets. Adopter la proposition de M. Guesde, serait compliquer inutilement la nouvelle loi. »

Un Membre de la Chambre des députés, M. Baron, proposa de remplacer le § 2 de l'article I par la rédaction suivante : « A l'expiration des tarifs en vigueur, les communes devront réduire leurs droits d'octroi de façon à réaliser une diminution d'un dixième au moins de leur produit total. Elles feront porter cette réduction à leur gré, soit sur les comestibles, soit sur les boissons hygiéniques (vins, cidres, etc.) ou sur l'un des articles inscrits à chacune de ces deux classes de produits dans le décret du 12 février 1870. — A chaque renouvelle-ment quinquennal des tarifs d'octroi, une nou-velle diminution de 1 0/0 sera obligatoire pour toutes les communes. »

Cette modification qui méritait d'ailleurs, croyons-nous, une attention et un intérêt favo-rables à un sort plus heureux, fut repoussée par la Chambre.

Divers orateurs avaient présenté des observa-tions analogues. Pourquoi une préférence portée dans la loi, en faveur des boissons hygiéniques, préférence exclusive de denrées telles que viandes de bœuf, lard, porc, graisse, beurre, etc... ? Les taxes sur ces comestibles ne frappaient pas beau-coup plus le petit consommateur que les taxes sur les boissons, même les plus hygiéniques. « Dans un très grand nombre de communes, disait M. Baron, on dégrèvera probablement en premier lieu les boissons hygiéniques, mais dans beaucoup d'autres on préférerait diminuer les droits sur les comesti-bles. Or, je ne sache pas que les produits de la cam-pagne, qne celui qui élève des animaux domesti-ques, les cultivateurs qui nous apportent leurs produits alimentaires aux marchés, soient moins intéressants que les viticulteurs qui nous vendent leurs vins. En adoptant mon amendement, vous réaliserez la réforme au profit de la production. »

De la discussion portée à la Chambre, résultèrent, en résumé, des modifications peu sensibles au texte voté par le Sénat.

L'article 1 fut intégralement respecté ; facilité pour les communes de supprimer toutes les taxes d'octroi et à défaut de suppression totale, obligation pour elles de les réduire.

A l'article 2, elle ajouta cependant à la nomenclature les eaux minérales. Elle abaissa le droit sur les cidres de 2 fr. à 1 fr. 50 ; en ce qui concerne la bière, elle portait le maximum du droit imposable à 5 francs, sauf dans les départements des Ardennes, de l'Aisne, du Nord, etc..., où le droit ne pouvait pas dépasser 1 fr. 50. Cette exception se justifiait dans ces cinq départements où la bière est la boisson de tous les jours. Enfin, dans le même article 2, la Chambre faisait disparaître la taxation des vins votée par le Sénat, au degré depuis 10 jusqu'à 15. La Chambre faisait disparaître aussi dans le texte voté par elle l'ordre des priorités des taxes et laissait aux communes l'entière liberté des choix suivant les circonstances qu'elles sont maîtresses d'apprécier et en se basant sur les intérêts locaux.

L'art. 6 adopté par elle disposait qu'en cas d'excédent du produit des taxes de remplacement sur le montant des taxes d'octroi dégrevées le surplus pourra être employé au dégrèvement d'autres objets soumis au tarif d'octroi.

Le dernier paragraphe de l'article 8 édictait enfin

que dans certaines communes qui sont classées par la loi de 1816 dans la 1ʳᵉ classe, les surtaxes d'octroi pourront dans les conditions de l'article 137 de la loi de 1884 et en vertu de lois spéciales, être maintenues pour des périodes qui ne dépasseront pas cinq ans.

Le projet de loi revint au Sénat qui, après le rapport de M. Millaud, rapporteur de la commission succédant à M. Bardoux, décédé, et une nouvelle discussion relative aux modifications introduites par la Chambre, vota l'ensemble de la loi dans la séance du 21 décembre 1897. Nous indiquons ci après le texte de cette loi, promulguée en date du 29 décembre 1897.

ART. 1ᵉʳ. — Les communes seront autorisées à supprimer leurs droits d'octroi sur les boissons hygiéniques (vins, cidres, poirés, hydromels, bières et eaux minérales) à partir du 31 décembre de l'année qui suivra celle au cours de laquelle la présente loi sera promulguée.

A défaut de suppression totale, les communes seront obligées d'abaisser les droits existants dans la limite des tarifs prévus à l'art. 2.

ART. 2. — Dans les communes qui continueront à imposer les boissons hygiéniques ; les droits ne pourront excéder le tarif suivant :

POPULATION AGGLOMÉRÉE DES COMMUNES	Vins en cercles et en bouteilles par hectolitre.	Cidres, poirés, hydromels et eaux minérales par hectolitre.
De moins de 6.000 habitants. . . .	0.55	0.35
De 6.001 à 10.000 —	0.85	0.50
De 10.001 à 15.000 —	1.15	0.60
De 15.001 à 20.000 —	1.40	0.85
De 20.001 à 30.000 — . . .	1.70	0.95
De 30.001 à 50.000 —	2 »	1.15
De 50.001 habitants et au-dessus . .	2.25	1.25
Paris	4 »	1.50

En ce qui concerne les bières, le maximum du droit imposable est fixé à cinq francs sauf dans les départements ci-après : Aisne, Ardennes, Nord, Pas-de-Calais, Somme, où le maximum ne pourra dépasser un franc cinquante centimes (1.50) par hectolitre. Pour les vins titrant plus de 15 degrés, il n'est pas dérogé aux dispositions de l'article 3 de la loi du 1 septembre 1871.

ART. 3. — Pour remplacer les produits des taxes supprimées, les communes pourront avoir recours aux taxes prévues dans l'art. 4, ou demander l'établissement des taxes spéciales dans les conditions spécifiées à l'article 5.

ART. 4. — Les taxes auxquelles les communes peuvent, en vertu de l'article précédent, recourir sous la seule réserve de l'approbation préfectorale sont les suivantes :

1° Elévation du droit sur l'alcool jusqu'au double des droits d'entrée, décimes compris. Pour la ville de Paris, le droit pourra être en addition du droit actuel de 240 francs, augmenté au maximum de quatre-vingt-cinq francs vingt centimes (85 fr. 20).

Dans les communes d'une population agglomérée inférieure à 4000 âmes, le tarif d'octroi sur l'alcool ne pourra pas dépasser le maximum applicable aux villes de 4000 à 6000 âmes.

Une loi pourra autoriser des taxes supérieures.

2° Etablissement à la charge des commerçants de boissons, en addition du droit de licence perçu pour le compte du trésor, d'une licence municipale composée d'un droit fixe qui pourra comporter deux tarifs, suivant que les établissements des marchands de boissons vendront exclusivement des boissons hygièniques ou des alcools avec ou sans boissons hygiéniques et d'un droit proportionnel basé sur la valeur locative de l'ensemble des locaux occupés. Lorsque le commerce des boissons sera exercé cumulativement avec un autre commerce ou industrie, les locaux exclusivement occupés par ce dernier commerce ou cette dernière industrie seront exempts du droit proportionnel. Un réglement d'administration publique déterminera les conditions dans lesquelles la dite taxe sera assise (1).

3° Perception d'une taxe de trente centimes (0.30) par bouteille sur tous les vins en bouteilles

----

(1) Le Journal officiel a publié dans son numéro du 21 juin 1898 un décret concernant l'application de ce droit de licence municipale. En voici les principales dispositions :

Art. 2. — Le droit fixe ne peut dépasser le montant en principal et décimes, du droit de licence perçu au profit de l'Etat. — Le maximum est fixé pour Paris à un quart en sus du maximum applicable aux villes de la catégorie de population immédiatement inférieure. Les maxima prévus aux 2 paragraphes qui précédent sont portés au double pour les établissements ne vendant pas de boissons hygièniques.

Art. 3. — Le débitant qui posséde plusieurs établissements est assujetti à un droit fixe pour chacun de ces établissements.

Art. 4. — Le droit proportionnel est assis sur la valeur locative tant de la maison d'habitation du débitant que des magasins, boutiques, salles de débit ou de consommation et autre locaux servant à l'exercice de son commerce. — La valeur locative est déterminée conformément aux dispositions de l'art 12 de la loi du 15 juillet 1880 sur les patentes.

Art. Si le débitant possède dans la commune plusieurs maisons d'habitation, le droit proportionnel n'est dû que pour celles de ces maisons qui servent à l'exercice du commerce de boissons. — Si le commerce des boissons ne constitue pas la profession principale du débitant et s'il ne l'exerce pas lui-même, le droit proportionnel n'est dû que sur la maison d'habitation de la personne préposée à ce commerce.

Art. 6. — Sont affranchis du doit proportionnel les locaux qui dans les hôtels, auberges, etc., sont destinés à l'usage particulier des voyageurs, ou loués en garni, ainsi que les écuries et remises.

Art. 7. — Le taux du droit proportionnel ne peut être supérieur à 5 0/0 de la valeur locative.

qui ne se cumulera pas avec celle applicable aux vins en cercles.

4° Création de taxes égales au maximum, aux taxes en principal établies, déduction faite des majorations résultant des pénalités : *a)* sur les chevaux, mules et mulets, voitures, voitures automobiles.

Les personnes ayant plusieurs résidences sont pour les chevaux, voitures automobiles, les mules et les mulets qui les suivent habituellement à Paris, passibles des dites taxes en cette ville, nonobstant les dispositions de l'art. 10 de la loi du 2 juillet 1862.

b) Sur les billards publics et privés ; *c)* sur les cercles ; *d)* sur les chiens.

Enfin les communes pourront établir, dans les conditions de la loi du 5 avril 1884, des centimes additionnels dont le chiffre ne pourra pas dépasser vingt.

Art. 5. — Les communes pourront également pourvoir au remplacement de leurs taxes d'octroi, en établissant, selon les clauses et conditions prévues par l'art. 37 de la loi du 5 avril 1884, et sous réserve de l'approbation législative, des taxes directes ou indirectes. Les taxes directes ne seront prélevées que sur les propriétés ou objets situés dans la commune ; elles s'appliqueront à toutes les propriétés ou à tous les objets de même nature : elles seront proportionnelles.

Art. 6. — Tous les tarifs d'octroi sur les boissons hygiéniques seront en conséquence, révisés dans un délai de deux ans, à partir du 1er janvier qui suivra la promulgation de la présente loi ou s'ils viennent à l'expiration avant la fin de la période pour laquelle ils ont été approuvés.

Toutefois, les communes dont les tarifs expireront dans l'année qui suivra la promulgation de la loi, auront un délai d'un an, à partir du 1er janvier suivant, pour ramener les dites taxes aux maxima fixés par les articles précédents et voter, s'il y a lieu, des taxes de remplacement.

Lorsque les taxes de remplacement autorisées dépasseront le montant du dégrèvement total sur les boissons hygiéniques, l'excédent pourra être employé au dégrèvement d'autres objets soumis au tarif d'octroi.

ART. 7. — Les communes qui actuellement ne perçoivent pas de taxes d'octroi sur les vins, cidres, poirés, hydromels, bières et eaux minérales, pourront être autorisées à établir un droit de licence municipale, ou à percevoir des taxes sur l'alcool, conformément aux dispositions de l'article 4 de la présente loi.

ART. 8. — A partir de la promulgation de la présente loi, il ne pourra plus être établi de taxes d'octroi sur les vins, cidres, poirés et hydromels, sur les bières et sur les eaux minérales dans les villes où il n'en existe pas aujourd'hui, et ces taxes dans les villes où elles existent, ne pourront pas être surélevées (1).

Toutefois, dans les cas exceptionnels, sur la demande des conseils municipaux, et en vertu de décrets rendus en Conseil d'Etat, les communes dont les tarifs actuels sur les boissons hygiéniques

____

(1) C'est là une des dispositions de principe les plus intéressantes de la nouvelle loi.

14

n'atteignent pas le maximum prévu par la présente loi, pourront être autorisées à les porter à ce maximum.

Dans les villes à octroi, qui au point de vue des droits du Trésor sont actuellement comprises dans la troisième classe, les surtaxes actuelles pourront, dans les conditions de l'article 137 de la loi de 1884, être maintenues en vertu de lois spéciales pour des périodes qui ne dépasseront pas cinq ans.

ART. 9. — Les villes qui supprimeront leurs droits d'octroi sur les boissons hygiéniques obtiendront dans les conditions indiquées par l'article 10 de l'ordonnance du 5 août 1818, pour le paiement des frais de casernement, une réduction égale pour chaque homme de troupe, au montant des droits dégrevés, en prenant pour base les deux tiers du taux de la consommation moyenne de la population soumise à l'octroi (1).

---

(1) D'un travail dressé par l'administration des contributions indirectes, il résulte que les conséquences pécuniaires du dégrèvement seront les suivantes : Les recettes de l'octroi sur les boissons hygiéniques descendront dans les départements de 47.690.000 fr, à 31.665.000 fr. et à Paris de 57.737.000 fr. à 21.656.000 fr. D'où, un déficit de 16.025.000 fr. dans les départements, et de 36.081.000 fr. à Paris ; une diminution de 34 p. 100 dans les départements et de 62 p. 100 à Paris. On compte d'ailleurs que l'augmentation de la consommation due au dégrèvement produira une élévation correspondante des recettes (Albert WAHL. — *Revue de droit public,* février 1898).

A Nancy, par exemple, ville où le droit de 3 fr. par hectolitre de vin fera place au droit de 2 fr. 25 par hectolitre, le produit annuel sera encore de 327.095 fr., soit une diminution de 109.000 fr. seulement. L'abaissement du droit sur la bière produira une diminution de 28.500 fr. En ajoutant cette réduction à celle opérée sur les vins, on arrive à une diminution totale de 137.570 fr. seulement, qu'on espère devoir être compensée par l'augmentation de la consommation.

Une loi du 29 mars 1898 est venu autoriser en
outre l'application anticipée de la loi du 29 décembre 1897, en décidant que les communes qui pro-
céderont avant le 31 décembre 1898 à la révision de
leurs tarifs d'octroi sur les boissons hygiéniques,
pourront établir les taxes de remplacement dans
les conditions déterminées par les articles 4 et 5 de
la loi du 29 décembre 1897, le bénéfice des articles 6 (§ III et IX) de cette loi leur demeurant applicables au cas de dégrèvement total.

Cette réforme a été accueillie de diverses façons.
Considérée par les uns comme un gage de progrès plus décisif prochain, elle a été défavorable-
ment jugée par d'autres qui rappelèrent le mot si
juste de M. Berthelémy, avant le vote de la loi :
« Ce n'est pas le droit qui manque aux municipalités, c'est le pouvoir », et ce pouvoir la nouvelle
loi ne le donnera guère. Il semble, disait il y a
quelques années le maire de Rouen, que la proposition de loi convient surtout aux villes qui
n'en n'ont pas besoin, c'est à dire à celles qui
moyennant quelques centimes additionnels peuvent se passer du produit de leurs octrois...

Cette loi apparaîtrait plutôt comme une sorte de
transaction. Au lieu de la réforme sur les boissons, depuis si longtemps discutée, on a voté une
loi sur les octrois des boissons hygiéniques, en
vertu de laquelle les communes se trouvent obligées à renoncer à une partie considérable de leurs
revenus et de chercher des ressources dans d'autres
impôts. La nouvelle loi est un avortement, a-t-on
souvent répété et avec raison. Avant de la mettre
au jour, ne fallait-il pas supprimer d'abord les

droits fiscaux perçus au profit de l'Etat sur les boissons hygiéniques, droit s'élevant à plus de 150 millions ? Les communes se trouvent donc obligées à faire ce que l'Etat s'est jugé impuissant à faire lui-même, et cette demi-mesure sera inhabile à tarir les réclamations des producteurs et des consommateurs. « Tant qu'on n'aura pas d'un autre côté supprimé les droits d'octroi d'une façon absolue, on n'aura pas fait œuvre vraiment utile tout au moins au profit des consommateurs pauvres (1). »

Ce dégrèvement opéré par la réforme de 1897 ne profitera selon toute apparence qu'aux acheteurs à la pièce des boissons, objets du dégrèvement. Il ne profitera point en effet au petit consommateur qui achète son vin par litre chez le cabaretier. Celui-ci d'autre part, ne se verra-t-il pas, en raison des charges que lui imposera la licence municipale, obligé de maintenir ses prix ? En un mot c'est le système qui consiste à découvrir Pierre pour couvrir Paul, surtout si l'on doit s'attendre à voir hausser les prix des alcools jusqu'à présent « bus obligatoirement » par la classe pauvre (2). Si modéré en effet que soit ce droit de licence, qui comprend toutefois outre le droit fixe, un droit proportionnel à la valeur locative de l'ensemble de locaux loués, il donnera lieu, contre la population pauvre, la seule qui s'appro-

---

(1) Albert WAHL. — *Revue de Droit Public* (fév. 1898), page 121.

(2) « Votre projet actuel est sans intérêt réel pour les communes, s'écrie M. Vaillant à la Chambre, et pour les consommateurs, puisqu'il remplace une taxe de consommation par une autre, la perception à la barrière par la perception chez le débitant et qu'il réduit à leur minimum les taxes directes de remplacement en enlevant aux communes le droit de choisir ces taxes. »

visionne chez le débitant, à une élévation assez
sensible du prix des boissons. Les avantages de
la loi nouvelle seront ainsi restreints : il y a là
une considération qui est de nature à modérer
l'enthousiasme des laudateurs de la réforme.

L'administration des contributions indirectes,
en se plaçant d'ailleurs en dehors de ses considérations, a estimé que d'une part l'augmentation
du droit (1) de l'alcool jusqu'au double du droit
d'entrée, et d'autre part l'établissement de cette
licence municipale donneront un produit suffisant
pour compenser le dégrèvement des 1140 communes sur 1244 (Paris non compris) qui se trouvent intéressées par la loi de 1897.

Selon les prévisions concernant Paris, et à tenir
compte des quantités d'alcool actuellement soumises à l'octroi, l'augmentation serait d'environ
15,675,000 francs, somme qui s'ajouterait à celle
de 5,288,000 évaluée, quant au produit du droit
de licence.

A un autre point de vue, on a dirigé contre la loi
une critique fort plausible ; pourquoi limiter ce
dégrèvement, a-t-on objecté, aux boissons et négliger celui de la viande, et des objets d'éclairage et de chauffage (2) ? Cette loi est le triomphe

---

(1) Les droits d'entrée actuels fixés par la loi du 26 mars 1872,
sont suivant la population des villes de 7 fr. 50 à 30 francs. Si
le projet de loi sur les boissons, déjà voté par le Sénat, se trouvait définitivement adopté, le droit sur les alcools serait porté à
205 francs.
(2) « C'est une loi qui s'annonce d'une façon pompeuse, mais dont
les effets seront nuls ou malfaisants pour les budgets municipaux.
Il faudra des taxes de remplacement qui porteront sur d'autres
produits soumis aux octrois. Mais est-ce que la viande n'est pas
aussi intéressante que le vin ? Et cependant il sera permis de la
surcharger ! Et le combustible n'est-il pas, dans le Nord, plus important que le vin pour l'ouvrier?.... »
(Discours de M. BUFFET. — Sénat. — *Séance du 21 décembre
1897.*)

des viticulteurs, soit, mais l'intérêt des habitants des villes à octroi ne pouvait-il, ne devait-il pas être favorisé de façon moins parcimonieuse ?

Cette loi ne paraît, somme toute, se présenter que comme une loi d'attente, comme une indication, ainsi que le faisait remarquer le Ministre des finances lui-même, et un acheminement vers une solution plus franche et pleinement efficace. S'il devait en être autrement, et que réforme débile, cette nouvelle loi qui ajoute «l'ironie au sans gêne » (en conférant aux communes une *autorisation de supprimer en tout ou en partie* les autres droits d'octroi ! *autorisation qu'elle tient déjà de par la législation antérieure sur l'octroi*), si, disons-nous, cette ébauche de réforme n'était suivie dans un prochain avenir d'un développement complet de l'idée démocratique qui en est l'inspiratrice, nous ne pourrions qu'évoquer ici l'argument des « dégrèvements absurdes. » Ces dégrèvements absurdes ont la vertu singulière de perturber les budgets sans profit appréciable pour le contribuable.

Mis en présence d'une telle déception, nous dirions qu'il faut appliquer à une telle réforme des octrois le mot célèbre ; *sint ut sunt aut non sint !*

QUATRIÈME PARTIE

DROIT COMPARÉ

CHAPITRE PREMIER

PAYS AYANT ACTUELLEMENT DES OCTROIS

§. I. — L'Octroi en Italie (1).

Le revenu le plus considérable des communes italiennes est fourni d'une façon générale par les octrois ou *dazi di consumo* (taxes de consommation). Ces taxes de consommation sont perçues comme impôt général, les communes ayant la faculté d'établir sur cet impôt des taxes additionnelles (2).

La même loi réglant en Italie les contributions indirectes *(dazi governativi)* et les octrois, cette connexité des contributions générales et des droits locaux a eu pour résultat de développer le ren-

(1) Loi du 3 juillet 1864, décret du 28 juin 1866 et loi du 11 août 1870.

(2) Cette taxe fixée primitivement à 30 0/0 du principal a été portée depuis à 50 0/0.

dement des octrois dans des proportions très notables, et dans un sens parallèle à celles acquises par le produit des droits de consommation perçus au profit de l'Etat; ces derniers s'élevant pour toute l'Italie à une somme d'environ 72 millions.

D'autre part, la suppression des centimes additionnels sur l'impôt de la richesse mobilière, opérée en 1870, eut une répercussion sérieuse sur l'aggravation de ces taxes locales qui s'accrurent de 69 0/0 dans une courte période : de 1875 à 1879.

En 1889, sur 8.259 communes, 7.163 ont des octrois, soit une proportion de 86 0/0.

Ces communes à octroi se divisent en communes fermées, au nombre de 349, et en communes ouvertes, selon que la population est supérieure ou inférieure à 8.000 habitants.

Dans les communes fermées, la taxe est perçue à l'entrée, et dans les communes ouvertes, à la vente au détail (1).

Les droits principaux frappent, outre les objets de première nécessité (viandes, boissons hygiéniques, vinaigres, farines, riz, etc.), déjà taxés à l'entrée, divers articles tels que le sucre, le café, le beurre, les huiles, les suifs, les allumettes, etc. (2).

Les communes fermées seules ont le droit de

---

(1) D'Avenel. — *Les octrois en France et à l'étranger.* — P. Dubois. — *Essai sur les finances communales.*

(2) Deux réformes ont toutefois apporté un adoucissement à la législation : la suppression du droit de monture et celle du « droit de famille ». — D'autre part une loi de 1867 a spécifié l'exemption du papier, des imprimés destinés à l'administration, des lingots, des appareils télégraphiques, etc.

percevoir dans la limite d'un maximum de 50 0/0 un droit de vente au détail sur les viandes et les boissons.

Les tarifs d'octroi sont approuvés par les députations provinciales et par le Conseil d'Etat. Ces tarifs affectent, plus que dans tout autre pays soumis à la législation des octrois, des formes de droits protecteurs.

Le produit des octrois s'éleva, pour l'année 1889, à une somme de 140.987.715 francs, soit à environ 45 0/0 des recettes totales. Le rendement de ces taxes, par rapport à la population totale est évalué à 4 fr. 94 par habitant, alors que le taux moyen des octrois en France varie de 4 francs à 4 fr. 10, exception faite pour la ville de Paris où la moyenne de ces taxes s'élève à 7 fr. 55 par tête.

Les frais de perception sont fort variables suivant les localités et sont généralement plus élevés qu'en France. Ils atteignent 9.92 0/0 dans les villes importantes, pour les octrois généraux et communaux réunis. A Rome, ils se montent à 5.80 0/0, à Turin, à 7.80 0/0. Ils représentent jusqu'à 23 ou 25 0/0 dans certaines communes comme Arezzo, Forli. Massa Carrara, etc. (1).

Le recouvrement des droits peut être donné à ferme, non seulement par le gouvernement, mais encore par les communes. Comme en France, le recouvrement de ces droits de consommation peut se faire par abonnement. Indiquons enfin que le transit, l'entrepôt et l'introduction tempo-

---

(1) P. Dubois. — *Essai sur les finances communales.* — P. Leroy-Beaulieu. — *Science des finances.*

raire fonctionnent dans des conditions analogues à celles usitées dans notre pays.

Parmi les impôts indirects figurant au budget des communes, nous mentionnerons la taxe d'exercice et de revente, sorte de patente fournissant un produit évalué à 4,900,000 environ : un droit de licence abandonné aux communes par l'Etat, en 1870. Des taxes sur les voitures, sur les chiens, des droits de péage et quelques taxes somptuaires complètent cette énumération (produit : six millions en chiffre rond.)

§ II. — **L'Octroi en Espagne.**

La perception des octrois, en Espagne, s'opère généralement par voie de surtaxe — de 90 0/0 — des *consumos* ou octrois perçus par le gouvernement. Le produit est réparti entre la province et la ville, ce qui le rend plus dur dans les cités, puisque la campagne, non sujette au droit, bénéficie cependant dans les mêmes proportions que la ville qui supporte seule le paiement de ces taxes (1).

En 1862, le produit des octrois communaux se montait à une somme de 40 millions de francs.

Lors de la révolution qui chassa la reine Isabelle, un décret du 12 octobre 1868 a aboli toutes les taxes indirectes, soit au profit du Trésor, soit au profit des provinces et des municipalités. Les octrois notamment furent remplacés par un impôt de répartition établi proportionnellement à l'importance de la localité et au loyer des contri-

----

(1) D'AVENEL. — *L'octroi en France et à l'étranger.*

buables. Mais « la réforme mal préparée, ne produisit pas les effets qu'on en attendait » (1), et la taxe personnelle progressive basée sur le taux des loyers ne donnant que des recettes insuffisantes, plusieurs municipalités rétablirent de leur propre autorité, dès 1863, les anciennes taxes d'octrois(2).

En 1870, les consumos furent rétablis. L'augmentation incessante des taxes d'octrois s'est accusée depuis quelques années dans de considérables proportions. Des émeutes récentes, qui éclatèrent répétées et violentes en diverses localités d'Espagne, de même qu'en certaines villes d'Italie, témoignent éloquemment de l'impopularité incoercible qu'y rencontre ce système de taxations locales.

§ III. — **En Portugal**.

Les communes puisent leurs revenus dans les taxes directes, sur les centimes additionnels des contributions foncière et mobilière et dans des contributions indirectes sur les marchandises destinées à être consommées dans la commune par la vente au détail.

§ IV. — **En Autriche**.

Un système de taxes communales indirectes, analogue à celui de l'Espagne fonctionne en Autriche-Hongrie. Les octrois y sont perçus au profit

---

(1) Léon SAY. — *Dictionnaire des Finances*, t. II.

(2) Les droits de consommation ou consumos portent sur 9 catégories : le vin, le vinaigre, l'eau-de-vie, les liqueurs, l'huile d'olive, la glace, les viandes vivantes, les viandes mortes, le savon. Certains tarifs varient suivant le chiffre de la population.

du gouvernement, et les villes y établissent des taxes de consommation supplémentaires destinées à subvenir en grande partie aux dépenses municipales. — Les villes fortifiées sont autorisées, en particulier, à établir certaines taxes sur les objets de consommation.

§ V. — **L'octroi dans certains Etats allemands.**

Le nombre des Etats allemands est devenu fort restreint, où la législation communale admette encore le système des octrois.

En Bavière existent des taxes de consommation locale sur les céréales, la viande et la bière. Des privilèges sont accordés aux princes et comtes médiatisés, ceux-ci pouvant faire entrer en franchise de tout octroi ou de tout autre impôt indirect, tout ce qui est utile à leur existence et à leur consommation.

Dans le grand-duché de Bade, quelques villes, en nombre fort restreint, ont des droits d'octrois frappant à peu près les mêmes objets qu'en France. Ils ne peuvent être établis que pour un temps limité, et avec l'autorisation du gouvernement (1).

Enfin des contributions indirectes locales sont également perçues dans les duchés de Saxe-Gotha, de Saxe-Weimar, et dans une proportion plus considérable, il faut citer la ville libre de Hambourg dont les accises locales produisent une somme supérieure à deux millions.

Rappelons que l'ex-chancelier Bismark s'est montré partisan très résolu des octrois et impôts

______

(1) Loi du 17 février 1832.

indirects qu'il prit ardemment à tâche de défendre au sein des assemblées législatives allemandes.

§ VI. — **L'octroi en Egypte.**

« L'octroi (Egypte, Athènes, etc.) s'est facilement perpétué ; il est commode, et dans les climats où la nourriture est facile, où le combustible n'est pas une forte dépense, où la nature fait beaucoup, on l'accepte plus volontiers (1).

Ces octrois analogues à ceux de France existaient jusqu'en 1867 dans toutes les communes. Actuellement, vingt-sept villes seulement perçoivent des droits d'octroi. Ces droits portent sur les vins, spiritueux, céréales, légumes, fruits, œufs, beurres, fromages, gibier, fourrages, combustibles etc... Les taxes sont perçues comme en France à l'entrée des villes ou à un bureau central.

____

(1) Léon Say. — *Dictionnaire des Finances*, t. II.

CHAPITRE II

PAYS N'AYANT JAMAIS EU D'OCTROIS.

---

§ I. — Les impôts communaux en Angleterre

Indépendamment des revenus domaniaux et des recettes fiscales qui composent les ressources des budgets communaux, il convient de citer une catégorie non moins importante, parfois : celle des *subsides*. Ce système des subsides ou dotations consiste dans des attributions aux localités du produit ou d'une quote-part du produit de certains impôts généraux. Il a sa cause dans l'insuffisance ou dans les vices de production des revenus locaux.

L'Angleterre — de même que la Prusse et la Belgique — nous offre l'exemple et les types les plus saillants de cet usage des subsides.

Les premiers subsides accordés par le Trésor aux Communes, sous le nom de *grants in aid* datent de 1833, et eurent pour objet le développement de l'instruction primaire. Jusqu'en 1888, ces subventions s'accrurent dans des proportions très rapides (ils s'élevèrent en certaines années à 125 millions). En 1888 cependant le gouvernement anglais remplaça ces *grants in aid* alloués aux autorités locales, par l'attribution à ces autorités de tout ou partie de certains droits indirects ou successoraux, entre autres le produit des droits de licence, les quatre-dixièmes du revenu des *probate-duties* ou taxes successorales, ainsi que certains droits additionnels sur les bières et les spiritueux (1).

Le système financier local des comtés, des bourgs, des cités et des paroisses a pour base la taxation directe. Les taxes directes locales sont d'ailleurs distinctes des taxes directes nationales. La *poor-rate*, établie en 1510 par Henri VII lors de la création des paroisses civiles, et la *county-rate* sont les plus anciens parmi les impôts directs locaux, en Angleterre.

Dans les villes, la *borough-rate* se constitua au fur et à mesure de la concession des chartes d'incorporation, sur le modèle de la taxe des paroisses.

Le *poor-rate*, ou taxe des pauvres, est de toutes la plus importante de ces taxes directes. Elle est comme à la base de tout le système financier local. Elle est le « type » qui sert de modèle à toute taxe nouvellement établie, et « à laquelle on l'ajoute comme les centimes additionnels des communes s'ajoutent en France, à la contribution foncière » (2).

Cette *poor-rate* a pour base le revenu net annuel des terres, carrières, sources, maisons et constructions quelconques pouvant servir d'abri, des dîmes, des *rent-charges*, des houillères, etc...

____

(1) P. Dubois. — *Essai sur les finances communales*. — Ce système a son analogue dans notre législation (V. la loi du 18 juillet 1868, dépenses de voierie vicinale).

(2) P. Dubois. — *Op. cit.* — Pag. 199.

La *county-rate* ou taxe des comtés est répartie par les juges de paix du comté entre les diverses paroisses, et recouvrée dans chacune de celle-ci comme la taxe des pauvres et à titre de supplément.

On compte 24 taxes directes établies par 173 lois, mais la poor-rate comprend, en réalité, toutes les autres, celles-ci ayant d'ailleurs la même assiette (1).

Les taxes directes sur la propriété immobilière figurent pour 85 0/0 environ dans le produit total des impôts ordinaires perçus dans les localités. Ces taxes s'analysent en plusieurs impositions spéciales, au nombre desquelles nous citerons : 1° la taxe d'arpentage et d'évaluation ; 2° la taxe des pauvres ; 3° la taxe de police ou *watch-rate ;* 4° la taxe des constables ; 5° la taxe d'éclairage et de surveillance ; 6° la taxe des grandes routes etc...

Un certain nombre d'autres taxes sont la *général district rate,* dont le rendement actuel égale presque celui de la taxe des pauvres (cette taxe générale frappe le revenu des terrains agricoles, des canaux et des chemins de fer pour le quart de leur valeur) ; — les *highway-rates ;* les *school-rates* ou taxes scolaires, recouvrées comme la taxe des pauvres dans les paroisses : les *church-rates,* ou taxes d'église, (qui ont d'ailleurs perdu leur caractère obligatoire) : — la taxe de drainage, etc...

Il existe, en dehors de ces taxes générales certaines taxes dites *spéciales,* destinées à rétribuer des services déterminés rendus aux particuliers

____
(1) DE HORN. — *Annuaire des Finances.*

par les autorités locales et représentant, selon l'expression consacrée, l'application du *payment for benefit* (1). Parmi ces taxes spéciales, il faut mentionner les droits de place, les droits d'étalage, les droits de port, de quai, les péages, les taxes scolaires.

Il importe enfin de résumer le caractère dominant de ces *rates* : elles frappent exclusivement le revenu de la propriété foncière, c'est-à-dire *la propriété dont l'importance et la valeur sont en rapports directs et très étroits avec les services mêmes rendus par les localités.*

Le taux de l'impôt direct communal atteint aujourd'hui 18,3 0/0 du revenu net taxé. Pour soulager, de ce côté, la matière imposable, on compta beaucoup sur les résultats d'une solution indiquée précédemment : l'usage des subventions attribuées aux localités par l'Etat. Ce système lui-même ne procure pas tous les avantages scientifiques qu'on a le droit d'attendre d'une rigoureuse ordonnance budgétaire. On lui reproche d'ailleurs en Angleterre de favoriser la prodigalité des autorités locales.

C'est un fait digne de remarque que dans les projets d'amélioration fiscale des communes, nulle tendance ne se dessine en vue de demander des ressources au système des impôts indirects. A ce propos, il convient de signaler au contraire, un mouvement sensible de dégrèvement, quant à ces impôts indirects ou accises, perçus par l'Etat, et

---

(1) C'est le système des « contributions locales pour les travaux qui profitent spécialement à certains propriétaires », tels que travaux d'assainissement, constructions d'égouts, etc...

qui portent sur un nombre d'articles fort restreint, et étrangers à la consommation journalière.

Les financiers du Parlement anglais s'occupent du reste, d'appliquer à *l'income-tax* des centimes additionnels pour les besoins du gouvernement local.

Certaines villes comme Manchester et Birmingham tirent des ressources considérables de l'exploitation de monopoles industriels tels que service d'eau, de gaz, d'électricité etc.

La municipalisation du gaz fait surtout des progrès très notables. En 1824, Manchester en donna le premier exemple, exemple plus tard suivi par de nombreuses localités. En 1883 cette municipalisation s'était étendue à 148 villes et villages, à 192 en 1893.

Les bénéfices réalisés par l'exploitation de ces monopoles sont assez importants et sont employés à l'amélioration des services ou à ceux des dégrèvements les plus opportuns. Deux petites villes fournissent le gaz gratuitement à leurs habitants. A Bradford le gaz, c'est compté au prix coûtant, et dans les villes ou le gaz est le plus cher, le mètre cube en revient à un tiers du prix auquel il est fourni à Paris (1).

La fourniture de l'eau par les autorités locales est autreprise dans 168 villes en 1893 ; par les autorités de district dans 500 de ces districts.

Le 30 juin 1894, 37 conseils locaux exploi-

____

(1) V. Frédérick Dolman. — *Municipalities at Work*. — (passim.).— Albert Métin.— *Le Socialisme en Angleterre.*— 1898 Ch. VI.

taient 315 milles (1) de tramways avec une mise de fonds totale de 3,887,534 livr. sterl.

116 compagnies exploitaient 659 milles avec une mise de fonds de 10,501,164 liv. sterl. — Dans tout le Royaume Uni, 1/4 des tramways avaient été municipalisés. En Écosse, les six municipalités de Glascow, Édimbourg, Dundee, Greenock, Govan et Gourock possédaient à elles seules l'exploitation des 2/3 de toutes les lignes de tramways écossaises.

Ces entreprises sont généralement fort rémunératrices. « On n'a pas vu une seule ville revenir à l'entreprise particulière après avoir essayé des services publics » (2).

Nous relatons ci-dessous, d'après une étude de M. Dolman, citée précédemment (« Les Municipalités à l'œuvre »), les évaluations en livres sterling des revenus donnés en 1893-1894 aux six grandes villes par les services municipaux. Ces évaluations sont empruntées à des statistiques officielles (3) ;

	Population	Gaz	Eau	Marchés
Birmingham .	478,000	27,966	4,091	3,760
Manchester. .	505,000	30,589	22,453	14,671

---

(1) Le mille anglais équivaut à 1600 mètres.

(2) A. Métin. — *Op. cit. p. 226.* - Consulter également un article de la « Revue de Paris » 1ᵉ mars 1896) sur la société fabienne « Le vrai socialisme croît par expansion ascensionnelle et non plus comme on le rêvait par expansion ; nous devons rendre plus socialistes les institutions parmi lesquelles nous vivons, au lieu d'attendre que celles-ci soient soudainement remplacées par d'autres importées d'ailleurs. Le progrès réalisé par le moyen de cette méthode peut être lent et faible ; il est infaillible et l'échec est impossible ; *jamais on n'a vu une nation revenir sur ses pas et défaire son ouvrage après avoir nationalisé ou municipalisé une industrie ».*

(3) V. F. Dolman. -- *Op. cit. p. 140.*

	Population	Gaz	Eau	Marchés
Liverpool. . .	517,980	21,500	4,500	12,343
Glascow . . .	656,946	29,500	42,000	3,300
Bradford . . .	202,975	11,290	503	2,185
Leeds.	367,000	470	7,429	12,286

En ce qui concerne le conseil de Londres, les élections de février 1895 n'ayant pas donné la majorité aux progressistes, la municipalisation des entreprises pour la fourniture de l'eau, du gaz, de l'électricité, pour l'exploitation des tramways etc., n'a pu être réalisée encore, malgré la campagne active ouverte dans ce sens, par la fraction la plus avancée du conseil. Le socialisme possibiliste auquel se rattache le programme de la Société Fabienne a mis au nombre de ses réclamations la transformation des grandes exploitations en services municipaux (1).

— Si nous consultons le *statistical abstract* de 1889 nous constatons que l'ensemble des ressources locales pour l'année 1886-1887 est fixé à 1386 millions pour l'Angleterre et le pays de Galles, le

---

(1) Parmi les revendications dont la substance est résumée dans le Manifeste de la société fabienne, l'un des chefs suivants est en effet : Pour la fourniture de l'eau et du gaz, pour l'exploitation des tramways, pour la location des marchés publics et des docks de la Tamise, substitution aux grandes compagnies de la municipalité qui paiera bien les ouvriers, servira mieux les clients au lieu d'exploiter les uns et les autres pour faire de gros bénéfices — « La tendance à transformer les grandes exploitations en services municipaux est une des conséquences du mouvement démocratique et décentralisateur qui a doté l'Angleterre de conseils locaux élus. Beaucoup plus extensive que le socialisme proprement dit, elle est née avant lui, elle a été réclamée par des conseillers de comtés et de villes qui ne sont pas socialistes et ne veulent pas être qualifiés de ce terme ». (A. MÉTIN. — *Le socialisme en Angleterre.* Ch. VI. — V. *Revue de Paris*, article cité.)

tableau de ces ressources nous présentant les indications suivantes :

36,400,000 fr. . . revenu.
13,000,000 — . . ventes de propriétés.
101,000,000 — . . subsides gouvernementaux.
225,690,000 — . . emprunts.
50,000,000 — . . taxes diverses.

Restent 900 millions pour taxes directes ;
132,194,000 pour taxes indirectes (*tolls*, *dues* etc.)
et 139,540,000 provenant d'entreprises locales (1).
Le montant des recettes provenant d'exploitations
industrielles est de 15 °/₀ des recettes ordinaires
des localités ; le montant des « *local taxation
returns* » pour l'exercice 1891-92 est de 33,170,367
livres sterling ; soit environ 730 millions. Le
montant de ces impôts et taxes (*rates*, droits de
place, péages, droits de port, licences, etc...) joint
aux ressources tirées des subventions de l'Echiquier et de celles produites par les monopoles
industriels ressort à un taux de taxation de 28,50
par tête d'habitant (2).

Cette diversité considérable des taxes (levées
par 180,000 fonctionnaires gratuits) a donné naissance à des incertitudes de supputation et des
complications de comptabilité qui exposent le
système à certaines critiques.

A titre documentaire, nous relaterons ici,
d'après l'ouvrage de M. Dolman, quelques indications statistiques :

____

(1) S. Leroy-Beaulieu. — *Science des finances.* — *Le Gouvernement local en France et en Angleterre.*

(2) La moyenne totale de tous les impôts par habitant est de
2 liv. sterl. 4 shil., soit 60 francs. Indiquons d'autre part, que les
salaires suivent en Angleterre une augmentation assez considérable, elle est d'environ 35 0/0 depuis 1845. (V. *Europe politique*).

TABLE A. — *Les municipalités et l'hygiène.*

VILLES	POPULATION	Densité par acre	Dépenses en 1893-94 pour bains	Superficies des parcs	Taux de décès en 1893 94 (2)
			Liv. ster. (1)	acres	
Birmingham	478.000	39.1	10.306	360	22.0
Manchester .	505.000	40.0	12.577	228	24.9
Liverpool . .	517.980	98.6	9.259	600	27.4
Glascow . . .	656.946	56.9	11.272	700	23 4
Bradfort . . .	202.975	20.3	4 254	216	20.9
Leeds.	367.000	17.7	» »	663	22.3

(1) La livre sterling équivaut à 25 fr. environ de notre monnaie.

(2) Coefficients de mortalité dans les diverses grandes villes d'après des articles publiés en 1894 dans le *Scientific Américan* et en 1895 dans la *Semaine Médicale*, rapportés dans la *Revue Scientifique* (6 janvier 1894 et 20 juillet 1895) :

Ville	Taux	Ville	Taux	Ville	Taux
Londres. . . .	19.11	Buffalo. . . .	16.28	Reims . . .	28.62
Paris.	23.16	Edimbourg .	19.22	Lille	23. 5
New-York . .	26.47	Wilwaukee .	16.20	Le Hàvre. .	29. 8
Berlin	20.55	Mineapolis .	9.60	Nantes . . .	23. 1
Chicago. . . .	18.95	Hambourg..	18. 1	Bordeaux..	21. 3
Vienne. . . .	25.07	Bâle	18. 5	Christiania .	17.75
Philadelphie .	21.95	Zurich. . . .	19. 9	Denver . . .	11.61
Bruxelles. . .	17.80	Lyon.	20	Odessa . . .	22. 3
Baltimore. . .	23.80	Marseille . .	28. 3		
Dublin	27.05	Rouen. . . .	31. 8		
San-Francisco	18.21				

De 25,37 p. 1000, à Paris (1880) la mortalité est descendue à 21,80 (1833). Une étude de M. Albert Shaw montre dans *The Century* qu'on a tort de regarder une proportion de 20 à 25 p. 1000 comme une moyenne satisfaisante pour la population de nos grandes villes. Si on décompose cette moyenne, on voit que suivant les différentes classes sociales, elle peut varier pour la même ville de 3 à 4 p. 1000 à 200 p. 1000 ! — A Berlin, par exemple, la moitié des décès est fournie par les familles de cinq personnes vivant dans une même chambre. Sur une population de 1.315 000 habitants, 73.000 personnes se trouvent dans ce cas. Or, la moyenne de mortalité est ici de 163.5 p. 1000, tandis que la mortalité des familles possédant deux chambres n'est que de 23.5. Celle des familles occupant 3 chambres est de 7.5, etc. (*Revue scientifique*, t. 54, p. 377).

TABLE B. — *Les Municipalités et l'Instruction*

VILLES	Dépenses en 1893-94 pour l'Inst. technique	Dépenses en 1893-94 pour Biblioth. et Galeries d'Arts	Nombre de livres en bibliothèques
Birmingham .	£. 7.080	£ 16.990	190.000
Manchester .	17.935	24 217	250.000
Liverpool . .	12.744	15.714	165 000
Glascow . . .	» »	9.000	108.000
Bradfort . . .	5.330	5.813	80.000
Leeds	6.2.5	6.882	183.000

TABLE C. — *Bénéfices des Entreprises municipales en 1893-94*

VILLES	GAZ	EAU	MARCHÉS	Somme totale des bénéfices
Birmingham . .	£ 27.966	£. 4.091	£. 3.760	£. 35.817
Manchester . .	30.589	22.453	14.671	67.713
Liverpool . . .	» »	4.500	12.343	16.843
Glascow	29.500	42.000	3.300	74.800
Bradfort	* 11.290	503	2.285	» »
Leeds	** 470	7.429	12.286	19.245

TABLE D. — *Finances Municipales*

VILLES	VALEURS taxables	MONTANT de la dette	EXCEDENT d'actif	IMPOTS municipaux en liv. sterl.
Birmingham	£.2.079.517	£. 7 629 000	£.1.721.988	2/5 à 4
Manchester .	2.875 289	13.888.898	2.960.885	4
Liverpool. . .	3 200.000	7.237.136	7.704.803	2/11 à 3/10 1/2
Glascow . . .	4.208.842	7.924.154	2.588 072	2/9 à 3/4
Bradfort . . .	1.071.616	4.722 619	1.435.975	4/6
Leeds	1.373.292	4.976.500	1.351.881	3/7 à 4/9

* Perte nette après paiement d'environ 7.000 livres sterling pour les lampes publiques, et versement d'environ 28.000 livres sterling dans la caisse d'amortissement, etc. — Depuis qu'elle a assumé l'entreprise du gaz en 1871, la Corporation de Bradfort a réalisé un profit total de 373.609 livres sterling.

** Perte nette, après mise en réserve de 10.488 livres sterling pour la caisse d'amortissement. — En moins de 24 ans d'exploitation municipale, une plus-value de 215.227 livres sterling a été produite.

§ II. — **États-Unis**.

Aux États-Unis comme en Angleterre, règne le principe de la division en impôts perçus par les autorités locales et impôts levés par le pouvoir central, c'est-à-dire par le pouvoir fédéral. Les ressources fiscales de ce gouvernement fédéral se composent presque exclusivement d'impôts indirects (1). Le système fiscal des Etats et des villes (*townships*) présente au contraire le caractère de la taxation directe. Les taxes municipales et de canton sont assises pour la plupart sur le capital : ce sont les *assessed taxes*, ou taxes directes de répartition sur le capital. Elle frappent généralement, bien qu'à un moindre degré la propriété mobilière comme la propriété immobilière, et portent sur la valeur vénale des objets imposés (2).

Le conseil municipal dans les villes, et les administrateurs dans les villages peuvent établir et percevoir des taxes pour les dépenses municipales en se conformant aux règles suivantes: le Conseil municipal doit chaque année, avant le second mardi de septembre fixer le montant des sommes nécessaires pour faire face aux dépenses de la Commune, déterminées selon les lois, et répartir ces sommes entre les propriétés foncières et mobilières sujettes à l'impôt, sur les mêmes bases que pour les impôts de l'Etat et du Comté. Le Secrétaire du Comté doit vérifier si la réparti-

---

(1) Un impôt fédéral sur le revenu a été récemment déclaré illégal, par la cour suprême.

(2) Sur ces taxes, s'opère un prélèvement de 3 1/2 pour 100 au profit de l'Etat.

tion est faite suivant les bases prescrites. (Illinois. — Loi du 10 avril 1872. t. VIII. art. 1. — Annuaire de Législation Etrangère, 1872; p. 110).

La taxe ainsi établie est perçue dans les mêmes formes et par les mêmes officiers que les impôts de l'Etat et du Comté ; les sommes perçues par les receveurs sont versées entre les mains des trésoriers des villes, tous les 15 jours jusqu'au complet paiement des taxes. — Parmi les impôts perçus par les municipalités américaines, il faut citer, outre les *assessed taxes*, les *poll taxes*, ou taxes de capitation liées au droit de suffrage, les *licences*, les *spécial assessments* appelés aussi *betterment assessments* : taxes spéciales ou taxes d'amélioration. (1) — Ces taxes spéciales sont affectées aux travaux de pavage des rues, de canalisation d'eaux ou d'égouts, à la création de promenades publiques etc., et sont imposées en grande partie « aux propriétaires qui ont réalisé un bénéfice direct du fait des travaux exécutés, proportionnellement à la dimension des façades des maisons, ou à la valeur du bénéfice reçu ».

Toutes taxes établies par une ville, excepté ces taxes spéciales dont nous venons de parler, frappent également toutes les propriétés imposables de la ville, et nulle exemption n'est accordée en dehors de celles prévues par les lois générales.

Un trait important de la législation fédérale sur ces impôts municipaux, est l'interdiction faite par la constitution aux pouvoirs locaux d'établir des taxes sur l'importation ou l'exportation des mar-

____

(1) P. Dubois. — *Essai sur les finances communales.*

chandises, c'est-à-dire de toutes taxes analogues aux douanes et aux octrois.

Le produit des *assessed taxes* perçu par les villes, les communes et les districts scolaires s'élève en moyenne à une somme de 175 millions de de dollars, ce qui correspond à un taux de taxation de 14,50 par tête d'habitant et représente par rapport à la valeur vraie des propriétés taxées un taux d'imposition de 4,05 pour mille. Le montant des assessed taxes perçu par les Etats et les Communes est représenté pour l'année 1880 par la somme de 312,750,721 dollars, soit un taux de 31 fr. 50 par tête d'habitant, et une proportion de 7 fr. 16 pour mille de la valeur des propriétés (1).

L'étude des finances communales des Etats-Unis nous fournira occasion d'indiquer sommairement, et en terminant, à quelles espèces de ressources l'Etat américain fit récemment appel pour subvenir aux lourdes charges de la guerre de Cuba. On a pu faire remarquer avec raison que les moyens à l'aide desquels on se procure le nerf de la guerre varient suivant le caractère et les habitudes de chaque pays. Ici l'emprunt pur et simple, moyen facile, expédient dangereux au point de vue des intérêts à venir d'une nation. Une tendance vers ce système domine en France.

Là, au contraire, chez des peuples réfléchis, capables d'envisager et le soutenir froidement les conséquences d'un acte méthodiquement délibéré, c'est le système mixte de l'impôt et de l'emprunt.

______

(1) On reproche à ce système de taxation locale de grever trop fortement la propriété foncière au profit de la propriété mobilière qui se dérobe plus facilement à la taxe, l'obligation de la déclaration sous serment n'existant pas dans tous les Etats.

Adopter la mise en œuvre de cette combinaison c'est vouloir se rappeler la nécessité d'un « frein moral » aux dépenses de la guerre (1). Le peuple qui pendant la durée de la guerre disait Ad. Smith, en sentirait le fardeau s'en lasserait bien vite ».

Le gouvernement de Washington a eu recours pour parer aux besoins de la guerre de Cuba à l'emprunt. — Par là il s'adresse aux capitaux disponibles en évitant de trop lourdes charges pour le contribuable. Mais en même temps, par des taxes nouvelles et spécialement établies, il fait sentir à chaque citoyen le poids de la guerre, moyen de modération et élément de pondération capables de réprimer dans une certaine mesure, des entrainements et de donner du lest aux passions inconsidérément belliqueuses d'une nation.

Les taxes de guerre fourniront annuellement au trésor environ un milliard.

Il n'est peut-être pas sans intérêt de reproduire ici une nomenclature de ces taxes :

Bières, ale, porter et toutes boissons fermentées, deux dollars par fût de 31 gallons (120 litres à peu près), les fractions supérieures à 31 gallons donnant droit à la répétition de la taxe.

Banquiers utilisant un capital n'excédant pas 25.000 dollars, 50 dollars. Banquiers utilisant un capital de plus de 25.000 dollars un supplément de deux dollars par fraction de mille dollars au-dessus de 25.000. Les caisses d'épargne sont exemptées de cette taxe.

---

(1) « Les dépenses de guerre sont le frein moral que le Tout-Puissant impose à l'ambition des conquêtes... La nécessité de pourvoir année par année aux charges que la guerre détermine est un correctif naturel et sûr aux entrainements belliqueux... » (Passage d'un discours célèbre de M. Gladstone lors de la guerre de Crimée. — V. J. GARNIER. — (*Traité de la science des Finances*.)

Agents de change, 50 dollars, à moins qu'ils ne soient déjà atteints par la taxe sur les banquiers.

Prêteurs sur gage, sur nantissement, 20 dollars.

Courtiers commerciaux, 20 dollars.

Commissionnaires en douane, 10 dollars.

Propriétaires de théâtres, muséums et salles de concert dans les villes de plus de 25.000 âmes, 100 dollars.

Propriétaires ou organisateurs de toutes autres exhibitions publiques non gratuites, 10 dollars.

Jeux de boule, billard, cinq dollars par jeu ou par billard ;

Tabacs coupés, moulus ou manufacturés, 12 cents (1) par livre.

Marchands de tabacs en feuilles dont le débit annuel n'excède pas 50.000 livres, 6 dollars ; débit de 50.000 à 100.000 livres, 12 dollars ; débit de plus de 100.000 livres, 24 dollars.

Autres marchands de tabac dont la vente annuelle excède 50.000 livres, 12 dollars.

Titres, obligations ou reconnaissances de dette, 15 cents par fraction de 100 dollars.

Ventes, échanges ou transferts de titres, 2 cents par dollars.

Affaires de toutes natures traitées en Bourse au comptant ou à terme, 1 cent par 100 dollars.

Chèques, mandats ou certificats de dépôt ne portant pas intérêt, 2 cents par titre.

Lettres de change pour l'intérieur, mandats, certificats de dépôt, promesses portant intérêt, 2 cents par 100 dollars.

Lettres de change pour l'étranger, lettres de crédit, 4 cents pour 100 dollars lorsqu'il n'y en a qu'une, 2 cents lorsqu'il y en a plusieurs.

Connaissements, 10 cents.

Messages téléphoniques ou télégraphiques, 1 cent.

Bons d'indemnité, 50 cents.

Certificats de bénéfice de toute association et transferts de ces certificats, 2 cents par 100 dollars.

---

(1) Le « dollar » équivaut à cinq francs et le « cent » à cinq centimes de notre monnaie.

Certificats d'avarie ou autres, délivrés par un capitaine de port ou par un inspecteur de marine, 25 cents.

Certificats de toute autre nature, 10 cents. Charte-partie, quand le tonnage du vaisseau ne dépasse pas 300 tonnes, 3 dollars ; de 300 à 600 tonnes, 5 dollars ; de plus de 600 tonnes, 10 dollars.

Contrats, notes de courtage, bordereaux de ventes de biens, de marchandises, d'effets, d'obligations, de billets, de biens immeubles, de propriétés de toute nature délivrés par des courtiers ou des personnes agissant comme telle, chaque acte ou bordereau, 10 cents.

Actes translatifs de propriété de biens immeubles d'une valeur de 100 à 500 dollars, 50 cents ; toute somme additionnelle de 100 dollars, 50 cents.

Déclaration d'entrée à la douane pour moins de 100 dollars, 25 cents ; de 100 à 500, 50 cents ; de plus de 500, 1 dollar.

Déclaration de sortie, 50 cents. — Polices d'assurances sur la vie, pour toute fraction de 100 dollars, 10 cents sur la totalité de la somme assurée.

Polices établies d'après le système industriel ou hebdomadaire, 40 p. 100 du montant du premier versement hebdomadaire.

Polices d'assurance contre l'incendie (maritime et terrestre), 1/2 cent par dollar de prime. Les compagnies coopératives et les mutualités d'assurances sont exemptées.

Autres assurances, par police ou par engagements de remplir un office ou une charge quelconque ou toute autre obligation revêtant la nature d'une indemnité, par contrat garantissant la valeur des titres émis par un gouvernement, une municipalité ou une administration publique quelconque ou garantissant les titres de crédit, sur la prime à payer, 1/2 cent par dollar.

Baux de location de terres ou d'habitations, d'un an ou plus, 25 cents ; de 1 à 3 ans, 50 cents ; de plus de 3 ans, 1 dollar.

Déclaration d'entrée à la douane ou congé de cargaison pour un port étranger, si le tonnage du vaisseau ne dépasse pas 300 tonnes, 1 dollar ; de 300 à 600 tonnes, 3 dollars ; de plus de 600 tonnes, 5 dollars.

Hypothèques et nantissements : de 1.000 à 1.500 dollars, 25 cents, plus 25 cents sur toute somme de 500 dollars supérieure à 1.500 dollars.

Coupons de passage d'un port des États-Unis à un port étranger, ne coûtant pas plus de 30 dollars, 1 dollar ; de 30 à 60, 3 dollars ; de plus de 60, 5 dollars.

Protèts de toutes natures, 25 cents. Quittances de droits d'entrepôt, 25 cents (1).

De l'examen si intéressant de cette curieuse énumération ressortent deux observations importantes : c'est que le poids financier de ces taxes constitue bien au point de vue moral, ce frein nécessaire à l'esprit d'entreprise guerrière, à la fièvre de mégalomanie ou d'impérialisme qui peuvent jeter un peuple dans les plus folles et néfastes politiques d'aventure ; et qu'au point de vue fiscal, le gouvernement des Etats-Unis a imprimé à la liste de ses taxes comme un sceau de loyauté, et d'équité démocratiques que maints autres gouvernements se seraient cru permis de négliger. S'il avait voulu, fait remarquer à ce propos l'auteur de l'article de la *Gazette belge*, indiqué précédemment s'il avait voulu profiter des circonstances toutes spéciales où il se trouve, le gouvernement américain aurait pu facilement se procurer au moyen de l'impôt que le public paye sans s'en apercevoir, toutes les ressources dont il a besoin.

Il ne l'a pas fait. Il a eu la loyauté de permettre aux citoyens d'apprécier dans une certaine mesure, par les charges dont ils sont directement grevés, les conséquences de sa politique.

---

(1) V. sous la signature de : « *Karnac* » un article de la *Chronique belge* (26 juin 1898).

§ III. — **Russie.**

Les contributions municipales destinées à subvenir aux dépenses des villes sont réglementées par la loi du 16-28 juin 1870 sur l'organisation urbaine.

Le système de contributions établi par l'article 128 de cette loi, se résume : 1° en un impôt sur les immeubles, proportionnel à leur valeur (1) ; 2° un impôt sur les autorisations d'exercer une branche quelconque de commerce ou d'industrie ; 3° un impôt spécial sur l'exploitation des hôtelleries, auberges et boutiques de comestibles ; 4° un impôt sur le roulage et les transports ; 5° un impôt sur les chevaux de luxe ; 6° un impôt sur les chiens. En ce qui concerne ces quatre dernières taxes, les décisions du conseil qui en fixe le maximum, le mode des perceptions, etc., sont soumises à l'approbation législative.

Le conseil municipal peut également solliciter aux termes de l'art. 135 de cette loi, l'autorisation d'établir, au profit de la ville, un impôt sur tous les logements et locaux habitables. Cette demande d'autorisation doit être accompagnée d'un projet détaillé qui est adressé au ministre de l'Intérieur pour être approuvé par voie législative.

A côté des contributions que nous venons d'é-

---

(1) Sont exempts de cet impôt sur les immeubles : les palais impériaux et leurs dépendances, la partie des immeubles appartenant à des institutions de bienfaisance ou d'enseignement, les édifices destinés aux cultes chrétiens ou non chrétiens ne rapportant pas de revenus, les terrains cédés aux chemins de fer, et enfin par équité fiscale certains immeubles de valeur minime (art. 129, loi du 16 juin 1870).

noncer, la ville perçoit enfin à titre de revenus :
1° un droit sur l'exécution et la légalisation des
actes mentionnés au code des lois civiles, et sur
les protêts et recouvrements ; 2° une taxe lors de
l'apposition des poinçons sur les poids et mesures ;
3' une taxe de 2 0/0 sur la vente aux enchères des
biens-meubles faite par les commissaires-pri-
seurs ; 4° la taxe autorisée exceptionnellement par
l'Empereur sur les marchandises importées ou
exportées dans certaines villes (1).

§ IV. — Danemark.

Il n'existe pas dans ce pays de droits analogues
à nos taxes d'octrois. Le revenu des villes se
compose de contributions foncières et d'impôts
sur les revenus.

Les contributions foncières comprennent : une
contribution foncière ordinaire établie par un décret de 1756 sur les terrains situés en dedans des
remparts de la ville ; un impôt sur les superficies,
l'impôt du pavage. L'impôt sur les revenus est la
taxe la plus importante ; il fut établi par la loi du
17 février 1861, en remplacement de l'ancien impôt industriel. Il atteint tous les revenus personnels, industriels, fonciers, les revenus provenant
de charges, d'emplois, de pensions et ceux provenant des intérêts ou du produit des obligations
et valeurs mobilières.

L'impôt danois, sur les revenus, admet cer_
taines déductions ; celles, par exemple, des dépenses d'exploitation pour tous les revenus provenant de l'exercice d'une profession.

---

(1) La moyenne des impôts par tête d'habitant est de 9 roubles
(36 fr. 72). — V. « *Europe Politique* ».

CHAPITRE III

———

PAYS AYANT ABOLI LE SYSTÈME DES OCTROIS.

———

§ I. — **La suppression des octrois en Belgique**

« Le système des octrois a pesé pendant trente ans sur la Belgique » ; il avait été établi sur des bases analogues à celles du système français.

L'amour des libertés communales développé dans ce pays par le souffle libéral répandu sur toutes les nations par la révolution de 1830, avait suggéré lui-même l'établissement par les localités de taxes d'octroi qui leur apparurent comme un moyen de particularisme, comme un signe d'indépendance sous forme d'une protection de leur commerce et leur industrie respectifs contre ceux des localités voisines. Mais l'expérience des déboires, l'effet des inconvénients et des injustices engendrés par ce système enseignèrent des sentiments plus positifs, en soulevant partout un vif mouvement d'impopularité contre ces taxes.

Celles-ci frappaient plus de 130 espèces de marchandises, et parmi elles des objets de première nécessité, tels que les grains et les farines dont les taxations étaient si élevées que les droits sur ce seul produit atteignaient environ un million, pour un rendement total de moins de douze millions.

A Gand et à Anvers, ces droits représentaient à eux seuls environ un sixième du produit de l'octroi (1). De plus, on reprochait à l'octroi l'élévation des frais de perception qui allaient jusqu'à 30 0/0.

Des plaintes se manifestèrent de plus en plus contre ces barrières de douanes devenues intolérables, devant cette complication des tarifs communaux d'octroi comprenant « depuis les abeilles jusqu'aux parfumeries, et au jus de citrons et d'oranges »!

L'agriculture « n'avait pas assez de voix » pour protester contre les maux et les tracas de l'institution. Cette haine du paysan pour l'octroi, elle fut retracée plus tard de façon humoristique et pittoresque par un député libéral M. Vandenpeereboom, lors de la discussion du projet de suppression : « Allez à la ferme, disait-il, voyez tout et dites-nous ce qui ne paye pas pour entrer en ville ; depuis l'œuf jusqu'au bœuf, depuis la graine de moutarde jusqu'aux féverolles. Le fermier ne paye pas seulement pour y emporter ses denrées ; il paye aussi pour en exporter ses engrais.; il n'y a pas que Vespasien qui ait dit : » L'argent, d'où qu'il vienne, n'a pas d'odeur ! » Le campagnard sait ce qui l'attend à la ville, et cependant il y va parce qu'il doit y aller, car c'est là qu'est le marché ou la foire. Il y arrive avec un chariot lourde-

___

(1) Les tarifs comprenaient : des droits d'entrée, des droits de transit, des droits d'expédition, des centimes additionnels aux droits d'octroi, des droits d'entrepôt, des droits sur la fabrication ou l'extraction de certains produits dans les communes. — (GIRON. -- *Droit Administratif de la Belgique;* t. II. -- d'AVENEL, *Les octrois en France et à l'étranger*).

ment chargé, moitié planches moitié foin ; il pleut
à verse, l'homme a chaud et ses bêtes aussi ; c'est
égal, on ne pourra l'expédier qu'après qu'on aura
passé deux ou trois chariots qu'on est en train de
vérifier. Son tour vient au bout d'un quart d'heure :
on compte, on mesure, on cube les planches,
difficile et longue besogne pour un comptable
d'octroi ! On paye les planches ; mais le foin doit
aller en certaines villes. au bureau de la balance
publique etc... Et c'est parce qu'il ne devra plus
passer par toutes ces tribulations et toutes ces
taxations que ce fermier viendra se plaindre à la
Chambre ? ... » (1)

Une vingtaine de propositions furent émises
en 1845 à 1860, en vue du remplacement des
octrois.

En 1848, une commission en proposa la suppression. Le 14 août 1851, un nouveau système
de suppression fut présenté par un député,
M. Jacques, continuateur des doctrines libérales
de ses devanciers, les Northomb et les de Brouckère. Sa proposition consistait dans l'abandon
aux communes de la contribution personnelle,
de la contribution foncière, des patentes et des
droits de débits. En compensation, l'État aurait
prélevé 50 % sur l'accise ; 30 % à la douane
sur les bestiaux, bois, fromages, fruits, grains,
farines, pierres, poissons, riz ; 5 % sur le café
et 5 % sur le tabac (2). Ce projet fut repoussé
comme l'avait été quelques années auparavant

---

(1) BONNAL. -- *Traité des Octrois*, p. 371.
(2) Rapport de M. FAIDER à l'Association belge pour la réforme
douanière (29 mai 1858).

la proposition de M. de Brouckère tendant à l'abandon aux communes de 12 millions perçus par l'État sur la contribution personnelle et les patentes, sacrifice qui devait être compensé par une augmentation de l'accise sur les vins, les eaux-de-vie, les bières et le sucre. La commission admettait même l'adoption éventuelle de l'impôt sur le revenu (1).

Le moment n'était pas éloigné, néanmoins, où les efforts des abolitionnistes devaient être suivis du résultat ambitionné.

Cependant quelle était à cette époque la situation des octrois ? C'est ce que nous devons brièvement indiquer avant de poursuivre l'étude des phases qui précédèrent la réforme.

En 1857, les octrois existant en Belgique étaient au nombre de 78, donnant un produit total d'environ onze millions (2). Ce rendement des octrois se répartissait de la façon suivante :

Comestibles		Boissons et Combustibles	
1) Graines, farines.	806.344	6) Bières	2.795.417
2) Bestiaux.	2.187.128	7) Boissons distillées	753.594
3) Viande dépécée .	491.447		
4) Poisson, Volaille, Gibier	472.689	8) Vins et vinaigres	828.507
5) Beurres et fromages	281.582	9) Bois.	463.972
		10) Charbons. . . .	1.099 729
	4.239.190		5.941.219

Soit une somme totale de 10,180,409 francs.

Le 22 janvier 1856, un rapport déposé par la

___

(1) V. Documents de la Chambre des Représentants, 1859-60. *Mémoire de M. de Brouckère* et *Rapport de la Commission.*

(2) Bruxelles figurait dans le tableau des villes *fermées* pour 2.500.000 francs ; Anvers pour 1.104.000 francs et Bruges pour 418.000 francs. — En 1858 les octrois produisirent 12.376.000 fr. en recettes brutes.

section centrale avait conclu pour la première fois à un vœu catégorique, et nettement exprimé : le vœu d'abolition des octrois. — Les communes, toutefois ne répondirent pas avec l'empressement qu'on pourrait présumer, à cette invitation, et dans certaines d'entre elles, au contraire, il fut procédé à des augmentations des tarifs d'octroi, à des aggravations même par voie d'assujettissement d'objets nouveaux lorsque, par un vote du 7 juillet 1857, le Conseil provincial du Brabant engagea directement les Chambres et le Ministère à *introduire dans le système général des impôts perçus au profit de l'État, des modifications telles qu'il fût possible d'arriver à l'abolition des droits communaux* (1). C'est de cet esprit et de ces vœux que s'inspira le projet de loi du ministre Frère-Orban qui dans l'exposé des motifs justifiait ses arguments par de nombreux faits et documents ; dans ce projet, deux procédés d'abolition se trouvaient envisagés : l'abolition par l'initiative des communes ou par l'initiative du gouvernement. « Puisque les communes n'ont rien fait, s'écriait-il c'est qu'elles sont impuissantes ; c'est au gouvernement qu'il appartient d'intervenir. »

Lors de la discussion à la Chambre belge, M. Frère-Orban obtenait des marques d'assentiment presque unanimes lorsqu'il prononça les paroles suivantes : « De nos 2538 communes, il en est 78 qui forment ainsi au sein du pays autant

____

(1) M. HORN. — *Rapport sur l'exécution de la loi du 18 juillet 1860.* — V. au *Moniteur Belge*, année 1860, le projet de loi et ses annexes.

d'états particuliers, de centres, qui, au moyen des octrois, se sont créé une existence à part et des intérêts antagonistes au reste du royaume. Une guerre intestine de tarifs, une guerre à l'état latent, mais des plus pernicieuses pour la consolidation de l'unité nationale existe dans nos communes ; car de l'impossibilité dans la plupart des cas, d'établir sur la même base la taxe à l'importation et à la fabrication, résulte celle de produire également les deux taxes.

« Il est un vice plus grave peut-être que tous les autres : c'est que les octrois sont onéreux, vexatoires, injustes pour une grande partie des populations qui ne jouissent même pas des avantages qu'ils peuvent procurer… Les droits d'octrois pèsent lourdement sur les campagnes…

« …Il est urgent d'abolir une constitution qui infecte de ses vices incurables les forces vives du pays (1) ».

L'abolition des octrois, avait ajouté M. Frère Orban, est poursuivie pour cause d'utilité publique.

L'abolition des octrois, avec interdiction de les rétablir, fut votée par la loi du 18 juillet. L'économie de cette loi est basée sur la combinaison suivante : Pour 5 articles qui sont : les vins étrangers, les eaux de vie indigènes, les eaux de vie étrangères, les bières, les vinaigres et les sucres, l'octroi était remplacé par ces droits d'accise. La surélévation de cet impôt d'accise devait en porter le rendement de 20 millions 500,000 fr. à 31 millions de francs. 34 0/0 de ce rendement devaient

____

(1) V. Moniteur belge, année 1860.

être prélevés pour constituer un « fonds communal ».

Ce fonds communal reçoit également, en vertu de cette loi, 40 0/0 du produit brut des postes et 75 0/0 du produit des droits d'entrée sur le café.

Les supputations faisaient prévoir une somme de 14 millions au moins pour la constitution de ce fonds communal. Ces prévisions ne furent heureusement pas démenties par les faits : les recettes effectives du fonds communal s'élevèrent en 1861 à 15,253,570 francs.

Avec ce fonds communal, on paye aux communes à octrois l'équivalent du produit net qu'elles auraient obtenu de leurs octrois et on dédommage les autres communes des surcharges résultant, pour elles, des nouveaux impôts.

La répartition du fonds communal se fait d'après les rôles de l'année précédente, au prorata du principal de la contribution foncière sur les propriétés bâties, du principal de la contribution personnelle et du principal des cotisations des patentes.

L'allocation fournie aux communes ne peut pour aucune d'elles être inférieure au revenu net qu'elle obtenait de l'octroi en 1859. — Pour atteindre ce résultat, on porta la quote-part de 40 0/0, pour les postes, et de 34 0/0, pour le fonds communal, à 42 0/0 et à 36 0/0.

Parmi les adversaires même de la réforme projetée, personne n'osa défendre l'octroi, dans son principe, et cette loi du 18 juillet 1860 qui en consacrait l'abolition, fut votée à l'unanimité moins une voix.

Cette réforme n'a cependant pas été exempte d'objections, voire de critiques acerbes. On objecta d'abord que pour trouver les 14 ou 15 millions à payer aux communes, on dut ajourner *sine die* la réforme postale depuis longtemps attendue par l'opinion publique et qui comportait la réduction du port des lettres au taux uniforme de 10 centimes. En second lieu, les adversaires de « l'expédient » de M. Frère-Orban, et au premier rang parmi eux les adeptes du parti catholique, crièrent à l'excès de centralisation, reprochant à ce système, empreint de communisme, de cadrer bien peu avec le goût et la pratique des libertés communales si chères à la Belgique. De plus, arguait-on, en faisant contribuer l'Etat aux besoins des communes, on met celles-ci dans une dépendance incompatible avec cet esprit d'autonomie communale. Enfin en remplaçant des ressources locales destinées à un emploi purement local par une portion du budget communal, ne se rendait-on pas l'auteur d'une grave injustice financière tout en portant atteinte à l'esprit des institutions communales ? Un pareil expédient pouvait-il se justifier en dehors du cas d'un excédent des recettes du Trésor ?

Il faut reconnaître que ces critiques, dirigées contre un système de dotations en apparence fort séduisant, ne sont pas dépourvues de toute justesse. Que la répartition de ces ressources s'opère d'après la population ou d'après les besoins des localités, on s'expose à des difficultés sérieuses, à des vices graves ou d'injustice ou d'arbitraire.

Quoi qu'en aient pu dire, toutefois, certains adversaires de la réforme, en ce qui concerne les avantages excessifs procurés par elle aux populations rurales au détriment des villes dont la situation serait devenue critique (1), l'insuffisance de la quotité revenant à certaines villes, comparativement à l'augmentation de leurs charges, cette réforme a eu des conséquences heureuses.

Elle a supprimé les barrières intérieures et rendu les transactions plus faciles.

On allègue, pour déprécier le mérite de la réforme, que le prix des objets de consommation a peu diminué. « Rien ne prouve, se contente de dire M. Frère-Orban, que les taxes supprimées l'aient été au bénéfice exclusif et immédiat du consommateur, mais rien ne prouve le contraire non plus ». Il faisait remarquer cependant qu'il est difficile de préciser la part d'influence des divers éléments qui concourent à l'établissement des prix, la tâche étant plus difficile encore, quand il s'agit d'un espace de temps restreint ; et que si la disparition de l'octroi n'avait pas eu pour effet l'abaissement du prix des denrées, elle en avait du moins, dans certaines circonstances, empêché la hausse.

D'autres plus optimistes affirment, au contraire, avoir constaté que dans certaines villes belges, à Bruxelles notamment, on se félicite de l'état de choses existant et que rien n'est capable de préparer les esprits au moindre retour vers l'institution de l'octroi.

---

(1) Les communes comme Bruxelles, Verviers, Liège durent recourir à des impositions nouvelles (taxes sur les successions, sur les constructions, centimes additionnels etc.).

A ceux enfin qui se plaignent de n'avoir pas vu régner encore la perfection dans le régime fiscal des communes, à la suite de cette réforme, à ceux surtout qui attribuent aux intermédiaires le bénéfice de ces détaxes, M. Horn, l'auteur du rapport que nous citions plus haut, répond, croyons-nous, avec raison... « Il en est forcément de l'octroi comme de toute mauvaise mesure qui a duré; les effets survivent plus ou moins longtemps à la cause qui les a fait naître. Ainsi les détaillants tardent autant que possible à faire jouir leurs clients de la baisse des prix résultant du non-paiement de l'octroi. C'est ce qui arrive en Belgique aussi ; les partisans de l'octroi et les adversaires du Cabinet en profitent pour attaquer comme insuffisante la loi de 1860. M. Frère-Orban repoussa victorieusement ces attaques. Il y a d'abord un certain nombre d'articles anciennement soumis à l'octroi, tels que le charbon, le vin, et dont le consommateur en les achetant *extra muros* avait l'habitude d'acquitter directement l'impôt ; il n'a plus aujourd'hui à le payer, il profite intégralement de la différence. Pour les articles achetés en ville, la concurrence ne peut manquer de forcer peu à peu les détaillants à tenir compte au consommateur de l'abolition de l'octroi. » L'honorable M. Frère-Orban, ajoutait-il, a parfaitement le droit de se féliciter de la belle réforme qu'il lui a été donné de proposer et d'accomplir ; il a mille fois raison de ne pas douter que le temps ne fasse prompte justice des objections qui lui furent faites.

§ II. — **L'abolition des octrois en Hollande**

La législation des octrois fut fixée par un décret du 4 novembre 1806 et par une loi du 29 avril 1819.

Lors de la loi fondamentale (Grondwet 1848) une première question se posa : l'élaboration d'une loi réorganisant d'une manière uniforme pour tout le royaume les administrations communales. Les réglementations de 1824 et 1825 ne cadraient plus avec la loi fondamentale.

La loi communale postérieure du 29 juin 1851 se proposa pour but de développer l'autonomie communale aussi largement que le permettaient les circonstances d'alors. Cette législation de 1851 désirait laisser aux communes la plus grande part de liberté possible en matière d'impôts, afin « de rendre les villes plus libres et plus prospères qu'à présent » (1). Mais cette réforme se contenta provisoirement de réduire les accises et d'étendre le rôle des impôts directs. L'article 240 de la loi de 1851 consacrait en effet quatre sortes d'impôts communaux.

1° Les centimes additionnels levés pour le compte des communes sur les impôts d'État qui en sont susceptibles ;

2° Les impositions directes ;

3° Les octrois (2) ;

---

(1) Discours de M. THORBECKE.

SEYDOUX. — *La suppression des octrois en Hollande.* (*Revue de l'Ecole des Sciences politiques*, année 1893).

(2) Une commune ne pouvait d'ailleurs établir un octroi avant d'avoir porté ses centimes additionnels à un certain chiffre fixé par la loi.

4° Diverses autres taxes.

Cette loi laissait aux conseils municipaux le droit d'établir eux-mêmes leurs impôts.

En même temps que la loi de 1855 limitait le droit des communes relativement aux accises, elle abolit la taxe sur la mouture. Peu d'années après, une autre loi, celle du 12 mai 1859, restreignit encore le maximum des impôts de consommation levés par les municipalités.

En 1864, à l'ouverture de la session, le roi de Hollande annonça aux Chambres qu'il leur serait présenté un projet de loi pour la suppression des octrois. Le ministre, M. Betz, renouvelant ce message dans une séance postérieure, expliqua brièvement comment il comptait combler le déficit que cette suppression allait causer dans la caisse des communes.

Le projet ministériel devint la loi du 7 juillet 1865, en vertu de laquelle l'État cédait aux communes : 1° les quatre cinquièmes de la contribution personnelle montant à 5.971.200 florins ; 2° les 21 1/2 centimes additionnels qu'il levait sur l'impôt foncier pour les propriétés bâties, montant à 736.000 florins. Au total, un abandon aux communes de 6.707.200 florins.

Dans toutes les communes où le produit des octrois dépassait la valeur réelle de ces quatre cinquièmes, les administrations municipales ont augmenté le nombre des centimes additionnels aux contributions indirectes, ou imposé le revenu.

Amsterdam. — Jusqu'en 1877, à Amsterdam, la taxe destinée à remplacer l'octroi était basée sur la valeur locative des propriétés occupées par les contribuables, d'après la valeur du mobilier, le nombre des domestiques et ouvriers, et le nombre des personnes composant le ménage. Depuis l'ordonnance du 24 avril 1877, le revenu est établi par déclaration faite ou renouvelée sous la foi du serment ou d'une déclaration compatible avec les convictions religieuses (1).

Cette taxe frappe les revenus immobiliers, les revenus des capitaux immobiliers, ceux de certaines professions ou entreprises. Les revenus inférieurs à 600 francs bénéficient de l'exonération.

§ III. — Suppression des octrois en Allemagne.

1° En Prusse, la suppression des octrois avait été édictée dans les provinces rhénanes autres que la Westphalie ; en revanche on attribuait aux communes le tiers du produit brut des droits de mouture.

A Berlin, les octrois sont supprimés depuis 1874 et remplacés par une taxe sur le revenu des maisons et biens-fonds, l'impôt sur le loyer et l'impôt sur les revenus. Ces trois taxes sont perçues dans la forme prescrite par deux règlements concernant, l'un la perception de l'impôt sur les maisons et les loyers, l'autre la perception de l'impôt communal sur le revenu (2).

2° A Francfort-sur-le-Mein.

Les octrois ont été remplacés par des taxes communales : 1° impôts sur les loyers; 2° taxe

---

(1) Rapport de M. Guillemet. *Journ. offic.*, 20 avril 1889, p. 689.
(2) Léon Say. — *Dict. des finan.*, t. 2, p. 684. — Rapport Guillemet. — *Journ. offic.*, 21 août 1892, *docum. parlem.*, p. 831.

immobilières de 1 0/0 du prix de toute vente d'immeubles dans les limites de la ville ; 3° impôt de la ville sur le revenu. Toutes ces taxes sont perçues en vertu de règlements très détaillés.

3° A Leipzig, les octrois furent également supprimés en 1853. Les dépenses non couvertes par les revenus communaux constituent ce qu'on appelle « le déficit du budget ». Ce déficit du budget est comblé par trois impôts municipaux : 1° l'impôt financier communal ; 2° l'impôt de la ville sur les revenus ; 3° l'impôt sur l'acquisition des biens-fonds.

4° A Cologne, les taxes communales sont perçues sous forme de surtaxes ajoutées aux impôts de l'État ; impôt foncier et impôt sur les bâtiments ; impôt sur les revenus par cédules et impôts de classes.

§ IV. — **Suisse.**

Le canton de Neufchâtel a supprimé, en 1848, toutes ses taxes indirectes, et en opéra le remplacement par des taxes directes, conformément aux dispositions d'une loi du 18 octobre 1878. Ce même système des taxations directes est en vigueur dans les villes de Bâle, Fribourg, Berne, Genève, Carrouge etc...

CHAPITRE IV

Considérations générales sur les divers systèmes fiscaux des communes

L'accroissement des attributions communales et le gaspillage des deniers publics résultant de travaux d'utilité très relative parfois, d'œuvres luxuaires et d'ostentation, ont créé aux communes modernes des difficultés financières des plus graves.

En Italie, en Angleterre, aux Etats-Unis, en France, partout, nous assistons à ce mouvement ascensionnel dans les dépenses des villes, partout nous voyons, dans de simples périodes de dix ans, le chiffre de ces dépenses surélevé dans des proportions saisissantes. Partout on semble négliger avec une puérile inconscience cette loi économique qu'il n'est pas de système d'impositions si rationnel, si juste et si bien assis fût-il, qui puisse prévaloir contre l'abandon des saines pratiques d'une stricte économie. Augmenter sans cesse les dépenses par complaisance à des besoins publics souvent factices, dégrever d'autre part, c'est, à vrai dire le problème de la quadrature du cercle sur lequel le plus sérieusement du monde dissertent volontiers un grand nombre de mandataires politiques.

« Le plus grand obstacle à un bon régime financier local, écrit un éminent théoricien des finances, c'est l'excessif développement des dé-penses des localités. Toutes les assemblées dé-partementales et municipales veulent se signaler par de grandes œuvres ; les unes d'un intérêt pu-blic réel, les autres de pure ostentation. Ce zèle est louable en principe mais il conduit souvent à des entreprises exagérées (1). »

En Italie, les dépenses ont doublé, avec une ra-pidité considérable dans une période de quelques années. Les statistiques de M. Korosi et de M. O'Méara font ressortir les chiffres singulière-ment éloquents d'après le lableau suivant : (année 1875)

	POPULATION	DÉPENSES
Florence	168,731	23.712.000
Naples	447,727	16.565,678
Rome	239,013	15,195,955
Gênes	161.609	12,764,334
Milan	260,253	11,667,019
Turin	213.054	9,884,626
Palerme	224,418	5,816,019
Venise	126,941	4,304,623

La situation que révèlent ces chiffres est d'au-tant plus dommageable que sur les 170 millions produits par les octrois italiens, plus de 70 ac-tuellement sont versés dans les caisses de l'Etat(2).

A ces faits, correspond d'autre part une pro-gression sensible dans le nombre des communes grevées d'un passif et dans l'importance de leurs

---

(1) P. LEROY-BEAULIEU. -- *Science des finances.*
Les Vices de ces déplorables procédés de gestion financière de respect des engagements pris, dépassements de crédits, absence de contrôle sérieux etc. ont été mis en lumière par des financiers comme MM L Say, Worms, R Sturm, etc., et récemment retra-cés dans un savant discours de M. Renaud, Procureur-Général à la Cour des Comptes.
(2) Le chiffre des budgets communaux, en Italie, était de 264 millions en 1863 ; de 397 millions en 1874 ; de 561 millions en 1885. (Econ. Franç. 7 octob. 1876) -- En 1896 l'ensemble des recettes et dépenses de toutes les communes était de 644,175,465 lires. (*Rév. Polit. et Parlem.*, octob. 1895. -- RICHARD DE VOLTA.

dettes. C'est ainsi que la proportion des communes italiennes endettées était de 64 0/0 en 1889, au lieu de 40 0/0, taux fourni par l'année 1844. L'ensemble des dettes municipales qui s'élevait à la somme de 810 millions en 1844, dépasse aujourd'hui le chiffre de 900 millions. La dette de la seule ville de Florence était de 153 millions en 1878 !

En France, le taux de cette proportion accuse une situation tout aussi peu favorable : en 1862, 12 0/0 des communes françaises étaient endettées ; en 1877, cette proportion était de 50 0/0 ; elle est de 73 0/0 pour l'année 1890 (1). — La dette communale par tête est au taux de 37,50.

Aux Etats-Unis, le chiffre moyen des dettes communales rapporté à la population, qui est de 69,50 s'élève à un taux de beaucoup supérieur dans les Etats de l'Est. Ce taux se monte à 225 francs dans le New-York, à 240 francs dans le Massa·chusetts. — Il est à noter toutefois que, par une mesure dont l'introduction serait à désirer dans notre législation financière, les constitutions dans la plupart des Etats leur défendent d'émettre des emprunts autrement que dans certaines conditions et avec un amortissement stipulé.

Le budget des localités en Angleterre a augmenté de 764 millions en chiffres ronds, dans une période de 20 années, 1868-1887 ; le taux des pro-

---

(1) Sur les facilités dont jouissent nos communes, de s'endetter, M. G. Michel écrivait récemment : « si la dette de l'Etat est considérable, celle des départements et des communes et des grandes villes est aussi considérable. Beaucoup de communes assez pauvres en ressources n'ont pas cru pouvoir se passer de mairies, et de maisons d'écoles, véritables monuments..., et ont dû emprunter de grosses sommes qui leur sont lourdes aujourd'hui. La moyenne des centimes additionnels payés dans toutes les communes de France est aujourd'hui de 55, et on peut trouver dans les statistiques du Ministère de l'intérieur une commune de Corse qui payait en 1894, 602 centimes additionnels » ! (*Econom. Franç.*)

gressions égalant 83 0/0. Le contingent des recettes totales des localités du Royaume-Uni ressortait pour l'année 1886-87 à une somme de 1.677.635.000 fr. comprenant un chiffre de recettes de 985.364.800 francs provenant des impôts directs, services municipaux, d'eau et de gaz, et un chiffre de 170.650.900 francs représentant la part des taxations indirectes (1).

C'est dans ce pays, d'ailleurs, que la dette locale est la plus considérable ; mais en revanche, toutefois, les attributions des autorités locales, il faut le rappeler, sont beaucoup plus larges qu'en tout autre pays (2).

En revanche aussi, des dégrèvements considérables ont été opérés en Angleterre sur la plupart des objets de consommation. Cette ère de réformes démocratiques si appréciables et si profondes, ouvertes par les Huskisson et les Cobden, fut surtout féconde en résultats de 1842 à 1846, sous l'administration de Robert Peel.

---

(1) LEROY-BEAULIEU. — *Science des Finances*, t. I, p 680 et suiv

La conséquence des faits signalés ci-dessus s'analyse en une charge exorbitante des dettes des grandes villes. Le tableau suivant nous donnera la mesure des dépenses faites par les municipalités pour la transformation et l'amélioration de la vie urbaine.

DATE DE LA Statistique	VILLES	MONTANT DE LA DETTE Par habitant	DATE DE LA Statistique	VILLES	MONTANT DE LA DETTE Par habitant
1891	Paris	798	1891	Rouen	389
1891	Marseille	285	1891	Le Havre	246
1888	Rome	398	1888	Naples	263
1888	Milan	272	1888	Gênes	268
1888	Florence	245	1891	Bari	264
1891	Birmingham	543	1891	Manchester	504
1891	Liverpool	294	1891	Glascow	255
1890	Berlin	176	1891	Francfort	330
1891	Anvers	777	1891	Rotterdam	294
1891	Zurich	1150	1891	New-York	288
1891	Boston	650	1891	Nlle.-Orléans	320

(2) V. Conférence de M. des Cilleuls, à la Société d'Economie Sociale, du 12 février 1894.

Sous le ministère de cet homme d'Etat dont le nom est vénéré en Angleterre à l'égal d'un demi-dieu, plus de 700 droits de douanes et d'excises frappant les matières premières et les consommations de première nécessité furent dégrevés ou supprimés et remplacés par l'impôt sur le revenu. Les corn-laws disparurent sous les efforts de la ligue dirigée par Cobden et la loi du 26 juin 1846 décida la suppression des droits protecteurs.

Dès avant 1830 Huskisson prononçait les paroles suivantes :

« Examinez votre excise et vos douanes. Les trois quarts du revenu provenant de ces deux sources sont fournis par des articles nécessaires à l'alimentation, à l'habillement ou aux humbles conforts de l'ouvrier. » (1)

L'impôt sur le sel était aboli en Angleterre depuis 1825 (2).

Il n'existe actuellement d'autres impôts, sur les objets de consommation journalière, que ceux qui atteignent le thé et la bière. Le thé, d'ailleurs, lui-même a été dégrevé ; il ne paye plus que 4 pence la livre anglaise (88 centimes par kilo) au lieu de 6 pence.

Ce dernier vestige de taxes frappant la consommation est menacé de disparaître.

Fort des résultats légitimement obtenus, le parti libéral anglais réclame à chaque discussion du budget la suppression de cette taxe, afin de jouir pleinement de cette conquête économique

---

(1) Guizot. — *Sir Robert Peel.*

(2) Cet impôt est supprimé aux Etats-Unis depuis 1860 ; en Belgique depuis 1870 ; en Russie, depuis 1880. (R. Stourm. — *Syst. généraux d'Impôts*, p. 380).

que le peuple anglais appelle fièrement : « the free-breakfast » ! Lors de la discussion du budget, en 1893, le droit sur le thé fut violemment attaqué : « Il est impossible, dit un député, de sanctionner le bill qui maintient encore l'impôt sur le thé. Cet impôt a été établi en 1660, et alors le thé était un objet de luxe. Aujourd'hui, c'est un article de consommation journalière même pour les classes les plus pauvres (1). »

Le Chancelier de l'Echiquier, sans défendre en principe, ce droit, répondit qu'il était encore nécessaire, cette année, en raison du déficit existant (2).

---

(1) M. STOURM estime (L'Impôt sur l'alcool dans les principaux pays 1886) que la quantité de thé absorbée par chaque Anglais était en moyenne, durant ces dernières années, de 2 kilogr., 278 gr. au lieu de 893 gr. en 1852. En France la consommation du thé n'atteint que 15 gr., en moyenne par tête. — La consommation moyenne en Angleterre est aujourd'hui d'au moins 3 kilogr.

La consommation du sucre qui, en Angleterre, était en 1844 de 237,143 t., s'élevait en 1864 (année des conventions libres-échangistes) à 529,919 t. En 1870 (réduction moitié des droits): 695,029 t En 1873 (nouvelle réduction) : 779,000 t. En 1875 (franchise des droits) : 920,000 t ; actuellement la consommation du sucre en Angleterre a dépassé 1,200,000 t.

(2) Il semble que l'activité législative dans la voie des dégrèvements de taxes de consommation soit inlassable. A la Chambre des Communes, dans la séance du 10 mai 1897, un député, M. O'Connor, présenta un amendement soutenu par plusieurs de ses collègues, et tendant à la réduction à 0,20 cent. du droit de douane de 0,40 cent. qui grève actuellement encore, chaque livre de thé à son entrée en Angleterre. — La réponse du ministre des finances est intéressante à reproduire, comme expression de la théorie repoussant comme impolitique la tendance à la suppression des taxes indirectes, seul apport contributif d'une notable partie de la grande masse « Quel préjudice, dit le ministre. M. Hicks-Beach, le droit sur les thés a-t-il causé au commerce ? Il est possible que l'abolition totale du droit soit fort populaire, mais pour des raisons d'intérêt général, cet acte nous semblerait d'une politique bien douteuse, puisque ce droit est le seul moyen qui nous soit offert de faire contribuer à l'impôt une grande partie de la population. » Conf. théorie de M. Fawcett.

M. Gladstone peu de temps auparavant, avait éloquemment mis en relief à la tribune du Parle·ment les avantages réalisés au profit du peuple anglais par les récentes réformes de sa législation financière. « Vous connaissez les réformes qui ont eu lieu en ce qui concerne les impôts. A part les stimulants que le fisc n'a aucune raison d'épargner, il n'y a plus guère parmi les consommations de l'ouvrier qu'un article, le thé, qui soit taxé. C'est le seul article de consommation nationale qui reste fortement imposé. C'est là un état fort différent de celui que j'ai connu dans ma jeunesse. L'ouvrier était alors imposé non pour les besoins de l'État, mais j'ai le regret de le dire, pour l'enrichissement des propriétaires (1). »

Ces paroles nous semblent dignes d'être méditées par ceux que n'inquiètent pas les effets combinés de nos droits protecteurs aux frontières et de nos si nombreuses taxes de consommation à l'intérieur, et qui admirent dans ce « socialisme d'en haut » une œuvre si attentatoire aux intérêts les plus inviolables des salariés et aux moyens de développement de leur bien-être matériel et moral.

En résumé nous voyons. en Belgique et en Angleterre, le système des taxations directes, et des dotations destinées à combler le déficit causé par la suppression ou la considérable diminution des impôts indirects. Les taxations directes s'y résument, en général, en impôts sur la fortune présumée, sur la valeur locative, sur le revenu

---

(1) Chambre des Communes, séance du 26 oct. 1889.

cadastral ou sur le revenu industriel. En Grande-Bretagne, ce système se complète, pour certaines villes d'un régime d'entreprise industrielles municipales.

En Prusse, les éléments de taxation locale s'analysent en centimes additionnels, en impôts réels, en impôts sur le revenu, et d'après une loi récente, en produits de l'impôt foncier, produits. dont l'État prussien a fait l'abandon aux communes.

En ce qui concerne l'impôt sur le loyer d'habitation, en Belgique comme en Allemagne, on fait observer que cette taxe fonctionne plus justement comme taxe de commune que comme taxe d'État, que le loyer d'habitation correspond assez exactement dans chaque localité au montant des dépenses et représente aussi approximativement que possible la vraie situation de fortune de chaque habitant.

Ce système des impôts indirects, en vigueur dans ces différents pays, n'est pas prêt à faire place, — quoiqu'on en ait pu conjecturer, — à notre système d'impôts indirects, et de centimes additionnels, qui ont, ceux-ci, l'inconvénient de doubler les injustices, en cas d'assiette vicieuse du principal. La productivité de ces impôts est moins élastique, elle est moins abondante, elle présente cet avantage de faire sentir périodiquement le poids réel des charges publiques, et donne, en un mot, moins de prise au danger d'imprévoyance et de gaspillage des deniers publics (1).

____

(1) Après avoir résumé l'état financier de différents pays et particulièrement de la France et de l'Angleterre, l'éminent économiste et financier, M. Ad. Wagner, conclut ainsi dans son ou-

En opposant à ce système celui des octrois en
France, en Italie, en Espagne, nous reconnaîtrons
en coordonnant les diverses données que nous
avons eues à apprécier, que les « peuples du Nord
qui aiment à voir clair dans l'impôt sont rebelles
à l'octroi ; leurs villes n'en sont ni moins riches,
ni moins grandes, ni moins propres, ni moins
belles. » (1)

---

vrage sur la *Science des Finances* : « ... Il nous sera bien permis
de revenir à notre précédente comparaison entre les institutions
financières anglaises et les institutions financières françaises. Le
système anglais mérite la préférence, disons-nous plus haut ; il est
lui-même le produit d'une histoire plus heureuse et d'un état social
plus prospère que ne l'est le système français. Voilà ce qu'en matière d'oppression fiscale et de mauvaise administration financière,
le peuple français ne devrait pas plus oublier aujourd'hui qu'il y a
cent ans, alors qu'il vivait sous la monarchie absolue. » Cette
simple observation nous a paru trop judicieuse pour que nous
ayons négligé de la relater ici, sous les réserves que comporte
d'ailleurs la partie extrinsèque et amendable des défectuosités de
notre système.

(1) Léon Say. *Dictionn. génér. des Finances.* — « Dans tout le
Nord de l'Europe, dit aussi M Frederiksen, nous avons aboli
l'octroi. Nous le regardons comme un impôt barbare. En partie, il
a été presque partout remplacé par l'impôt direct général. L'impôt
sur les loyers et l'impôt que recommande M. Yves Guyot sur la
propriété foncière sont préférables à l'octroi. »
(Discussion à la Société d'Economie Politique, 8 mai 1898.
Journ. des Econom. mai 1898)

APPENDICE

Contrôle préventif des dépenses à l'étranger (1).

En Angleterre, un fonctionnaire supérieur, le *Contrôleur-Auditeur-Général* préside au service des dépenses. Ce fonctionnaire, nommé par la Reine, n'est révocable que sur la demande des deux Chambres, conditions constituant une véritable inamovibilité.

L'Echiquier perdit successivement en 1785 (sous le ministère de Pitt), en 1834 et en 1865 le service de la vérification et du jugement des comptes — confié actuellement à un Comité spécial — *l'Audit-Office ;* puis, le contrôle des opérations, enfin le contrôle des deniers en cours d'exercice et le jugement des comptes de comptables qui furent réunis, tous deux, dans les mains d'un haut fonctionnaire, le Contrôleur-Auditeur-Général.

Aucune sortie des fonds déposés à la Banque d'Angleterre (2) ne peut avoir lieu sans la signa-

---

(1) Nous avons cru intéressant en raison de la solidarité qui lie la prospérité des finances locales avec celle des finances de l'Etat de relater ici quelques indications relatives à un système plus strict de contrôle budgétaire en certains pays étrangers. — Consulter pour ce chapitre l'ouvrage de M. Stourm. — *Le Budget.* — Lire également le discours de rentrée de M. Renaud, procureur général à la Cour des comptes 1892.

(2) La Banque d'Angleterre encaisse les recouvrements opérés par les diverses administrations fiscales, effectue les mouvements de fonds du Trésor, et met par son compte-courant les ressources nécessaires, à la disposition des agents chargés du payement des dépenses.

ture de ce fonctionnaire qui autorise sur le vu des réquisitions du bureau de la Trésorerie, réquisitions soumises à son examen. Ces autorisations de paiement sont faites en bloc, et la trésorerie les subdivise en ordres de crédit partiels délivrés au profit non des créanciers directs mais au *paymaster-general*, fonctionnaire faisant partie du ministère et titulaire à la Banque d'Angleterre d'un compte particulier.

Les parties prenantes se présentent au *paymaster-general* qui, de son côté a reçu des ordonnateurs un avis correspondant relatif aux mandats émis. — Un seul payeur général résidant à Londres effectue ainsi la totalité des payements du royaume. « Nous sommes loin, dit M. Stourm, des 86 trésoriers payeurs généraux et de la multiplicité des payeurs sous leurs ordres, qui mettent, en France, l'argent à la portée des créanciers ». D'autre part les banques particulières servent pour chaque titulaire, en dehors de la capitale, d'intermédiaires pour faire encaisser à celui-ci son titre de paiements auprès du *paymaster general*, et lui en porter le montant au crédit de son compte de dépôt.

On comprend aisément qu'avec une semblable organisation — contrôleur auditeur général indépendant du pouvoir exécutif et bureaux de trésorerie qui règlent les ordonnancements — les dépassements de crédit ne sauraient guère se produire, alors que ce fait n'est pas au contraire une exception bien rare en notre pays.

— En Belgique le contrôle préventif est confié à la Cour des comptes. La loi du 27 octobre 1846

sur la comptabilité publique, contient une disposition (art. 14) ainsi conçue : « Aucune ordonnance de paiement n'est acquittée par le Trésor qu'après avoir été munie du visa de la Cour des comptes ».
— Les ordonnateurs soumettent donc, préalablement à toutes formalités, leurs ordonnances au visa de la Cour des comptes, lequel visa n'est apposé qu'après due constatation de leur régularité.

La Cour peut, indépendamment de toutes restrictions à ce droit, réclamer toutes pièces justificatives pour s'éclairer, et pour étayer les observations qu'en vertu de la constitution elle a le droit de transmettre aux Chambres, au cas, par exemple, où elle refuserait son visa à une ordonnance. Si le Conseil des Ministres décide de passer outre, la Cour procède à une sorte d'enregistrement obligatoire — analogue à celui des anciens lits de justice — mais avec droit de faire des réserves qu'il soumet avec observations aux Chambres. Les Chambres jugent en dernier ressort.

On voit que l'attribution du visa conférée à la Cour des Comptes et non pas, comme en France, au ministre des Finances, présente des garanties plus complètes de fidélité et d'ordre, ce contrôle appartenant non à un fonctionnaire amovible, mais à une magistrature, dont l'autorité se double de celle du parlement en cas de conflit. On a conclu avec raison que cette organisation, entre autres avantages, préservait les ministres contre leurs propres entrainements aux dépenses inutiles, aux sollicitations, aux créations d'emplois nouveaux, dès lors qu'ils pouvaient se retrancher derrière cette raison : la censure de la Cour des Comptes.

La Hollande, le Portugal, le Japon même, ont adopté un système de contrôle similaire.

— En Italie, le contrôle préventif de la Cour des Comptes s'exerce et sur les ordonnances de paiement, et sur les actes mêmes du pouvoir exécutif susceptibles d'engager une dépense.

Les deux dispositions essentielles que comportent à cet égard les règlements de la comptabilité publique sont les suivantes (art. 46 et 47 de la loi du 17 février 1884) : « Chaque ordonnance signée par le Ministre ou son délégué est transmise à la Cour des Comptes qui l'enregistre et y appose son visa, après s'être assurée que cette ordonnance ne viole aucune loi et que la somme n'excède pas la limite du crédit y relatif. » Puis cette prescription complémentaire : « ... En aucun cas et sous la plus stricte responsabilité personnelle du trésorier central et de tous les trésoriers provinciaux, caissiers et percepteurs, il ne sera payé une somme quelconque dont les ordonnances n'auront pas été visées à la Cour des Comptes. »

A la Cour des Comptes, appartiennent ainsi, vis-à-vis à des ordonnateurs, les attributions qui sont conférées en France à la direction du mouvement général des fonds du ministère des finances, dans les chapitres relatifs à l'exécution du budget. A cette attribution du contrôle préventif exercée sur les ordonnances et mandats de paiement, est jointe, dans la législation italienne, une autre, d'ordre plus important, plus élevé encore : — Tous décrets royaux, tous arrêtés ministériels susceptibles d'engager les finances de l'Etat doivent être communiqués à la Cour des Comptes qui les enre-

gistre et les vise préalablement à leur mise en
exécution. « Par conséquent tout acte des pouvoirs
publics portant approbation d'un contrat, passa-
tion d'un marché, autorisation d'une dépense,
nomination ou changements d'attributions d'employés et fonctionnaires, concession de pensions,
etc., est préalablement à sa mise en exécution
examiné par la Cour, au point de vue de sa conformité avec les prescriptions législatives, et, suivant les résultats de cet examen, l'enregistrement
et le visa lui sont accordés ou refusés. »

Dans les cas — exceptionnels — de refus, la
Cour doit énoncer les causes de ce refus dans une
délibération motivée, transmise au ministre compétent.

Si le Ministre, avec l'avis conforme du Conseil
des Ministres, persiste à maintenir l'exécution de
sa décision, la Cour, toutes sections réunies, procède à une nouvelle délibération. Malgré la non-
modification de sa propre décision, elle enregistre
l'acte, mais en y ajoutant la mention de visa *avec
réserve*. Un extrait de sa délibération et l'énoncé
de son enregistrement avec réserve sont communiqués aux présidents du Sénat et de la Chambre
des Députés ; c'est alors au Parlement, ainsi ins-
truit, qu'il appartient de se prononcer dans la forme
qu'il juge convenable, sur la légalité de l'acte du
pouvoir exécutif.

— En Prusse, les caisses publiques ne s'ouvrent
que sur la présentation d'un titre de paiement
revêtu des visas réglementaires apposés par les
membres du Collège gouvernemental de chaque
caisse. Il y a trois fonctionnaires : un directeur,

un teneur de livres, un caissier ; ils ne paient que sur les ordonnances visées des curateurs (1).

Ces systèmes auxquels on a cependant reproché de constituer un procédé de contrôle hâtif, de mettre la Cour des Comptes en contact perpétuel avec les actualités et les passions politiques, ont cet avantage incontestable de « saisir les dépenses à leur source même », de prohiber leur intrusion indue et de constater leur irrégularité au moment même où elles naissent en signalant au Parlement ces irrégularités, en temps utile. Ainsi sont diminuées pour les ministres les trop grandes facilités d'engager des dépenses sans le vote de crédits corrélatifs — ce qui a si souvent lieu en France.

____

(1) STOURM. — *Le Budget.*

CINQUIÈME PARTIE

PROJETS DE REMPLACEMENT DES OCTROIS

Après ce rapide coup d'œil jeté sur la Législation étrangère, nous aborderons l'examen des divers projets de remplacement. Ces différents projets sont ou connexes à des plans de réforme générale de notre système d'impôts, ou relatifs soit à de simples modifications, soit à des introductions de taxes nouvelles. Dans la première catégorie peuvent figurer le projet d'impôt sur le capital, celui d'impôt sur le revenu, le projet de monopole des alcools par l'État, etc.

Les systèmes s'analysant en : réforme d'impôts sur les boissons, taxes sur la valeur locative des habitations, taxes sur la valeur vénale des immeubles, taxes municipales diverses, etc..., ainsi que le système préconisé récemment par M. H. Berthelémy, entreront dans la seconde partie de l'étude des projets de remplacement.

PREMIÈRE CATÉGORIE DE SYSTÈMES
DE REMPLACEMENT

---

§ I. — **Impôt sur le capital**

Un projet d'impôt sur le capital ayant pour
auteur M. Menier, fût déposé le 5 mars 1880 sur
le bureau de la Chambre. Tous capitaux, mobiliers et immobiliers seraient désignés à l'action de
cet impôt destiné à être assis sur tous les instruments de travail, les terres, les constructions, les
marchandises, les valeurs mobilières, les objets
de valeur artistique, etc..,, en un mot sur tout
bien taxé en vertu d'une évaluation.

Les définitions données du « capital » sont
diverses. On a entendu par capital tout produit
mis en réserve d'un travail antérieur. Cette définition semble ne pas comprendre la « terre » (1).
Quelques économistes considèrent qu'un produit
mis en réserve n'est un capital qu'à la condition
de servir à une production nouvelle, ce qui semblerait excepter les capitaux laissés improductifs.
D'autres rangent sous ce nom non seulement la
terre, et tous instruments matériels mus par
forces physiques mais aussi les inventions et
toutes ressources de l'intelligence et de l'instruction.

---

(1) ADAM SMITH ne comprenait sous le nom de « capital » que
« ce qui peut s'emporter très facilement ». Ce qui réduirait d'une
façon singulièrement inadmissible la notion du capital qui consis·
terait surtout en numéraire et en des valeurs représentatives.

Or, quels seraient, dans l'esprit des partisans de l'impôt sur le capital, les avantages de cet impôt ?

1° Comme impôt unique (car il serait tel suivant ce projet), il créerait contre la prodigalité des gouvernements une sorte de digue plus efficace, plus puissante que celle opposée par notre système actuel aux intempérances budgétaires de nos législateurs. L'intérêt personnel, le souci de l'économie et du contrôle seront plus éveillés sur la juste notion des besoins réels de l'État ; 2° Sous le rapport de l'assiette et de la perception, de tels impôts seraient plus équitables, et doués d'une incontestable supériorité sur les nombreux impôts indirects grevant les faits de consommation, les actes de mutation, les actes d'enregistrement, et l'exercice des actions judiciaires, etc... ; 3° Avec un taux de taxation très faible, ce système d'impôts est appelé à une large productivité qui en fera un instrument fiscal de grande souplesse ; 4° Enfin l'impôt sur le capital a cet avantage (et cet argument fut particulièrement cher à M. de Girardin qui, en 1850, déjà préconisait ce système), de constituer un vif stimulant à la production industrielle : « Pour base de l'impôt, disait-il, prenez le capital ; aussitôt le capital qui dormait se réveille ; le capital qui travaille redouble d'efforts et stimule le crédit... Il est condamné à l'activité forcée. Le capital qui est timide s'enhardit, car l'impôt sur le capital étant le même, soit qu'il produise 3 %, soit qu'il produise 6 % d'intérêt, le capital, par la première de toutes les lois naturelles, la loi de conservation, s'applique aussitôt à chercher sans relâche l'intérêt le plus élevé » (1).

Cet impôt lui-même sera une source de compensations pour ceux qui le paieront. Les propriétaires, par exemple, y trouveront une cause de plus-value de leurs immeubles ; l'augmentation de leurs loyers les dédommagera de leurs charges étant donné que se réalisera une diminution du prix des denrées nécessaires à la vie, et qu'ainsi les locataires deviendront plus nombreux peut-être que les propriétaires dans les villes et s'y feront une concurrence de demandes favorables à ces derniers.

Avec l'impôt sur les maisons, substitué de façon rationnelle à l'impôt sur les loyers et à l'impôt foncier, le propriétaire pourra récupérer son impôt sur les locataires d'après des calculs dans lesquels il fera entrer en ligne de compte, les diverses circonstances de durée de bail, de caractère luxuaire ou industriel du loyer, favorisant une répercussion faite au mieux des divers intérêts. Au contraire l'existence d'un impôt foncier et d'un impôt sur les loyers, ne fait-il pas double emploi?

Les communes, de leur côté, pourraient être autorisées à remplacer leurs octrois par des taxes directes dont elles fixeraient l'assiette, et à se rédimer envers le Trésor à l'aide de centimes additionnels ajoutés au principal de leurs impositions locales, des taxes perçues pour le Trésor à l'entrée des villes (2).

---

(1) E. DE GIRARDIN. — L'*Impôt*.

(2) M. Fontaine, Président de la Commission des Contributions directes de Paris, a présenté il y a quelques mois, un projet renouvelé du système de M. Menier, d'impôt sur le capital. Il évalue à

Au projet ainsi analysé, on objecte que cet impôt se proportionne bien moins que l'impôt sur le revenu aux facultés de chacun ; que c'est ainsi, en effet, qu'il taxera aveuglément capitaux improductifs et capitaux productifs, et parmi ces derniers il frappe de même façon des capitaux de productivité inégale. Le capital ne vaut que par le revenu, donc il y a illogisme à le frapper parce que capital. Il a de plus, ce vice de laisser en dehors de la sphère de taxation, les ressources provenant de l'exercice d'une profession, ainsi que les différents profits personnels non appelés à se capitaliser. Il est également juste de faire observer que la valeur des capitaux fixes est plus difficile à constater exactement que le montant des revenus.

Cet impôt sur le capital fonctionne aux Etats-Unis pour le compte des divers Etats particuliers qui peuvent, d'après leurs diverses législations en faire varier les modalités. Ces taxes *on thé réal visible property* se combinent souvent avec une taxe de capitation, *poll-tax*. Dans plusieurs de ces législations, on exempte une partie de ce capital, soit les instruments de travail, soit les petits patrimoines jugés strictement nécessaires pour la subsistance d'une famille (1).

---

30 milliards la fortune mobilière et immobilière de Paris ; d'où il résulte qu'un impôt unique de 0,50 centimes sur ce capital produirait *150 millions*.

(1) Dans l'Etat de New-York par exemple, sont exempts : les meubles (*household furniture*), les livres professionnels, les outils et les instruments (*tools and implements*) jusqu'à une valeur de 1,250 francs ainsi que la terre et les constructions qui sont possédées et occupées comme habitation de la famille jusqu'à une valeur de 5000 francs (*the lands and buildings occupied and held as a homestead by a family to the value of one thousand dollars*) ; enfin une certaine partie de bétail et autres objets. — Leroy Beaulieu. — (*Science des Finances*, t. I. p. 493).

La déclaration est obligatoire. En cas d'omission, il est procédé à une taxation d'office et le contribuable a la faculté de prêter serment en cas d'exagération.

On se plaindrait vivement, s'il faut en croire les rapports de quelques économistes, de la grossièreté et de l'injustice de cet instrument de fiscalité, de la mauvaise assiette de ces taxes pesant lourdement, mais non exclusivement sur les capitaux soit fixes, soit circulants. Les plus fâcheuses inégalités se rencontreraient dans la répartition, et certains capitaux seraient taxés parfois, trois, quatre ou cinq fois plus que d'autres (1). — Les agents de l'assiette et de la perception sont des *assessors* électifs.

Pour donner un aperçu des inégalités d'application de cet impôt, M. David Wells indique qu'en 1870, sur une population de 927,000 personnes à New-York, 20,000 contribuables environ ont été seuls atteints par l'impôt.

Il faut ajouter que ce système serait d'une telle défectuosité qu'il est nécessaire pour plusieurs de ces législations, de combiner cet impôt sur le capital avec un impôt personnel, ou avec un impôt sur les revenus.

En 1885 on nomma à Baltimore une commission d'étude et de critique au sujet de cet impôt auquel on reproche d'être fruste et rudimentaire, cette com-

______

(1) David Wells, *A curious chapter in politico-economic history,* dans la collection des *Cobden Club essays, 1871-72,* p. 498 ; V. dans l'*Annuaire international du Crédit public,* par J. Horn, 1861, p. 26 à 30, une description longue et intéressante du système de perception de ces taxes (Leroy-Beaulieu, *ouvrage cité,* p. 493 et suiv.).

mission, dans un document intitulé : *Report of the tax commission of Baltimore appointed under the ordinance 61 of may 9, 1885*, se serait prononcé contre l'impôt sur le capital auquel elle propose de substituer un impôt sur le revenu et une taxe sur la valeur locative des habitations (1).

L'impôt sur le capital fonctionne également dans d'autres pays, dans certains cantons suisses notamment, soit seul, soit comme *Vermœgensteuer* juxtaposé à l'*Einkommensteuer*, impôt sur le revenu. Parmi ces législations nous citerons celles des cantons de Genève, des Grisons, de Glaris, de Zug. Cet impôt existe avec progression modérée dans le canton de Zurich.

L'impôt sur le capital, malgré les vices indiqués ci-dessus, nous paraît susceptible, sauf amendements, et correctifs qui en feront l'objet d'un système étudié et bien compris, être adopté en combinaison avec l'impôt sur le revenu, et de présenter, avec l'appoint du produit de certains monopoles industriels et de droits de licences et d'une meilleure législation sur les taxes successorales, un ensemble fiscal beaucoup plus conforme à la justice et favorable au développement de la production.

§ II. — **L'Impôt sur le Revenu.**

L'idée de l'impôt sur le revenu est contenue dans l'exposé des principes de la Révolution. Cet impôt existait d'ailleurs en France, avant 1789, sous la forme de l'impôt du vingtième,

---

(1) Leroy-Beaulieu, *ouvrage cité*, p. 500.

appliqué dans les conditions iniques et vicieuses appropriées à la politique de l'ancien régime.

La théorie de l'impôt sur le revenu propre-prement dit, et telle qu'elle se rapproche des conceptions modernes, avait été préconisée déjà par les Économistes du XVIe et du XVIIIe siècle. Boisguillebert avait soutenu le système d'un impôt unique sur le revenu, et Bodin, dans un ouvrage publié en 1577, faisait ressortir que le système d'impôt français était plus injuste que celui des Romains, où les riches supportaient le cens (1). — Cette théorie de l'impôt général sur le revenu fut reprise, comme on sait, par Vauban dans son ouvrage la « Dîme » ; Quesnay, au nom des physiocrates avait, reconnu comme seul légitime, un impôt sur les revenus des biens fonciers.

En 1816, ce système fut proposé par M. Ch. Garnilh, mais cette proposition fut repoussée sans amples débats.

Apparaissant pour la première fois, sous des traits franchement dessinés lors de la législature de 1848, le projet d'impôt sur le revenu trouva asile dans tous les programmes libéraux. Deux

---

(1) « A Rome, déjà, écrivait Bodin, les censeurs provoquaient les déclarations de biens ; chacun devrait faire chez nous aussi, la déclaration de ses biens, et payer d'après des cadastres dressés au sol la livre sans avoir égard ni aux familles, ni aux personnes ni aux tiers ». — Puis repondant aux objections reposant sur des raisonnements identiques à ceux faits par les adversaires actuels de cet impôt : « Je réponds qu'ils n'y a que les trompeurs, les pipeurs, et ceux qui abusent des autres, qui ne veulent pas qu'on découvre leur jeu, qu'on entende leurs actions, qu'on sache leur vie. Mais les gens de bien qui ne craignent pas la lumière, prendront toujours plaisir qu'on connaisse leur état, leurs qualités, leurs biens, leur façon de vivre ».

propositions furent soumises à la Chambre en vue de l'établissement de cet impôt : l'une émanée de M. Goudchaux, ministre des finances, l'autre de M. H. Passy, successeur de M. Goudchaux à la Direction de Finances (1849) : toutes deux subirent le même sort : le rejet (1).

L'Assemblée Nationale de 1870, en face des difficultés financières crées par nos désastres devait pourvoir à subvenir aux charges que lui léguait l'Empire et à celles incombant du fait des frais de guerre, et de l'indemnité de 5 milliards.

Parmi les divers projets émis, un de ceux les plus ardemment discutés, et aussi les plus proches du succès fut le projet d'impôt général sur le revenu ; il échoua cependant grâce à l'opposition opiniâtre et habile, qu'avec son merveilleux talent, lui fit M. Thiers.

Un publiciste, M. Deloynes, venait récemment de réclamer dans un ouvrage sur les octrois, la suppression de cette forme de taxation communale et son remplacement par l'impôt sur le revenu.

Celui-ci devait être établi comme impôt complémentaire, l'impôt personnel et la contribution des

---

(1) A la séance du 2 août 1848, M. Thiers moins prévenu qu'il ne devait l'être plus tard contre ce système d'impôt s'était exprimé ainsi : « Ces caractères je vous prie de me permettre de les tracer en peu de mots, et *vous verrez que si l'impôt sur le revenu est parfaitement juste, parfaitement entendu,* l'impôt sur le capital est à la fois barbare et contraire à toute science financière. Le premier caractère d'un impôt sur le revenu est d'être un impôt extrème pour les circonstances urgentes et difficiles... Je le répète, parce que c'est un impôt extrème, ce n'est pas une raison pour le repousser ». Nous croyons que même et si contrairement à la réalité cet impôt n'avait pas d'autre justification que celle-ci, notre législation financière devrait depuis longtemps avoir trouvé en lui un de ses éléments essentiels.

portes et fenêtres devant être maintenus.

Selon la proposition de M. Deloynes, le produit de ces deux impôts devait être abandonné aux villes pour combler le déficit à résulter de la suppression des octrois, et l'Etat devant d'autre part percevoir à son profit un impôt général sur le revenu. On pouvait objecter à cette proposition que le produit des deux contributions indiquées n'étant à cette époque que d'environ 96 millions, l'abandon de cette somme aux communes était insuffisant pour combler un déficit d'un chiffre de beaucoup supérieur.

De nombreux projets d'impôt sur le revenu furent, au cours de ces dernières années, déposés sur le bureau de la Chambre, sans que leur discussion, (dirigée comme il arrive si souvent, vers un but de pure opposition et de politique) fut jusqu'à présent suivie d'adoption. — Le projet déposé par M. Doumer en 1896 comportait un taux progressif.

On a reproché à l'impôt sur le revenu de n'être pas... parfait. Si en théorie, a-t-on dit, l'impôt sur le revenu réalise en quelque sorte un système préexcellent, en pratique au contraire, il est de nature à présenter des inconvénients nombreux qui doivent le rendre antipathique au caractère français. C'est en effet, allègue-t-on, l'invasion de l'administration financière dans la vie privée de tout citoyen, et l'application du principe de la déclaration obligatoire est une façon de confessionnal des situations de fortune de chaque famille. Que l'on adopte ou le mode de la déclaration en bloc avec le système de l'impôt global sur

le revenu, ou le mode des déclarations fraction-
naires afférentes à chaque sorte de revenus, dans
le cas d'impôt sur les revenus, on se heurte, prétendent les adversaires aux embarras de ce
dilemne : ou taxation stricte, après contrôle
rigoureux de la déclaration, ou constatation revê-
tue de formes libérales. Dans le premier cas, c'est
un appareil d'inquisition, de mesures vexatoires
sans merci, « l'exercice dans chaque famille » (1) ;
dans le second cas, c'est la porte large ouverte à
la fraude.

Comment fixer par exemple, et sans graves
froissements, le chiffre des affaires ou des bénéfices d'un industriel ou d'un négociant ?

Un autre grief est ainsi formulé : vous taxez de
façon égale les revenus perpétuels et les revenus
temporaires, les revenus certains et les revenus
aléatoires (2).

Réfuter l'argument du « caractère inquisitorial »

---

(1) V. Rapport de M. Yves-Guyot en 1888.

D'autre part, déclare M. Léon Say (*Solutions démocratiques de l'impôt*) il est dangereux au point de vue politique de dresser le *cadastre de la fortune*, d'attirer contre les riches les sentiments de l'envie, et de faire l'épreuve des émeutes de Florence ! !

(2) « L'établissement d'un impôt général sur le revenu, dit M. Leroy-Beaulieu, rencontre trois grandes difficultés : 1° la constatation exacte des revenus sans trop d'inquisition ; 2° la nécessité, si l'on veut être juste de soumettre les revenus temporaires ou ceux provenant de l'activité personnelle à une taxe moindre que les revenus perpétuels et qui représentent l'intérêt d'un capital ; 3° la fixation de la limite à partir de laquelle les petits revenus se trouvent exemptés, cette limite devant être d'autant plus basse, pour rendre l'impôt productif que la fortune est plus divisée, que la propriété y est plus morcelée, que les valeurs mobilières y sont dans un plus grand nombre de mains et que l'industrie et le commerce y sont moins concentrés. On ne doit jamais perdre de vue que dans les contrées où la richesse est ainsi démocratisée, un impôt sur le revenu sera toujours médiocrement productif ». *Science des Finances*, t. I. p. 452.

de l'impôt sur le revenu se réduit à la solution de
ce problème : est il ou non au-dessus des forces
d'un citoyen, est-il ou non contraire à sa dignité
de faire l'aveu complet et sincère de sa situation
de fortune, dès lors qu'il s'agit de coopérer à
l'œuvre de juste et honnête répartition des charges de la nation ? Est-ce une défaite de reconnaître
que ses revenus lui permettent de contribuer pour
une part plus forte que ne l'auraient fait présumer
les apparences, aux dépenses générales de l'Etat
pour lui procurer la jouissance des ses moyens
de développement matériel et moral, et les
satisfactions et les avantages de l'organisation
sociale ?... (en nous plaçant dans l'hypothèse où
les principes fondamentaux et élémentaires de
cette organisation sont toujours respecté ?) Que
lui demandera-t-on ? Est-ce de proclamer pu-
bliquement l'état de ses affaires, de ses finances,
qu'il soit industriel, commerçant, professeur,
médecin ou rentier ? Non. — Nous voyons que
dans un pays voisin, en Angleterre, on a su concilier les droits du fisc avec les prérogatives de
liberté, les ménagements de la fierté que le contribuable peut exiger du tact et de la discrétion administratifs. — Certaines formalités assurent en
effet au commerçant le secret de ses déclarations
relatives à ses affaires, à ses profits. Serait-il plus
difficile d'introduire chez nous ces palliatifs au
système d'investigations qui est visé ? Non. D'ailleurs bien d'autres exemples d'investigations, administratives ou fiscales pourraient être invoqués
dans l'Etat actuel pour démontrer que les arguments pompeux du « cadastre de la fortune », de

« l'invasion dans la vie privée », ne sont que des faux fuyants qui n'ont pu illusionner les législateurs d'Angleterre, de Prusse, d'Italie, des Etats-Unis, des cantons suisses. Dira-t-on que l'amour de l'indépendance, le culte jaloux de la dignité du citoyen sont moins sensibles, moins susceptibles en Angleterre, en Suisse, aux Etats-Unis que dans notre pays ? — « Mais, disait Bodin avec raison, les gens de bien prendront toujours plaisir qu'on connaisse leur état, leur qualité, leurs biens, leur façon de vivre ». — Que parlait-on du caractère français prétendu rebelle à de telles formalités fiscales ! Le voilà bien mieux indiqué, dans la parole de cet économiste, et tout à son éloge. Que tout soit franc et clair, dirait-il volontiers. Les habiletés de la politique doivent céder le pas aux revendications de la justice, en matière fiscale comme en toutes autres. Politique administrative, rhétorique parlementaire, subtilités juridiques casuistique économique, que de belles ressources inemployées ou déviées du vrai but : *neminem lœdere suum cuique tribuere*, la déroute du mensonge, de l'ignorance et du pharisaïsme sociaux, et le culte commun, au sein du travail et de la liberté, d'un idéal de justice, de raison, d'humanité, pour une collectivité, délivrée de l'esprit de caste vaniteux, comme des politiciens ambitieux et sans âme, des sectaires thaumaturges et des fausses idoles dressées contre le culte de la République sincèrement démocratique. Collectivité consciente du vrai, du bien, de l'utile, insensible aux cris de discorde et d'intolérance, irréconciliable contre les doctrines de réaction opposant le libre examen à la tyrannie des mots et des dogmes, assignant à chaque jour son œuvre, à chaque capacité sa tâche, affirmant sa foi vivace et agissante, en l'avénement par le concours des masses, plus instruites, plus cultivées, d'une société pacifiée sur les ruines des antagonismes de classes, où parmi des citoyens, appelés aux bienfaits de la culture intellectuelle et morale, et organisés pour la résistance aux « pourrisseurs d'âmes » nul ne permettra à son prochain d'être ni son esclave ni son despote.

A propos d'impôt sur le revenu, notons ces paroles de Gambetta : « Si la moralité publique était arrivée à ce degré que chaque contribuable considérât comme une faute contre l'honneur toute dissimulation de son revenu, et s'abstînt de tout acte qui pourrait diminuer le contingent de ce qu'il a à fournir pour les dépenses sociales, il n'est pas douteux qu'il suffirait d'exiger de chacun une déclaration précise de ses ressources pour établir la cote de sa contribution directe (1) » Or, est-ce un but si désespérant à atteindre que ce perfectionnement moral, et s'il est d'ailleurs à présumer que la fraude possible rendra nécessaire, au début, une élévation de la quotité de l'impôt — ce qui a eu lieu en Italie — niera-t-on que les mœurs puissent subir en ce sens l'influence heureuse de lois bien établies (2).

---

(1) Commission du budget, 14 octobre 1876. — *Discours et Plaidoyers politique,* publiés par J. REINACH, 6ᵉ vol.

(2) « Le relevé positif des fortunes ne ferait pas courir plus de dangers que l'estimation approximative faite par à peu près sans bases réelles, et le plus souvent exagérée... Il ne faut pas nier le danger des théories et des appétits démagogiques, mais il ne faut pas exagérer, ni méconnaître la force conservatrice qui régit les masses lesquelles 'dans les moments de colère respectent plus les propriétés que les personnes. En ce qui concerne la décla-

Après la critique faite par lui même de certains côtés prétendus faibles de ce système le grand tribun ajoutait : « Et cependant, la déclaration n'est pas une chose nouvelle dans notre législation financière ; en maintes circonstances le législateur l'a adoptée ; ainsi elle intervient dans l'enregistrement des baux, dans les droits de succession. Nul n'a jamais considéré qu'il fût opportun de la négliger sous prétexte qu'elle constituât une inquisition dangereuse... Le plus souvent les déclarations n'auront pas besoin d'être contrôlées ; mais il suffit qu'on puisse le faire pour qu'elles soient déjà astreintes à se conformer à la réalité ».

En ce qui concerne le reproche d'injustice d'une taxe égale — comme elle l'est en Angleterre — pour les revenus perpétuels et temporaires, certains et aléatoires, on concevrait l'établissement d'un classement à cet égard, le taux devant être plus modéré pour les revenus temporaires et aléatoires. Au sujet des valeurs mobilières on a reproché à l'impôt sur le revenu de faire payer aux possesseurs de ces valeurs un impôt supérieur en réalité à celui demandé pour les placements de tout repos. On a proposé de remédier à cette inégalité en calculant le montant de l'impôt à un taux fixé du capital réel d'achat actuel de la valeur qui

---

ration, il y a considérer pour les terres et les propriétés bâties. qu'elles sont visibles et appréciables pour tout le monde, ce qui est un de leurs avantages, car il procure à leurs possesseurs la satisfaction d'un besoin d'ostentation ». Pour le cas des profits industriels et commerciaux, « l'expérience de l'Angleterre prouve que l'on peut maintenir suffisamment le secret au moyen des fonctionnaires qui prennent cet engagement ». (J. GARNIER. — *Traité des Finances*).

serait fixé chaque année d'après le cours moyen
de l'année précédente.

En Italie, par exemple, les revenus mobiliers
sont classés en quatre catégories, A, B, C, D.
Dans la première sont compris les revenus provenant de capitaux, revenus spontanés et per-
manents (rentes perpétuelles, intérêts des créances
hypothécaires ou chirographaires, des prêts et des
placements) ; ces revenus sont imposés pour leur
valeur intégrale. Les revenus de la cédule B, ou
revenus mixtes, tels que revenus industriels et
commerciaux sont évalués et imposés pour 6/8ᵉ
seulement de leur valeur intégrale. La troisième
cédule C, est relative aux revenus tirés exclusivement du travail de l'homme, comme les revenus professionnels et les salaires ; les rentes
viagères ont été rangées dans cette cédule ; les
revenus de cette catégorie, sont évalués et imposés pour les 5/8ᵉ. La quatrième catégorie, ou
cédule D s'applique aux traitements, aux pensions et allocations de toutes natures servies par
l'État, les provinces et les communes, ces revenus n'étant évalués et imposés que pour la moitié
de leur valeur intégrale (1).

Nous avons indiqué qu'une troisième difficulté
résidait dans la fixation d'une limite à partir de
laquelle seront exemptés les petits revenus. Dans
les pays où la fortune est très divisée, la propriété morcelée et les valeurs mobilières en de
très nombreuses mains, cette limite, si l'on vise
à une notable productivité, ne saurait, il faut le

____

(1) LEROY-BEAULIEU. — *Traité de la Science des Finances*, t. Iᵉʳ,
p. 485.

reconnaître être trop élevée. En France, par exemple, où l'on estime que les trois quarts de la fortune du pays sont aux mains des petits propriétaires, rentiers, bourgeois, paysans ou ouvriers, l'exemption ne pourrait guère être portée au-dessus du taux de 2.500 ou 3.000 francs sans causer précisément préjudice à cette productivité.

En Angleterre, l'exemption, qui a d'ailleurs été sujette à variation depuis l'application de l'impôt sur le revenu (1801), a été portée en 1876 à 3.750 fr. (150 liv. st.).

De 1861 à 1863 les revenus inférieurs à 2.500 fr. bénéficiaient de l'immunité totale ; ceux de 2.500 fr. à 3.750 payaient 6 pence (0,60 c.) par livre sterling, tandis que les revenus de plus de 3.750 fr. payaient 9 pence (0.90 c.) par livre sterling, soit 3.75 %. A partir de 1864, on s'était arrêté à la méthode suivante : au lieu de réduire le taux de la taxe pour les revenus moyens, on déduisit une certaine part de revenu qui fut affranchie de l'impôt. Les revenus au-dessous de 2.500 francs continuèrent à être complètement exempts. Ceux de 2.500 à 5.000 fr. (100 à 200 liv. st.) avaient droit à l'exemption de 1.500 fr. (60 liv. st.) ; l'impôt n'était payé que sur l'excédent. Au-dessus de 2.500, cependant, le taux de l'impôt était uniforme quel qu'il fût. Les revenus moyens, c'est-à-dire ceux de 2.500 à 5.000 fr. ; avaient pour unique avantage la déduction des 1.500 premiers francs, non atteints par la taxe, tandis qu'aucune déduction n'était accordée aux revenus de plus de 5.000 francs. A partir de 1872, tous les revenus moyens (désormais ceux de 2.500 à

7.500 fr.) eurent droit à la déduction et à l'exemption des premiers 2.000 francs (1).

Cet impôt présenterait, en France, les avantages de souplesse, et de productivité qui le rendent si précieux en Angleterre, et lui assurent encore un grand avenir malgré les mécontentements et les résistances — plutôt factices — croyons-nous qu'on a essayé de susciter. La plupart de ces griefs se trouvent exposés surtout dans un document de 1869. « *Report of the Commissionners of Inland revenue* ». La critique en repose principalement sur la quantité innombrable des dissimulations, relativement à la cédule D (catégorie des commerçants et des industriels).

Ce même rapport signale en conséquence de ces affirmations que maintes restitutions anonymes ou *conscience money* ont été faites, en réparation de ces abus, et de ces fraudes par certains contribuables (2).

Il n'est pas besoin d'insister sur les exagérations et les reproches véritablement déraisonnables dont se sont armés les adversaires systématiques de l'impôt sur le revenu.

Le *Times*, lui-même, à la suite de manifestations solennellement faites, appuyées de discours violents avait cru devoir ramener ces hostiles à des vues plus modérées et plus logiques : «Pourquoi un Anglais, disait cet article, se plaindrait-il d'être obligé de déclarer le montant de ses bénéfices à un officier public tenu au secret le plus

---

(1) LEROY-BEAULIEU. — *Ouvrage cité*, p 174.

(2) Consulter un « Mémoire » de M. de Laboulaye, à la Société de Législation comparée. — *Bulletin de la Société de Législation comparée*, févr. 1873.)

rigoureux et qui n'y manque jamais (on n'a jamais vu un seul exemple d'indiscrétion) ? *Nous sommes convaincus que si l'on proposait aujourd'hui pour la première fois de percevoir un droit de succession sur la fortune mobilière d'une personne décédée, il y aurait la même indignation contre ce qu'on appellerait aussi une violation du secret des fortunes privées...* Les seules accusations graves portées contre l'*Income-Tax*, c'est qu'il pousse à la malhonnêteté d'une part, et que de l'autre il soumet les contribuables à des impositions injustes et exagérées. Il nous semble que ces accusations se réfutent mutuellement. Nous ne savons si l'*Income-Tax* rend les hommes malhonnêtes ; nous savons seulement que les agents de l'*Income-Tax* dans l'exercice de leurs fonctions rencontrent beaucoup de gens malhonnêtes, ce qui est bien différent... Une dernière objection paraît mériter un sérieux examen. Il est bien vrai que les revenus de la cédule D, les bénéfices commerciaux, ne doivent pas être imposés au même taux que les revenus des rentiers de la cédule A. » (1)

Le produit net de l'*Income-Tax* était, en 1888, de 12.700.000 liv. st. (317.500.000 fr.), à raison de

____

(1) Ces exagérations et ces reproches excessifs relatifs aux dissimulations prétendues si nombreuses sont également relevés dans un « Rapport du Ministère des Finances » (1896) qui, à l'énonciation des chiffres, joint cette observation : « Et la cédule D (bénéfices des compagnies, des industries, commerces, etc.) ? On parle couramment de la ruine du commerce ; on dit qu'on travaille à perte. Eh bien ! de 950.000 liv. st. en 1885-86, le produit du penny de la cédule D est monté à 1.208.000 liv. st. (30.200.000) fr.), chiffre sans précédent. Dans la cédule E (traitements des fonctionnaires, employés, etc.), de 118.000 liv. st. en 1882, le produit s'est élevé à 152.000 (3.800.000 fr.) en 1894. »

6 pence par livre. En 1893-94, le produit de l'impôt
sur le revenu se montait à 15.342.000 liv. st., soit
383.550.000 (1).

— L'impôt, pour être équitablement perçu, doit-il
imposer à chacun non pas simplement la même
quote-part du revenu, mais la même quote-part de
sacrifices ; ce pourquoi l'Etat, dans ce dernier cas,
devrait prélever une quote-part des revenus plus
grande lorsque la somme des revenus devient plus
considérable et que la proportion réelle ne peut
en réalité être atteinte que par ce moyen ?

C'est ici la question de l'impôt progressif. Cette
question de l'impôt progressif touche à trop de
questions étrangères au sujet de législation que
nous traitons en ce moment, pour que nous en
fassions l'objet d'une critique.

Il nous suffira d'indiquer l'opinion d'économistes orthodoxes comme Adam Smith, J.-B. Say,
Rossi, favorables, tout au moins, dans une mesure
limitée à l'application d'une progression, aujour-
d'hui fonctionnant dans plusieurs cantons suisses
(Zurich, Soleure, Schaffouse, Bâle, Vaud, Zug,
Neufchâtel, etc.), progression qui, même dans un
Etat libéral, leur apparaît comme une mesure de
stricte équité. — Aux uns elle semble comme un
correctif de certaines inégalités de fortune mons-
trueuses (2) ; aux autres elle apparaît une nécessité économique directe, indépendante de toutes

____

(1) *L'Impôt sur le revenu*. (Rapport du Ministère des Finances,
1896.)

(2) « Aussi longtemps que les extrêmes opposés de la richesse et
de la misère existeront chez une nation, nous dirons que l'impôt
progressif est non pas seulement juste, mais que dans une certaine
mesure il est inévitable. » Clémence ROYER. — *Théorie de l'impôt.*

vues nettement socialistes : Cette progression porterait d'après ceux-ci, moins sur les fruits actuels,
ou à venir du travail, de l'intelligence, du savoir
que sur des richesses consolidées, des capitaux
fixes. « Cette progression pourrait porter sur les
grandes fortunes ne rapportant presque rien à la
société et dont les possesseurs, non contents de
détourner à leur profit un capital social énorme,
l'empêchent encore par leur inertie ou leur inca-
pacité de donner les produits que d'autres pourraient en tirer. »

D'autres partisans de l'impôt progressif cherchent par son application à faire rentrer dans la
collectivité les moyens de production sociale.

Au point de vue même de la progression limitée,
les résistances en France sont encore soutenues !
On parle de l'exode des capitaux ainsi atteints !
Disons que ces mêmes arguments avaient été
invoqués mais que l'expérience ne les a pas
ratifiés. En Suisse, à la veille du vote d'un impôt
progressif, plusieurs riches capitalistes annon-
cèrent hautement leur intention de quitter le pays ;
quelques-uns affectèrent avec ostentation de donner des soirées d'adieux ; mais ces faux départs
ne durèrent pas longtemps. Ces citoyens, quelque
temps après le vote de cette mesure, revinrent
avec armes et bagages, réintégrer leur domicile
dans le canton et y continuèrent leurs affaires !

§ III. — **Monopole de l'alcool par l'État.**

M. Alglave, professeur à la Faculté de droit de
Paris, voit dans le monopole de l'alcool un mode
fort avantageux de remplacement des octrois et

d'une grande partie de nos autres impôts indirects. Ce serait non un monopole de fabrication, mais un monopole de vente, suivant lequel l'État achèterait seul aux fabricants les alcools dont il vérifierait d'abord l'innocuité et qu'il fournirait ensuite aux débitants dans des bouteilles timbrées.

La production des alcools est de 1.900.000 hectolitres dont 35.000 présentés comme alcools de vins. La plupart de ces alcools, dits supérieurs, étant toxiques, le but essentiel à poursuivre est celui de la rectification des alcools (1). Pour arriver à cette rectification, M. Alglave estime comme seul moyen efficace l'analyse obligatoire de tous les alcools sans exception avant qu'ils entrent au cabaret. Le régime proposé porterait sur des livraisons de 10 hectolitres au moins. L'État exigerait un certain minimum de pureté constaté par l'analyse ; il donnerait en prime une quotité déterminée du prix d'adjudication pour chaque degré de pureté supplémentaire. Il amènerait ainsi l'industrie de la rectification à faire des progrès que le commerce actuel ne consentira jamais à payer ce qu'ils valent.

Il suffirait, d'après ce projet, de 150.000 analyses par an ; or, le laboratoire de Paris en fait déjà 25.000.

La force alcoolique des eaux-de-vie nouvelles serait de 40 degrés ; la force actuelle moyenne des

---

(1) « Parmi ces alcools toxiques, il en est dont 130 grammes suffisent pour tuer un homme. Depuis que les alcools d'industrie, mal rectifiés, se sont substitués presque partout aux alcools de vin, les progrès de l'alcoolisme sont effrayants, et cela vient encore confirmer les expériences physiologiques qui avaient signalé la cause du mal. »

liqueurs varie de 37 à 38 degrés, souvent elle est de 36 à 37 degrés. Avec le système du monopole, on arriverait à 40 degrés sans augmenter les prix, et en donnant en outre une meilleure qualité.

Le produit une fois fabriqué, le producteur aurait le droit de le vendre à son gré à un marchand en gros ou à l'Etat. Lors, au contraire, que le producteur ou le marchand en gros voudrait vendre l'alcool à un cabaretier ou à un consommateur, l'Etat ici interviendrait, déclarant cet acte de sa compétence exclusive à lui. C'est là l'objet de mon monopole, dirait il. La régie aurait alors à percevoir l'impôt, intervenant en même temps pour analyser la liqueur « pour s'assurer que si elle peut toujours enivrer le buveur, au moins elle ne peut pas l'empoisonner. »

L'Etat pourrait acheter les alcools par voie de simple adjudication. — Il y aurait lieu, pour lui, à un simple acquit de l'impôt et à une légère surtaxe de 0.30 centimes.

La distinction se ferait par la bouteille fiscale qui deviendrait en même temps la quittance de l'impôt.

Quand l'Etat interviendrait pour exercer son droit de visite et percevoir l'impôt, il mettrait l'eau-de-vie dans des bouteilles fiscales, devant être de très petite dimension pour que celui qui parviendrait à frauder ne puisse pas faire un grand bénéfice. Ces bouteilles d'un quart de litre par exemple, doivent être vendues en public un franc quand elles sont pleines d'eau-de-vie commune achetée par l'Etat. La différence entre le prix d'achat et le prix de vente constitue l'impôt, le bénéfice.

En ce qui concerne d'ailleurs les eaux-de-vie qu'on voudra soustraire au monopole, la régie leur imposera encore les bouteilles fiscales d'un quart de litre. Elle la vendra vide le même prix qu'elle l'aurait vendue pleine d'eau-de-vie commune monopolisée par l'Etat. La surtaxe représente donc la valeur de l'eau-de-vie commune qui aurait pu être dans la bouteille ; c'est à dire 7 ou 8 centimes, au plus par un quart de litre. — Les liqueurs fines ou spéciales adopteraient vraisemblablement ce régime qui permettrait de les vendre au consommateur au-dessus du tarif de l'Etat.

Quant au produit approximatif de ce monopole, quel serait-il ?

Le petit verre se vendrait toujours 0.10 centimes comme auparavant. ce qui met le litre de liqueur à une somme de 4 francs et ce qui donne 10 fr. par hectolitre d'alcool pur. Or, la consommation d'alcool étant au minimum de 1.500.000 hectolitres, cela donnerait une recette brute de un milliard, cinq cent millions. — En déduisant le prix des alcools actuel, de 50, 55 ou 60 francs, suivant la qualité (les alcools cognacs étant à 70 fr.) ; en déduisant également les frais de manipulation (150 millions), les remises aux débitants, 20 0/0 (soit 300 millions approximativement), il resterait un produit net de 800 millions.

Ce système comporterait d'ailleurs l'assujettissent des bouilleurs de cru à la visite de la régie, indépendamment de l'obligation de déclaration des quantités fabriquées et de l'inventaire annuel.

Ce bénéfice net de 800 millions de francs permettrait la suppression des impôts indirects sur les vins, sur les bières, etc. et celle des octrois. Les villes recevraient en effet de l'Etat le montant du produit brut actuel des octrois, ce qui leur permettrait de dédommager le personnel licencié.

Tel est, dans ses grandes lignes, le système de monopole préconisé comme mode de remplacement des octrois.

§ IV. — **Proposition Maujan**

La proposition de M. Maujan prétend faire face aux dépenses ordinaires de notre budget de 3 milliards, 200 millions, au moyen d'un ensemble de recettes puisées dans les quatre catégories suivantes, qui permettront le remplacement des impôts improportionnels et vexatoires par d'autres plus équitables. Nous indiquerons succinctement ce système.

Première catégorie. — Impôts de consommation ; droits intérieurs et tarifs de douane.

1.548 millions d'impôts, dont 738 millions pour certains impôts indirects disparaîtraient ainsi, faisant place à un autre contingent de recettes égal à 1.518 millions.

Deuxième catégorie. Monopole des alcools (900 millions).

Troisième catégorie. — Impôts sur les successions. Ces droits sur les successions seraient portés de 210 millions à 285 millions.

Quatrième catégorie. — Impôt mixte sur le

capital et le revenu. (Capital et revenu devant être divisés en cédules passibles de taxes allant d'un minimum de un demi pour cent à un maximum de 6 0/0). Les cotes résultant de la multiplication du revenu imposé par la taxe qui lui est propre, seraient à leur tour multipliées par un coefficient variant de un demi à 8 0/0 (1).

§ V. — **Monopoles municipaux**

De même que l'Etat, les villes, devraient dans nos sociétés modernes, tirer des ressources considérables par l'exploitation de leur domaine, et chercher par là à diminuer le poids des impôts. Deux services notamment, celui de

(1) Une proposition de loi pour l'adoption de l'impôt mixte sur le capital et le revenu fut déposée le 13 mai 1891 ; elle était signée par 142 députés.

En 1888, une proposition présentée par M. Planteau, et ayant en vue la réforme générale des impôts, comportait un système analogue. — « Sur le montant total des contributions acquittées, disait le projet, dans chaque commune, par tous les éléments de richesse qu'elles renferment — montant qui, pour ne pas modifier le chiffre de nos budgets doit atteindre, comme nous l'avons vu, deux milliards cinq cents millions — nous attribuons à la commune elle-même une part de quatre dixièmes, ce qui donne aux communes en général un milliard, soit plus du double de leurs revenus actuels. Nous laissons aux départements un autre dixième de ses contributions communales, soit au total deux cent cinquante millions de francs, plus du double également de ce que les départements ont actuellement à eux tous.

Nous ne réservons à l'Etat que les cinq dixièmes restants, soit un milliard deux cent cinquante millions, somme qui ajoutée aux milliards et cinq cents millions maintenus provisoirement, lui donnerait 2 milliards 750 millions, soit un peu moins que le chiffre actuel. Le reste serait compensé par des économies. » (Séance du 23 mars 1888. *Journ. Offic. 1888. — Annexes p. 433*). L'impôt mixte sur le capital et le revenu est appliqué avec succès, en Hollande (loi de septembre 1872), dans plusieurs cantons Suisses (Zurich, Lucerne, Vaud), etc ; il vient d'être récemment appliqué en Prusse.

l'éclairage et celui des eaux, semblent tout indiqués pour la constitution en monopoles au profit des villes.

Actuellement, et dans la plupart des grandes villes, les bénéfices importants, résultant de ces exploitations, vont droit vers la caisse des actionnaires qui ont sans doute d'excellentes raisons pour penser que le meilleur système est celui actuel : l'exploitation par des Compagnies concessionnaires. — A Paris le service d'éclairage et de chauffage est exploité par la « Compagnie parisienne » qui verse à la ville une redevance d'environ 18 millions seulement par an, alors que la mise en régie de ces services ainsi que ceux des eaux, des omnibus, des tramways, des bateaux, etc., seraient pour la ville d'un rapport de 140 millions au minimum (1).

Dans plusieurs pays, ces services ne sont pas comme en France, organisés pour le grand bien de sociétés financières, auxquelles l'intérêt public, le fisc communal sont ainsi odieusement sacrifiés.

En Angleterre, les villes de Manchester, de Birmingham, de Glascow, de Leeds, entre autres, exploitent l'électricité, le gaz, en régie.

Birmingham a donné le premier exemple, en ce pays et « les réformateurs municipaux regardent vers cette ville comme les yeux des croyants sont tournés vers La Mecque (2). »

---

(1) Actuellement, les produits du domaine s'élèvent, pour Paris, à 57 millions; produits dans lesquels il faut faire entrer les recettes des halles et marchés, des abattoirs, des entrepôts, les concessions de terrains dans les cimetières, les produits des divers propriétés communales, les droits de location sur la voie publique, etc...

(2) DOLMAN. — *Ouvrage cité.*

Birmingham a, la première, compris dans un large esprit, le socialisme municipal. Elle obtint sa charte d'incorporation en 1838, en dépit de l'opposition tenace du parti conservateur de la ville. Pendant deux ans le Conseil fut dépourvu de ressources, à l'exception d'une somme de 50.000 fr. basée sur des garanties personnelles. Malgré les mesures prises par Robert Peel, en 1842, il restait à cette ville à obtenir un système complet de gouvernement local. Il faut arriver à 1851 pour voir les règlements de la corporation étendus à toute la ville. La période comprise entre 1851 et 1870 fut essentiellement marquée par une politique d'économie.

L'esprit nouveau commençait à s'affirmer ; M. Chamberlain, élu maire en 1873, fut le chef de cette école, et sans perdre de temps se mit à l'œuvre qu'il s'était imposé de mener à bien : la municipalisation du service d'éclairage. En janvier 1874, une motion dans ce sens fut votée par 44 voix contre 2. Aux termes des négociations entreprises par M. Chamberlain avec les directeurs des deux compagnies du gaz, négociations à homologuer par acte du Parlement, la corporation municipale s'engageait à payer la somme de 450.000 livres sterling (12.250.000 fr.) pour la propriété de la Compagnie du coke et de la lumière au gaz, et des annuités de 10 p. 100 aux actionnaires de la Compagnie du gaz de Birmingham et de Stafford sur 320.000 livres sterling de son capital et de 7 p. 100 sur 350.200 livres sterling de ce capital, le tout formant une charge annuelle de 58.200 livres sterling (1.455.000 fr.). Ces annuités représentaient le maximum des dividendes qui avaient été payés aux actionnaires des deux catégories d'actions.

Dans un discours prononcé peu après, M. Chamberlain estimait de 15.000 à 20.000 livres sterling (de 375.000 à 500.000 fr.) le produit pour la première année, produit qui pourrait s'élever bientôt à 600.000 fr., même si la vente du gaz n'augmentait pas ; M. Chamberlain estimait que 14 ans plus tard, le profit serait de 70.000 livres sterling (17.500.000 fr.) par an, étant supposé qu'aucune modification n'interviendrait d'ici là, dans le prix du gaz ou le coût du charbon.

L'expérience a si bien confirmé ces prévisions que nul aujourd'hui ne songe à revenir à l'ancien système. Le profit fut de 853.000 fr. la première année ; et en 1889 la plus-value s'élevait à 70.337 livres sterling, soit à 1.758.415 fr.

Dans les 17 années écoulées depuis le rachat, le profit total réalisé par la ville se chiffrait par 17.850.000 fr., soit un profit moyen de 1.150.000 fr. par an.

Ce ne fut pas là le seul bénéfice. Des réductions de prix avaient été opérées dans l'intervalle. En 1875, le prix (pour 1.000 pieds cubes anglais) était d'environ 3 fr. 80, prix réduit, l'année suivante, à 3 fr. 20 (2 sh. 10 pence) à 2 fr. 90 en 1881 ; à 2 fr. 70 en 1884 ; à 2 fr. 60 en 1885, tandis qu'il était de 2 fr. 70 de 1887 à 1893. De plus, en 1889, la journée de huit heures était accordée aux ouvriers employés par le comité du gaz (ouvriers au nombre de 1500 en été et de 2000 en hiver), et ce sans réduction des salaires. A ces avantages s'ajoutaient des perfectionnements rendant moins pénible le travail (c'est ainsi, par exemple, que des breuvages rafraîchissants et sains étaient mis à la disposition des ouvriers pour les détourner des *public-houses*).

La ville de Birmingham attend l'expiration prochaine de la concession de la Compagnie du service d'éclairage et de chauffage à l'électricité pour l'exploiter en régie.

Un système analogue a prévalu pour le service des eaux, etc.

Les bénéfices des diverses industries municipalisées ont été en partie consacrés à encourager, par des subsides, des sociétés de constructions d'habitations ouvrières.

Quelques années après ces diverses expériences qui avaient permis de nombreuses améliorations sanitaires, la mortalité tombait de 53 à 23 p. 1000 !

En ce qui concerne le service des tramways, la ville de Birmingham en possédera l'exploitation en 1903, année où elle recouvrera, à cet égard, sa liberté d'action.

Ces systèmes de municipalisation fonctionnent également dans nombre de villes d'Allemagne : Berlin, Hanovre, Francfort, Munich font encore exception. L'administration communale de Munich se prépare à reprendre ces exploitations à l'expiration prochaine des concessions.

A Vienne, la concession est sur le point d'arriver à son terme. La municipalité établit de nouvelles usines et de nouvelles canalisations pour l'installation du service en régie. — Dans toutes les villes de Suisse, d'Autriche, d'Allemagne, où le service du gaz est mis en régie, le prix du mètre cube est de 18 à 20 centimes pour l'éclairage, de 15 centimes pour le chauffage. — Dans les villes anglaises que nous avons citées les prix varient de 8 à 15 centimes. (1) — Des observations semblables peuvent être indiquées pour les services d'eau, d'électricité, de transports, d'omnibus, des tramways.

Ces institutions, qui ont donné à l'étranger de florissants résultats seraient-elles trop simples, trop pratiques, pour passer avant longtemps dans notre législation ?

Nous ne pouvons douter que les propositions faites dans ce sens prendront corps et que le législateur les sanctionnera sans s'attacher par superstition ou esprit de routine aux errements suivis jusqu'à ce jour, à cet égard.

M. Planteau, dans sa proposition de loi de 1888, ayant pour objet la réforme des impôts fait sur ce point des observations que nous faisons entièrement nôtres (2). « Les monopoles concédés aux compagnies sont antiégalitaires et contraires à la liberté. Les unes nous font payer l'eau et la lumière à des prix exorbitants, tout en nous prodiguant les germes de maladie et les causes de mortalité. D'autres régissent à leur gré les transports, asservissent à leur cupidité voyageurs et marchandises, tuent notre industrie et notre commerce au profit de l'étranger, à l'aide de

____

(1) *Bulletin de l'office du travail* (oct. 1898, p. 800). — Lire un intéressant compte-rendu de M. Lauriol, ingénieur des services généraux d'éclairage de la ville de Paris. — Paris, 1898, Imprimerie Nationale.

(2) Séance du 22 mars 1888. — *Journal Officiel, 1888.* — *Annexe n 2568.*

combinaisons de tarifs que l'on croirait imposées par une race conquérante à une race conquise.

Un publiciste disait récemment de ces monopoliseurs, ajoute M. Planteau, qu'ils sont une puissance plus forte que l'Etat ; qu'ils ont des alliés dans tous les grands corps constitués du pays, que leurs conseils d'administration disposent de toutes les influences parlementaires, judiciaires et financières ; que par des faveurs spéciales, ils comptent des créatures dans les divers ministères, et après avoir cité des noms, il ajoutait : « calculez les milliers de kilomètres sur lesquels ils ont la main : comptez l'armée innombrable des gens qui gravitent dans leur orbite, d'actionnaires inféodés à leur fortune, d'entrepreneurs, de fabricants, d'employés dont l'existence dépend d'un froncement de sourcils, les cités et les provinces où ils créent à volonté l'abondance, et la disette, et dites ce que sont les pouvoirs de l'Etat devant cette coalition occulte d'autant plus terrible qu'elle est déchargée de responsabilités ».

De même, il serait d'un intérêt général supérieur que les voies de circulation, les chemins de fer rentrent dans le domaine de l'Etat, soit que leur administration soit exercée directement par l'Etat, soit sous leur contrôle, et leur responsabilité effective.

SECONDE CATÉGORIE DE PROJETS DE REMPLACEMENT

§ Ier — **Système belge**

Le système proposé ici consiste, à l'imitation de
la réforme belge, dans le remplacement de l'octroi
au moyen de taxes générales sur le budget de
l'Etat : abandon aux communes d'une partie de
ses propres ressources, et institution d'un fonds
commun, telles sont les parties essentielles du
projet.

Mais nous avons vu que ce système a été critiqué en ce qu'il violerait le principe en vertu du-
quel les charges doivent être supportées par ceux-
là seulement qui doivent bénéficier des avantages ;
en dehors de cet argument, on fait remarquer que
la perception par l'Etat ou par la commune, c'est
toujours la taxe indirecte qui comble le déficit,
avec cette différence et aggravation que la commune y perd son autonomie. Ce qui était facile,
ajoute-t-on, dans un petit pays comme la Belgique, ayant 78 communes d'octrois, serait au
contraire inapplicable dans notre législation ; les
difficultés que présente chaque année le problème
de l'équilibre du budget de l'Etat donne une réplique assez éloquente à cette proposition. En
Belgique même les 32 millions actuels, fournis
par le fonds communal n'ont pas suffi et de
grandes villes telles que Gand, Bruges, Louvain,
Liège ont été obligées de compléter la part à eux

allouée, au moyen de taxes nouvelles. C'est ainsi que la ville de Liège avec ses 100 0/0 de centimes additionnels sur la contribution personnelle, s'est trouvée en déficit et a dû recourir à des impôts tels que la taxe sur les chevaux-vapeurs, sur les sociétés anonymes, sur les successions, etc.

Ce système, qui a l'avantage de laisser aux municipalités le droit de se créer des recettes, ne serait applicable chez nous, nous le répétons, que par des prodiges d'économie et d'équilibre budgétaire que malheureusement rien ne fait prévoir.

§ II. — **Réforme de l'Impôt sur les Boissons**

Le but de la réforme est 1° un allégement des droits sur les boissons hygiéniques ; 2° un adoucissement des formes de la perception. Elle se propose à cet effet de supprimer d'une part les droits de circulation et détail sur les vins, cidres, poirés et hydromels ainsi que l'exercice chez les débitants de boissons, et d'autre part les droits d'entrée, de taxe unique et de remplacement perçus au profit de l'Etat dans les villes supérieures à 4,000 âmes. L'abolition du privilège dès bouilleurs de crû, privilège qui admet une concurrence de faveur entre lesproduits des distillateurs patentés et ceux des distillateurs libres, cette abolition du privilège est le troisième terme de la proposition.

Cette réforme aurait pour conséquence de substituer au régime actuel celui de la taxe *ad valorem,* à laquelle seraient soumises toutes les fabrications de vins, cidres, de bières ou autres produits similaires, ainsi que les eaux-de-vie et

les liqueurs. Ce serait là, disent les partisans de
la réforme, un régime établissant la proportionnalité et faisant disparaître en même temps des
formalités fort impopulaires et une inégalité cho-
quante entre les débitants d'une localité inférieure
à 4,000 âmes et ceux des localités supérieures à
ce chiffre, au moyen de la suppression de l'exercice chez les débitants.

Ce régime comporterait une tarification spéciale
pour les alcools d'industrie, et, pour les boissons
provenant de l'étranger une tarification proportionnelle au degré d'alcool qu'elles contiendraient.

Pour compenser la perte résultant de l'adoption
de ce système, on élèverait à 400 francs par exemple, par hectolitre, l'impôt sur l'alcool, indépendamment de l'établissement d'un droit de licence,
imposé aux commerçants et fabricants de boissons ; ce droit de licence devrait être proportionnel, c'est-à-dire fixé d'après l'importance des
affaires présumées (1). Enfin la suppression du
privilège des bouilleurs de crû donnerait lieu à
une augmentation de recettes supérieure à 80 millions.

Le privilège des bouilleurs de crû avait été supprimé par la loi du 2 août 1875 sur la proposition
de M. Gaulard, Ministre des finances. On laissait
à chaque propriétaire la franchise d'une quantité
de 40 litres d'alcool ramenée par une loi du 24
avril 1874 à 20 litres.

Quelques années plus tard, par une proposition

____

(1) En Angleterre, les liqueurs fortes supportent une taxe dix
ou douze fois supérieure à leur valeur et le produit de ces taxes
entre pour un cinquième environ dans la composition du budget
des recettes de l'Etat.

du 25 juin 1875, les bouilleurs de crû revinrent à la charge pour obtenir l'abolition de la loi du 2 août 1872. Malgré les efforts de M. L. Say qui soutint contre ses principaux adversaires, MM. Ganivet et Mestreau, par une vigoureuse argumentation la loi de 1872, le vote du 14 décembre 1875 rétablit le privilège des bouilleurs.

Les arguments de M. L. Say n'ont rien perdu de leur valeur aujourd'hui. A l'époque déjà où les droits sur l'alcool, disait-il, étaient beaucoup moins élevés, on fraudait beaucoup. En 1824, les droits sur l'alcool étaient de 50 francs, 55 francs avec les décimes. Plus tard, ils ont été abaissés à 37 fr. 40. En 1855, ils ont été relevés à 60 francs ; en 1860 à 90 francs et par la loi du 1ᵉʳ septembre, ils ont été portés à 150 francs. Puis en décembre 1873, avec les demi-décimes à 156 fr. 25.

A toute époque, on s'est plaint de la fraude des bouilleurs de crû ; à plus forte raison quand les droits passent de 37 fr. à 150.

Déjà en 1819, M. de Barante, directeur général des contributions indirectes, disait dans un rapport adressé au Ministre des finances :

« Les bouilleurs de crû sont dispensés de l'exercice. Par ce moyen, l'eau-de-vie s'est trouvée dans un grand nombre de mains sans pouvoir être atteinte par l'impôt, et l'on conçoit à quel point la facilité de la transporter clandestinement par de petites quantités a du permettre d'approvisionner en fraude les consommateurs. »

En 1849, la Commission du département du Calvados proposa de couvrir le déficit à résulter de la suppression du droit d'entrée sur les cidres et l'abolition de la taxe unique par la prise en charge chez les bouilleurs de crû des alcools fabriqués par eux.

Dans les seuls départements de la Normandie, la fraude de la part des bouilleurs s'élevait à un million de francs, alors que le droit n'était que de 37 fr. 50 ! M. Lesueur, dans sa déclaration, disait ; la fraude sur l'alcool est actuellement de 90 0/0 dans le département du Calvados (1).

D'après les estimations les plus modérées, la suppression du privilège des bouilleurs de crû aurait pour résultat une augmentation de 80 à 85 millions, pour les recettes du Trésor. C'est là une des mesures qui s'imposent parmi les plus urgentes en matière de justice fiscale.

Nous avons indiqué un des nombreux projets de réforme sur les boissons, de ces projets dont les partisans les plus actifs, lassés et découragés eux mêmes, pour ainsi dire de la stérilité de leurs efforts, semblent presque avoir renoncé à l'espoir d'un aboutissement ; « ils la jugent toujours désirable, mais ils commencent à la croire impossible ! » (2).

— L'impôt sur les spiritueux, en Angleterre, a subi des variations considérables depuis 1684, date de son établissement, jusqu'à 1860 où le tarif sur l'hectolitre d'alcool pur fut porté à

---

(1) L. Say. — *Les Finances de la troisième république* ; (Discours du 13 décembre 1875) ; p. 472.

(2) *V. Revue Politique et Parlementaire* (6 décembre 1894). — Le projet de M. Poincaré se borne à la suppression des droits de détail et de circulation, et leur remplacement par un droit général sur les vins, cidres etc.

477 francs, 19 cent. impôt triple de celui existant en France. En 1826, il était déjà de 333
fr. 96 cent.

Tandis que la moyenne de la consommation par
tête a notablement diminué (1850 : 2 litres 83 par
tête ; en 1872 : 2,95 ; en 1878 : 3,16 ; en 1880 : 2,72 ;
en 1884 : 2,63 ; en 1885 : 2,49), les produits en-
caissés par l'Excise se sont cependant maintenus
à un chiffre considérable. En 1875, le produit
était de : 395,200,000 frs. ; en 1879 : 369,680,000 ;
en 1884 ; 356,850,000 ; en 1886 : 336,020,000 francs.
Avec le produit des droits de douane, les perceptions pour 1885 et 1886 s'élèvent à 458,085,000 et
439,867,000 francs.

Outre cet impôt très élevé, un droit annuel de
licence est payé par les distillateurs, rectificateurs
et marchands en gros ne vendant pas en détail. Ce
droit est de 262 fr, 50 cent. A l'égard des cabaretiers, ce droit varie de 112 fr. 50 cent. à 1500 fr.,
suivant l'importance du loyer, et proportionnellement à une échelle établie depuis 250 fr. de loyer
jusqu'à 17,500 fr. Une disposition qui montre les
efforts du législateur anglais pour combattre le
fléau de l'alcoolisme est la suivante : les débitants
qui s'engagent à fermer leur établissement un
jour par semaine (*six day licences*) ou à le fermer
chaque jour une heure avant l'heure réglementaire
(*early closing*), bénéficient d'une réduction, sur le
tarif ordinaire, d'un septième pour les *six day
licences* et de deux septième pour les *six day and
early closing licences*.

Le produit des licences relatives aux spiritueux

était de 40,624,000 francs en 1885 — pour un nombre d'environ 120,000 licences émises (1).

— En Italie. le tarif par hectolitre d'alcool pur, qui n'était que de 100 fr. jusqu'à ces dernières années, a été porté à 150 fr. par la loi du 2 avril 1886.

— Le droit par hectolitre d'alcool pur est de 252 fr. dans les Pays-Bas ; de 187 fr. en Norwège ; de 260 fr. en Russie.

Dans ce dernier pays, les taxes sur l'alcool apportent au budget de l'Empire russe, un contingent d'environ 260 millions de roubles (plus d'un milliard 50 millions de francs).

La perception s'effectue dans les distilleries ; l'alcool fabriqué est pris en charge dans ces distilleries et imposé proportionnellement à sa richesse. — Outre le droit sur l'alcool, des décrets de 1885 ont réorganisé un droit complémentaire de licence, dont le montant ne peut être inférieur à 2.000 roubles pour les fabriques situées dans un chef-lieu de gouvernement et à 1.000 roubles pour celles de district. En outre, une patente est imposée à chaque usine, en raison de ses moyens matériels de production.

Les boissons qui contiennent moins de 40 degrés et les liqueurs dont le degré n'apparaît pas exactement, ne peuvent circuler que dans des récipients de un *cedro* (12 litres un tiers) au plus. Ces récipients doivent être scellés par des banderolles fournies, contre argent comptant, par l'administration des accises (2).

---

(1) STOURM. — *L'impôt sur l'alcool dans les principaux pays II.* p. 95 et suic. ; *II. ch. VIII. p. 117.*

(2) STOURM. — *L'impôt sur l'alcool dans les principaux pays,* p. 144.

— L'impôt aux États-Unis, est de 245 fr. 35 par hectolitre d'alcool pur. Le montant des recettes s'élevait, en 1885, à la somme de 351.057.000 fr. Les licences des marchands en détail rendent à elles seules 25 millions de francs par an ; les autres licences (rectificateurs, fabricants d'alambics et marchands en gros) ajoutent environ 3 millions à ce produit, soit un total de 28 millions. — Les bouilleurs sont soumis à la surveillance des employés du revenu intérieur ; « malgré leur grand nombre (5.000) et la difficulté des exercices chez des assujettis disséminés dans les campagnes, les États-Unis ont pensé que le principe de l'égalité de tous les citoyens devant la loi, ne leur permettait pas de laisser une classe de producteurs de spiritueux en dehors de l'action de l'excise. (1) »

Au total, c'est une somme de 400 millions environ que procurent annuellement les spiritueux au Trésor fédéral.

La lutte fiscale que représente l'élévation de ces tarifs contre l'abus des boissons alcooliques, a des antécédents significatifs contemporains l'établissement des premières colonies américaines qui, au point de vue administratif, priren des mesures restrictives très énergiques.

Au point de vue administratif existent actuellement aux Etats-Unis cinq formes distinctes de législations qu'on peut classer ainsi :

1° Le système de la licence à droits élevés.

2° Des mesures restrictives telles que l'interdiction de vendre à des mineurs ; réglementation

---

(1) Stourm. — *Op. cit* p. 130.

des débits (interdiction générale de vendre le dimanche, les jours d'élections et de fêtes, l'absence de boissons enivrantes dans les lieux de fêtes, l'enlèvement des écrans et de toute obstruction pouvant empêcher les passants de voir à l'intérieur), etc... Ces mesures sont généralement complémentaires des précédentes.

3° La forme de législation connue sous le nom *d'option locale.* Il existe différentes manières d'appliquer ce principe. En général, il indique la résolution des habitants d'une localité donnée, qui décident si les boissons alcooliques seront ou non vendues dans un certain territoire. Cet usage a pris une grande extension dans divers points des Etats-Unis.

4° Prohibition de la fabrication et de la vente des boissons alcooliques (dans trois Etats).

5° La dernière méthode est celle adoptée par la Caroline du Sud : celle des *dispensaires publics.*

Dans ce territoire, le gouvernement est seul acheteur et vendeur des boissons alcooliques. C'est une sorte de monopole d'Etat (1).

Nous voyons donc dans la plupart des pays établir des impôts plus élevés qu'en France sur l'alcool, et les liqueurs fermentées, et sur toutes matières qui, pouvant encourager les vices doivent être bien plus fortement taxés que les objets nécessaires à la vie. L'impôt, et l'impôt élevé s'adressera avec raison, en France, à l'alcoolisme qu'on a appelé si justement « le grand ennemi de la démocratie ». (2)

---

(1) W. BLACKMAR. — V. Revue Politique et Parlementaire, 10 juin 1898. — *(Le Régime de l'alcool aux Etats-Unis* (JOHN KOREN.)

(2 Comparaison des quotités de perception par tête dans les différents pays :

§ III. — **Centimes additionnels**

Le produit des octrois est dans certaines villes double, triple du produit en principal et centimes additionnels de l'impôt foncier, ou de la contribution personnelle et mobilière. A Paris, le produit des octrois est quadruple du produit en principal et en centimes additionnels de l'impôt foncier, et sextuple du produit de la contribution personnelle.

Nous avons vu déjà que le montant des centimes additionnels est fort élevé en général et que pour certaines sommes, il atteint les chiffres incroyables de 180, 190 et 200 centimes additionnels. L'adoption de ce mode de remplacement porterait, en moyenne, de 80 à 95 centimes le nombre de ces centimes additionnels. Un tel système de remplacement recevrait l'accueil le plus défavorable, le remède devant sembler pire que le mal.

§ IV. — **Abandon aux Communes de certains impôts directs perçus par l'Etat**

Le produit de l'impôt foncier et de l'impôt des patentes serait, dans ce système, abandonné aux communes ; en effet, c'est l'industrie, le commerce, les biens fonds qui bénéficient le plus des

France.	6 fr. 35 de perception par tête		
Angleterre.	13 fr. »»	—	—
Russie.	0 fr. 40	—	—
Etats-Unis.	7 fr. 50	—	—
Pays-Bas.	11 fr. 80	—	—
Allemagne.	1 fr. 75	—	—
Bavière	0 fr. 57	—	—
Bade.	0 fr. 50	—	—
Autriche-Hongrie.	1 fr. 11	—	—
Belgique.	3 fr. 75	—	—

STOURM. — *Op. cit.*

dépenses locales. Aussi ces impôts, prétendent les partisans de ce système, devraient former le fonds, le noyau du système fiscal des communes, et il serait à la fois juste, logique et sage pour l'Etat de donner aux localités la disposition exclusive des recettes de cette taxation. Au lieu du système des dotations faites aux communes sur le produit de certaines taxes de consommation, il serait, dit-on, plus rationnel de leur abandonner les impôts réels et de se récupérer sur les impôts personnels et les contributions indirectes.

C'est le système qu'adopta la Prusse selon une réforme opérée en 1893. Une ébauche de ce système a été fournie récemment par le vote du projet de M. Cochery, Ministre des finances, et portant remise aux communes du quart du produit de l'impôt foncier.

Ces impôts ne pourraient, du reste, faire l'objet d'une taxation unique pour les autorités locales ; ce système appellerait au contraire la coexistence d'une taxe générale portant sur l'ensemble des habitants et pouvant être créée sous forme d'impôt général sur le revenu.

§ V. — Suppression de l'octroi par un impôt sur la valeur locative des habitations

Un des modes de remplacement se rapprochant quelque peu de l'impôt sur le revenu, est l'impôt sur le loyer d'habitation. Fonctionnant avec le système complémentaire de taxes municipales, taxes somptuaires, taxes sur les étrangers, licences municipales sur les débits de boissons, taxes sur les chiens, taxes sur les permis de chasse dont

le montant total pourrait être abandonné aux
communes en rendant même cette taxe proportionnelle au montant des impôts directs payés :
fonctionnant, avec ce système complémentaire,
cet impôt serait provisoirement un des plus accep-
tables à défaut du remaniement général de notre
régime fiscal, avec adoption de l'impôt général
sur le revenu.

On peut répondre toutefois aux partisans de
cette taxe d'habitation qu'elle était d'un caractère
bien imparfait ; que la charge proportionnelle de
l'habitation diminuant en raison directe de l'accroissement du revenu, on se trouve en présence
d'une altération sensible du principe équitable de
la répartition proportionnelle. Cet impôt, d'autre
part, pèse plus lourdement sur les familles nombreuses que sur les familles moins nombreuses,
sur les pères de famille que sur les célibataires.
Ces objections disparaissent si l'on observe qu'on
peut, d'une part, établir la taxe d'après un tarif de
correction, progressif, et en ce qui concerne le
second argument, que ce défaut peut être compensé
par une détaxe proportionnelle au nombre des
enfants mineurs habitant avec leurs ascendants.
On tiendrait compte enfin, dans le calcul de ces
impôts, « non seulement du revenu apparent,
mais des charges apparentes, et de la plus res-
pectable de toutes celles qu'impose l'éducation
d'une famille nombreuse. » Par un tarif progressif, et grâce à une détaxe proportionnelle au nombre d'enfants mineurs, et à l'exemption complète
de l'impôt au-dessous d'un certain chiffre de
loyers, on espère trouver dans ce mode de

remplacement un moyen de proportionnalité plus rigoureux.

§ VI. — **Suppression de l'octroi par l'impôt sur la valeur vénale des immeubles**

Ce mode de taxation consiste en le paiement d'un tantième pour 1.000 sur la propriété bâtie et non bâtie, située dans les communes à octroi. Ce serait une des principales taxes de remplacement.

Ce système compte parmi ses partisans les plus résolus, M. Yves Guyot, qui, dans une discussion récente, sur ce point, faisait appel au « courage fiscal » des propriétaires. — Il est vrai que les propriétaires crient à la ruine, toutes fois que la question de cet impôt est mise en jeu. Il semble au contraire que leur intérêt bien entendu comporte la résignation facile à cette taxe. Ils paieront désormais un impôt direct au lieu et place des taxes indirectes ; ils pourront ainsi se rendre compte de la répercussion qu'il y aura à établir sur leurs locataires. Les contributions indirectes ont pour eux, il est vrai, un pouvoir d'illusion ; système consistant à croire des difficultés résolues, ou des inconvénients et injustices disparus, parce qu'on refuse de les discerner. — Ce sera, un impôt réel qui ne connaît pas le propriétaire et qui ne concentre pas sur la même tête les diverses propriétés que peut posséder une même personne. Sa perception est *facile* puisque le nombre des unités contribuables est restreint : 82 ou 83.000 pour Paris. D'autre part, elle est *certaine*, puisque l'immeuble est le gage de la contribution.

On insiste sur certaines objections : Ce sont les locataires qui feront les frais de ce changement de taxe ; ils sont les plus nombreux. Ce sont eux qui, sans rien gagner en échange, paieront la plus grande partie de l'impôt. Un tel impôt, auquel on oppose d'ailleurs l'élévation actuelle, assez considérable du taux de taxation, aurait en outre, observe-t-on, l'inconvénient de produire de vente en vente une diminution progressive de la valeur des immeubles ? Mais est-il moins juste de répondre qu'il y a intérêt pour le locataire de payer directement sur son loyer, de savoir par avance, ce qu'il versera d'impôts, au lieu de payer sur chaque objet de consommation avec toutes les répercussions habituelles. — La répartition des loyers montre que ce sont les locataires les plus nombreux sur qui pèse aujourd'hui plus des deux tiers du fardeau de l'octroi, qui supporteront la *moindre part* de cette taxe de remplacement. — Les chiffres officiels sur lesquels s'appuie cette démonstration sont les suivants (au 1er janvier 1898).

Nombre de locaux d'habitation à Paris : 877.906.

Valeur locative réelle : 517.594.920 fr.

Comment se répartissent ces locaux ?

Nombre de locaux de 1 à 499 fr. . . 645.377

Nombre de locaux de 500 fr. et au-dessus 232.524

Or, la plus forte valeur locative est représentée, non pas, comme on pourrait le supposer, par la catégorie des locataires la plus nombreuse, mais par la catégorie la moins nombreuse.

---

(1) Discours à la Société d'écon. pol., v. *Journal des Economistes*, mai 1898.

Valeur locative des loyers au-
dessous de 500 fr. . . . . . .   152.898.317   »
Valeur locative des loyers au-
dessus de 500 fr. . . . . . .   364.696.600   »

Tandis donc que 645.000 locataires (74 p. %)
paient 29 p. % du chiffre total des valeurs locatives, 232.000 locataires (26 p. %) paient 71 p. %
du chiffre total des valeurs locatives ! Par conséquent, si la répercussion s'opère, réellement, du
propriétaire sur le locataire, les 645.000 petits
locataires qui contribuent, pour les trois quarts,
au paiement des taxes d'octrois, ne paieront au
contraire que 29 p. % de la nouvelle taxe. D'où un
dégrèvement important (1).

A ne prendre même que la taxe sur la valeur
des locaux d'habitation (indépendamment de la
valeur de la propriété des usines, des fabriques,
des locaux industriels et commerciaux), on constate les chiffres suivants ; capitalisés à 5 p. %,
517.594.000, représentant une valeur de 10 milliards 340 millions. A 5 p. 1000, soit 10 p. % sur le
loyer, cela donnerait 51.700.000 fr., total de recettes
permettant le dégrèvement complet des boissons
hygiéniques, à Paris.

(1) Dans un rapport de M. Boulin, directeur général des contributions directes, le nombre des propriétés bâties est indiqué d'après
un chiffre de 9.051.542 ; la valeur vénale de l'ensemble de ces propriétés est évaluée à 49.320.984.314 francs, chiffre dans lequel les
maisons ordinaires entrent pour 44.203.798.136 francs (tableau 41
du Rapport). · Département de la Seine : 77.351 maisons ordinaires,
77.862 châteaux, usines, fabriques, etc. Valeur vénale moyenne
par immeuble : 5.162 fr. pour les maisons ordinaires ; 43.311 fr.
pour les châteaux ; 23.237 fr. pour les usines ; 5.448 fr. pour propriétés bâties de toute nature. Le département de Meurthe-et-
Moselle est indiqué pour, comprenant : 4.768 propriétés d'un
loyer de 501 fr. à 1001 fr. ; 3190 de 1001 à 2000 ; 1933 de 2001 à
5000 ; 521 de 5000 et au-dessus.

En supposant une consommation de 4 hectolitres par an pour une famille d'ouvriers composée de 4 personnes, le dégrèvement équivaudra à 10 fr. 62 qui, multipliés par 4, représentent 42fr.48, somme supérieure à celle que pourrait être la répercussion de 10 p. % sur les loyers, étant donné qu'il y a 413.900 loyers au-dessous de 300 francs, 137.000 de 300 à 400 et 94.000 de 400 à 500 francs.

Les craintes qu'on manifeste sur la diminution progressive de la valeur des immeubles, sont d'une exagération évidente. Remplacer par une taxe de cette nature, les octrois, véritables « tourniquets placés à la porte des villes pour empêcher les choses et les personnes d'y entrer, » serait-ce donc enlever une immunité aux propriétaires ? Pas même. Les octrois aussi peuvent diminuer, bien que de façon moins apparente, la valeur des propriétés. « Est-ce que, comme le rappelle M. Guyot dans cette discussion, ils n'ont pas pour résultat, en rendant la vie plus chère dans les villes, en y frappant les objets industriels, d'en éloigner les habitants, les fabricants, les commerçants. Est-ce que les droits sur les matériaux qui sont d'abord avancés sans intérêts par l'entrepreneur, ensuite par le propriétaire, avant d'être récupérés sur les locataires, ne chargent pas la propriété bâtie ? » Les travaux, les embellissements dans une ville, les améliorations capables d'augmenter la plus-value des propriétés bâties, à qui profitent-ils si ce n'estsurtout aux propriétaires ?

C'est donc l'égoïsme et non la raison qui protesterait contre l'établissement d'une telle taxe, et il

est de toute justice que les propriétaires et non les
locataires, fassent l'avance de l'impôt. Si au début
de la mise en application de ces taxes, des crises
pouvaient justifier les critiques des adversaires de
cet impôt, il est à prévoir qu'elles seraient transi-
toires et que le résultat de l'activité et de la prospérité des villes, rendues plus grandes par la
suppression des octrois et suivies d'une plus-
value de la propriété, compenserait bientôt ces
dommages, en rétablissant l'équilibre.

L'établissement de cette taxe nous semble devoir
être suivi d'un correctif qui seul, lui donnerait sa
pleine valeur : l'éxonération des propriétés bâties d'une valeur trop peu considérable pour
rendre sensible sans elle, le bénéfice du changement de taxe, et l'institution d'un taux légèrement
progressif.

§ VII. — **Remplacement de l'octroi par des taxes municipales**

Ce système des taxes municipales, analogue à
la législation des taxes directes existant en Angleterre, nous semble présenter certains avantages
qui le placent aux premiers rangs de ceux proposés
pour le remplacement des octrois.

Une de ces taxes municipales serait la taxe imposée sur ceux ayant des loyers supérieurs à
400 fr. à Paris, à 250 ou 300 fr. dans les autres
villes ; cette taxe aurait pour assiette la contribution mobilière et serait perçue comme un impôt
direct. Elle pourrait comporter la forme soit d'une
taxe unique, soit d'un impôt ayant un principal
et des centimes additionnels. Dans ce dernier cas,

les centimes additionnels seraient affectés à tel
ou tel besoin : travaux extraordinaires, construction d'écoles, embellissements, etc. Il y aurait
ainsi une adaptation à notre législation du système de spécialité des taxes, si favorable à une
bonne administration des finances et à un régime d'économie sévère et de contrôle des
dépenses.

D'autre part, on préconise le droit pour les communes de percevoir les droits sur les successions
immobilières, sur les transmissions d'immeubles
entre-vifs, sur les actes de donation. Dans des
vues analogues, on propose de concéder aux
communes un tantième du produit de ces mêmes
droits perçus par l'Etat.

Des impôts sur les domestiques, une taxe
municipale sur les étrangers formeraient un
contingent de taxes personnelles. L'impôt sur les
débitants et les établissements donnant à consommer sur place rentre de même dans le groupe que
comporte ce système de taxation, ainsi que
certains autres impôts proposés par quelques-
uns : taxes sur les cheminées pour les maisons
qui ont plus d'un foyer, augmentation ou création
de taxes sur les funérailles dans le cas où les frais
sont supérieurs à ceux d'un enterrement simple.

Plus récemment encore, on proposa des taxes
sur les maisons assurées ou sur toutes assurances en général.

A ce régime de taxes municipales dont nous
venons d'indiquer quelques éléments, se rattache
un système de remplacement préconisé il y a
quelques années par M. H. Berthelémy, adjoint

au maire de Lyon et professeur à la Faculté de Droit de cette ville. Nous allons passer en revue les moyens proposés par lui.

§ VIII. — La suppression des octrois et l'expérience de Lyon.

Pour déterminer les taxes nouvelles, il faudrait, dit M. Berthelémy, s'attacher à un principe qui a échappé à la Chambre ; « c'est que la suppression des octrois n'est pas une réforme d'ordre purement communal ; c'est au plus haut point une réforme d'intérêt général, d'intérêt national ».

Les communes ne pouvant créer d'autres impôts indirects que les octrois et les impôts s'ils étaient cependant possibles sous forme de surtaxes aux successions ou aux alcools ayant un vice grave : celui de l'instabilité, il faut reconnaître que les impôts indirects d'Etat sont, à la rigueur seuls admissibles, et que la condamnation des impôts indirects d'octroi est la condamnation de tous les impôts indirects communaux.

Du moins dans la réforme de certains impôts indirects ne pourrait on trouver la solution? Ainsi les impôts de succession, la transformation du régime des alcools ne seraient-ils pas un ressource précieuse? Quant au régime des alcools, si on supprime la taxe unique, le droit d'entrée et le droit de détail sur les boissons hygiéniques, qu'on reprenne une partie de ce qu'on perdra en supprimant le privilège des bouilleurs de cru et en haussant le droit de circulation. Ce sera ainsi la fin d'une injustice criante : la ville taxée au profit de l'Etat beaucoup plus lourdement que la campagne. Cette inégalité sans raison doit prendre fin. S'il est admissible que les habitants des villes paient plus d'impôts parce que la collectivité leur rend plus de services, il ne faut pas attribuer le mérite de ces services supplémentaires à l'Etat. C'est le commerce qui les rend. L'impôt au profit de l'Etat doit être le même pour tous les citoyens parce que l'Etat rend les mêmes services à tous.

On réclame donc à Lyon le droit de taxer librement la propriété foncière. Les impôts sur les propriétés bâties ne donnent que 140 millions à l'Etat ; il en retrouverait 30 par la suppression des droits d'octroi sur l'alcool, droits qu'il incorporerait sans difficulté dans ses nouvelles taxes sur les spiritueux. C'est un déplacement de 100 millions environ Il faut procéder, dit-il, comme on l'a fait dans tous les autres pays, et se préoccuper surtout de ne pas troubler trop gravement l'économie de notre mécanisme fiscal, et d'aggraver trop l'impôt direct. Ainsi, beaucoup de pays ont un produit minime de taxes foncières pour l'Etat. En Angleterre, le produit s'élève en moyenne à 26 millions de francs en tout. En Prusse, la loi de 1891 décida que si le produit de l'impôt sur le revenu dépassait 80 millions de marks et si la plus value atteignait 5,15 0/0 dans les années postérieures, l'excédent serait constitué pour former un fonds dont la destination serait de réformer les impôts directs pour faciliter la cession aux communes de l'impôt foncier.

Abordant la question des nouveaux impôts, M. Berthelémy ne se dissimule pas que les nouvelles taxes ne manqueront pas de paraître

cruelles et décevantes, les taxes indirectes surtout
dont l'incidence et les résultats sont si aléatoires (1). Après ces préliminaires, M. Berthelémy, énonçant le montant du produit des octrois
à Lyon en 1893 (10 millions nets), passe à l'indication des moyens qui procureront la restitution
de ce chiffre de recettes.

Sera-t-il nécessaire de garder les impôts d'octroi sur les matériaux, les fourrages et les alcools,
ou pourra-t-on de même les remplacer ?

Or M. Berthelémy expose que l'impôt sur les
fourrages peut faire place à une taxe sur les chevaux. Il y a à Lyon 3,500 chevaux ; à raison d'une
taxe de 10 francs par cheval on obtiendrait un
chiffre approximatif de 320,000 francs nets. L'impôt sur les constructions neuves remplaçant l'impôt d'octroi sur les matériaux donnera 800,000
francs ; et si, en ce qui concerne l'alcool, on porte
les droits à 187 francs l'hectolitre au lieu de 175
francs, on aura un produit de 18,472,668 francs,
au lieu de 17,124,927. La somme à résulter de cette
plus-value serait pour Lyon de 800,000 francs.

Resterait enfin à trouver la différence, soit un
contingent de recettes de 8,100,000 francs. L'obtention de cette somme ferait l'objet des moyens de
remplacement suivants qui constituent le système
de M. Berthelémy :

1° Impôt sur les établissements donnant à consommer sur place.

2° Un impôt sur les propriétés bâties.

(1) « La création par l'Etat, déclare au début de son étude,
M. Berthelémy, de nouveaux impôts directs de même importance,
telle est en réalité la seule réforme que nous croyons capable de
faciliter la suppression générale et obligatoire de l'octroi. »

3⁰ Un impôt sur les loyers.

4⁰ Un impôt sur les transmissions successorales des immeubles urbains.

— 1° Impôt sur les établissements donnant à consommer sur place :

Trois taxes seraient demandées à chaque détaillant : 1° un droit fixe. sorte de licence communale ; 2° un droit proportionnel au loyer com mercial ; 3° un impôt de répartition appelé à disparaître, mais destiné pendant les premières années à rétablir la proportionnalité entre les taxes nouvelles et les bénéfices faits par les détaillants à cause de la disparition des taxes anciennes. Les détaillants qui ne vendent que des boissons à emporter seraient naturellement exempts de ces trois taxes. Les autres détaillants seraient divisés en deux catégories :

a) Etablissements où l'on vend principalement des boissons, cafés, brasseries, cabarets.

b) Etablissements de consommation alimentaire ; restaurants, pensions, hôtels.

Le droit fixe demandé aux établissements de la première catégorie serait uniformément de 300 fr. Au droit fixe de 300 fr., on ajouterait un droit proportionnel au loyer, gradué entre 10 et 30 0/0. Cette dernière taxe, si énorme qu'elle paraisse n'est pas plus forte que celle payée par les grands cafés.

Les établissements de la catégorie *b* seraient divisés en trois classes : 1re classe (loyers supérieurs à 3.000 fr.) ; un droit fixe de 200 fr., plus 15 0/0 du loyer ; 2e classe (loyers de 1.000 à 3.000 fr.) : un droit fixe de 100 fr., plus 12 0/0 du loyer ; 3e classe (au-dessous de 100 fr.) : un droit fixe de 50 fr., plus 10 0/0 du loyer.

On établirait en outre des tarifs d'exception suivant l'affectation des hôtels.

L'impôt de répartition serait destiné à égaliser cette charge ; il permettrait de ne pas élever à des taux trop exorbitants la taxe proportionnelle aux loyers.

2° En demandant 3.50 0/0 de la valeur locative brute. on obtiendrait 2.588.694 fr.

3° Taxe sur les loyers. Cette taxe qui serait fixée à 3,50 0/0, serait perçue par l'intermédiaire du propriétaire comme le sont aujourd'hui la taxe sur les portes et fenêtres et les droits d'enregistrement des baux verbaux. Le propriétaire la récupérerait par l'inscription dans ses quittances de loyer d'un supplément de 3.50 0/0. Les loyers au-dessous de 300 fr. seront exonérés. La taxe d'habitation ne serait demandée qu'au loyer personnel seul et non au loyer commercial. Comme il pourrait être difficile quelquefois de distinguer rigoureusement entre les deux catégories et de faire une ventilation pour les loyers mixtes, on procéderait de la façon suivante : en principe, les uns et les autres acquitteraient le taux de 3.50 0/0, mais comme il est perçu annuellement au profit de la Caisse municipale un certain nombre de centimes additionnels à la contribution des patentes, on réduirait le nombre de centimes additionnels au profit des industriels et des commerçants. Cette réduction des patentes serait, par exemple, de 30 centimes additionnels, constituant ainsi une sorte de restitution.

4° Impôt sur les transmissions d'immeubles successoraux. La moyenne des taxes successorales perçues par l'État, pour Lyon, s'élevait dans une période de dix années, à la somme de 1.061.717 fr. Cette même somme pourrait, d'après le système de M. Berthelémy, être prélevée par la commune de Lyon.

Tel est en résumé le mode de remplacement indiqué par M. Berthelémy.

— Les propositions les plus récentes comportent les six taxes suivantes : 1) un droit d'entrée sur les alcools ; 2) une licence spéciale sur les débitants de boissons ; 3) une taxe municipale sur les alcools ; 4) une taxe sur les chiens ; 5) une taxe de 4 0/0 sur le revenu net de la propriété bâtie ; 6) une taxe de 5 0/0 sur la valeur locative des locaux d'habitation.

En ce qui concerne la taxe sur les débitants de boissons, on peut objecter que les droits sur les débitants de boissons subissant une augmentation, celui qui achète les boissons hygiéniques par litre se voit privé du bénéfice du dégrèvement, car le débitant rejettera sur lui le poids de l'impôt et ne fera sur le prix aucune diminution.

L'alcool paie à l'État un droit général de 156 fr. 25 par hectolitre ; à la barrière de Lyon, il paie encore 30 fr., et le droit d'octroi étant de 41 fr., on arrive à un total de 227 fr. 45, ce qui élève l'impôt à 1 fr. 14 par litre d'eau-de-vie ordinaire. Par la nouvelle délibération du conseil municipal de Lyon, indique M. Turquan, le droit de 41 fr. serait porté à 100 fr., soit 59 fr. en plus, ce qui représentera un impôt de 1 fr. 44. Il faudrait conclure à un produit de 2 millions. Mais ce produit semble-t-il certain ? La consommation ne diminuera-t-elle pas, grâce surtout à l'action et à la propagande des hygiénistes et des sociétés de tempérance ?

Une conséquence immorale s'en suivra : la recrudescence de la fraude « Le vin dégrevé n'aura plus que le droit relativement faible payé à l'État (7 fr.). Au-dessous de 15 degrés d'alcool, ce sera la seule taxe qu'il paiera ; or, le vin que l'on boit généralement comporte rarement plus de 10 degrés ; certains débitants d'alcool feront entrer dans leurs caves des vins vinés jusqu'à 15 degrés ou même moins, et le passeront ensuite à l'alambic. Le bénéfice pour eux sera considérable : 286 fr. par hectolitre d'alcool ; quelle prime offerte à la fraude ! Ceux-là pourront faire une concurrence avantageuse à ceux qui auront honnêtement payé le droit. »

Cette objection nous semble loin d'être décisive, car des mesures de surveillance, et un exercice rigoureux chez les possesseurs d'alambic triompheraient de ces inconvénients que l'on fait pressentir.

Il est vrai, réplique-t-on, que le remède sera aussi grand que le mal, et une surveillance rendue plus rigoureuse entraînera la nécessité d'un personnel très nombreux d'inspecteurs. Aussi, l'auteur de l'observation spécifiée, comprenant les difficultés nouvelles inhérentes aux demi mesures, conclut à la manière de Turgot, disant : Je ne vous cacherai pas que ces taxes me semblent un mal en elles-mêmes. « Nous comprendrions mieux la suppression complète de l'octroi, en effet cette suppression entraînerait de suite au moins un million de francs d'économie, tant en frais de personnel qu'en frais de matériel et divers ; or, dans le projet adopté par la ville — comme il n'y a de dégrevé que le vin et la bière — tout l'ancien octroi reste pendant que ses recettes vont diminuer de moitié : les frais d'administration de l'octroi qui étaient de 9 0/0, vont monter à 13 0/0 » (1).

Les débitants de boissons seraient classés d'après quatre catégories, et selon une échelle graduée de taxes.

Catégorie A. — Débitants à boissons hygiéniques. — Droit fixe : 50 francs. — Droit proportionnel : 1 0/0 de la valeur locative.

Catégorie B. — Débitants vendant des boissons quelconques, mais à emporter seulement. — Droit fixe : 100 francs. — Droit proportionnel : 10 0/0.

Catégorie C. — Cafés, cabarets, brasseries. —

____

(1) Economiste français, 3 déc. 1898. — *La suppression de l'octroi à Lyon* (M TURQUAN).

— Appréciant les difficultés et les déceptions possibles de la réforme partielle avec les propositions visées le journal *le Temps* (19 octobre 1898) exprime l'opinion suivante :

« ... Avec une abolition complète des barrières de l'octroi, les contribuables auraient du moins la consolation de se dire qu'ils ont acheté leur liberté d'aller et de venir à leur gré. A défaut de dégrèvements, et si leurs impôts étaient en fait doublés (!), ils auraient la satisfaction de ne plus avoir de déclarations à faire, d'investigations choquantes et de retards fâcheux à subir. Mais si les barrières ne doivent pas tomber, si les mêmes contrôles et les mêmes lenteurs doivent subsister, quel bénéfice le contribuable peut-il se promettre de taxes de remplacement qu'il est sûr de payer sans être certain de voir des réductions de prix correspondantes ? Une suppression simplement partielle de l'octroi ne serait-elle pas par suite, un marché de dupe, si elle est effectuée par la ville seule, *au lieu d'être traitée, comme une affaire d'intérêt général*, concernant non pas seulement la population renfermée dans les limites de l'octroi, mais au même titre, tout le reste du pays en contact et en relation avec elle. »

Droit fixe : 125 fr. — Droit proportionnel : 15 0/0.

Catégorie D. — Comptoirs et cafés-concerts.
— Droit fixe : 150 fr. — Droit proportionnel : 20 0/0

Sans que les dégrèvements soient assez appréciables pour profiter au consommateur, on peut craindre justement que d'autre part les contributions directes se trouvent ainsi surchargées sans compensation.

C'est ici le lieu de noter une excellente idée que rappelle M. Turquan, trop peu mise en pratique, la *coopération* permettant aux petits consommateurs ; aux employés et ouvriers qui se syndiqueraient pour des achats en commun et en gros, de vins et de bières, de réaliser pour eux-mêmes les profits qui, sans cela, vont aux intermédiaires.

— Le produit de la taxe sur les chiens est évaluable à 20,000 francs.

Les taxes de 4 0/0 sur le revenu net de la propriété bâtie et de 5 0/0 sur la valeur locative réelle des locaux d'habitation auraient paru exagérées au Ministère de l'Intérieur. La taxe de 4 0/0 prétend-t-on, augmenterait les charges du locataire sur qui le propriétaire fera retomber l'impôt. Pour pallier ce danger, on a proposé de taxer le revenu brut et non le revenu net ! De la sorte en englobant dans la taxe les locaux occupés et ceux inoccupés, on pourrait, espère -t-on, amener le propriétaire à être moins exigeant et à diminuer le prix des loyers (1).

---

(1) Le loyer paie actuellement à Lyon 11,93 0/0 de contribution, qui ajoutées aux 9 0/0 (4 + 5) des taxes nouvelles ferait un total de plus de 20 0/0. Pour un ménage de quatre personnes consommant 732 litres de vin et occupant un appartement de 1,000 francs, il y aurait d'une part dégrèvement de 44 francs, et d'autre part

D'après une disposition libérale relative à l'assiette de ces taxes sur la taxe de 5 0/0 frappant le loyer, il serait accordé un dégrèvement de 5 fr., par tête d'enfant âgé de moins de seize ans, habitant chez ses parents. Si l'on admet, ajoute l'auteur de cette critique, que sur 95,000 enfants de moins de seize ans, 90,000 sont dans ce cas ce sera un dégrèvement de 450,000 france « somme très considérable pour un rendement total évalué à 1 million 700,000 francs ! »

M. Turquan conclut en exprimant ses préférences pour l'abolition complète des octrois, abolition pouvant être compensée par l'annexion des communes suburbaines de Lyon.

§ IX. — **Projet du Préfet de la Seine.**

Le Préfet de la Seine a déposé le 30 mars 1898 sur le Bureau du Conseil municipal, un mémoire relatif au dégrèvement des boissons hygiéniques et aux diverses taxes susceptibles de remplacer celles qui sont abolies.

La réduction à 4 francs du droit d'octroi actuel de 10 fr. 62 sur le vin et les réductions analogues sur le cidre et la bière résultant de la loi du 29 décembre 1897, fera perdre à la ville de Paris environ 35 millions de francs, à supposer que la consommation n'augmente pas sensiblement.

Or, la ville de Paris aura à faire face à divers besoins financiers selon l'une des trois hypothèses

augmentation de 50 francs. Cependant, reconnaît M. Turquan, « Si la famille habitait un local de 500 francs ce sera un bénéfice de 19 francs » Dans l'hypothèse très plausible de dégrèvements de 5 francs par tête d'enfants, conformes à la disposition indiquée ci-dessus ce bénéfice pourrait être de 24 ou même de 29 francs.

suivantes : *a)* réduction des droits d'entrée sur les boissons hygiéniques telle qu'elle est rendue obligatoire par la loi du 29 décembre 1897 ; — *b)* suppression intégrale des droits sur les mêmes boissons ; — *c)* enfin suppression complète de l'octroi.

Dans la première hypothèse, c'est une somme de 35 millions qu'il faut trouver ; elle est de 57.400.000 dans la seconde et de 157 millions dans la troisième.

Le Préfet de la Seine, M. de Selves, désirant s'associer aux vues du Conseil municipal, a d'abord cherché les moyens propres à assurer la suppression de l'intégralité des droits d'octroi sur les boissons hygiéniques, les chances s'agrandissant ainsi pour les petits consommateurs de bénéficier de la diminution de prix.

Les taxes de remplacement proposées par le Préfet de la Seine sont conçues de telle façon que : 1º elles ne puissent peser d'une façon sensible sur la classe salariée qui forme la partie la plus intéressante de la population ; 2º qu'elles soient d'une application immédiate possible.

Le système personnellement préféré par M. de Selves consistait dans une taxe sur la valeur en capital du sol des propriétés bâties et non bâties qui atteindraient les terrains de spéculation, les jardins et les cours spacieuses attenant aux habitations luxueuses et qui en accroissent sensiblement la valeur. Mais en l'absence d'un cadastre et d'une évaluation parcellaire exacte des propriétés, M. de Selves a dû renoncer à ce système, et c'est pour y suppléer qu'il a demandé au Conseil municipal de l'autoriser à procéder à l'exécution de ce travail préalable qui rendrait possible, dès l'an prochain peut-être, la répartition plus proportionnelle de l'impôt entre les contribuables. « La première nature de biens qui a sollicité notre attention, dit ce mémoire, c'est la propriété foncière. C'est elle, en effet, qui profite dans la plus large mesure des dépenses considérables qui sont inscrites chaque année au budget de la ville de Paris. Ce sont ces dépenses de voirie, d'éclairage, de nettoyage, de surveillance, d'adduction d'eaux qui sont la source directe de la plus-value de plus en plus grande acquise par la propriété foncière. Il nous a donc paru de toute justice d'appeler celle-ci à contribuer à ces dépenses dans une assez large proportion. »

D'autre part, la suppression des droits d'octroi sur les boissons hygiéniques doit profiter à l'ensemble de la population ; une taxe atteignant tous les habitants constituerait donc une juste compensation des bénéfices qu'ils recueillent de cette suppression. En prenant le loyer pour base de la taxe à établir celle-ci est rendue proportionnelle dans une certaine mesure, à la richesse du contribuable et l'on évite ainsi le reproche le plus grave qui était fait au système de l'octroi celui de frapper également le riche et le pauvre, à consommation égale ; cette taxe ne comporterait pas d'exemption pour les petits loyers, mais pour ceux-ci elle atteindrait un chiffre très peu élevé : 10 francs environ pour un local de 500 francs, quelque soit le nombre des occupants ; cette somme ne représenterait qu'une faible partie de l'ancienne charge d'octroi, charge d'autant plus importante que la famille est plus nombreuse.

Le complément de la somme nécessaire pourrait être demandé : 1° à un droit sur les successions dont la déclaration est faite dans les bureaux de Paris, déclaration qui ne comprend que les immeubles sis à Paris et les capitaux mobiliers appartenant à des personnes domiciliées dans la cité. Cette taxe communale n'atteindrait ainsi ; conformément aux prescriptions du législateur que des valeurs ayant leur siège dans la commune.

2° A un droit de licence établi sur les débitants de boissons à consommer sur place. Ce droit constitue un prélèvement légitime sur les bénéfices que réaliserait le commerçant en ne faisant pas profiter le consommateur au détail de l'intégralité du dégrèvement des droits d'octroi sur les boissons hygiéniques. Il sera assez peu élevé, surtout chez les petits débitants pour ne pas leur fournir un prétexte plausible au maintien de leurs anciens prix de vente, ce qui priverait le consommateur de tout le bénéfice du dégrèvement.

3° A une augmentation de la taxe sur les chevaux et voitures.

4° A la majoration des droits d'octroi sur l'alcool.

5° A une majoration additionnelle et spéciale du même droit sur les absinthes, bitters, et autres apéritifs de même nature. »

Le rendement de ces taxes en prévision de la suppression totale peut être calculé ainsi :

Taxe foncière (70 centimes ad-
ditionnels). . . . . 12,541,900 fr.
Taxe locative. . . . . 15,956,000 —
Taxe successorale . . . . 6,500,000 —
Licence municipale . . . . 3,760,000 —
Taxes sur les chevaux et voitures   400,000 —
Surtaxe de 85 francs sur les alcools
(165 francs l'hectolitre) 15.000.000
Surtaxe de 50 francs sur les absin-
thes, etc 3.000.000
Total. 57.157.900

Les recettes totales s'élèveraient avec l'application
de ce système à une somme adéquate au
dégrèvement.

§ X. — **Projet Baudin.**

M. Baudin fait remarquer dans la partie préliminaire de son rapport qu'il est impossible de
remplacer l'octroi sans toucher à des matières
imposées au profit du Trésor public et que cette
réforme ne pourra être accomplie qu'avec la bonne
volonté de l'État qui devra accepter la superposi-
tion d'un impôt communal à ses propres impôts.

Le projet exposé par M. Baudin consiste à
frapper d'abord les successions d'une taxe égale à
celle prélevée sur elle par l'État, ce qui donnerait
un produit d'environ 33 millions. La propriété
bâtie serait en outre grevée d'une taxe de 5 1/2
p. % de la valeur locative, venant se joindre aux
taxes existantes, d'où résulterait un gain de
46.475.000 francs. D'autre part, on taxerait la propriété non bâtie à raison de 2 1/2 p. % de la valeur

vénale, ce qui procurerait 3.750.000 francs. Puis une taxe sur les loyers d'habitation serait établie partant de 5 p. °/₀ et croissant par cinquième dans chaque catégorie de loyers, de telle sorte qu'elle se monterait de 5 p. °/₀ plus 9 cinquièmes, soit de 6,80 p. °/₀ sur les loyers de 2.000 fr. et au-dessus. Cette taxe produirait 29.607.000 fr. ; une taxe de 30 p. °/₀ sur les locaux meublés serait jointe à ces impôts, son rendement étant évalué à 4.650.000 francs.

Les chevaux (au nombre de 90.000) seraient imposés de 70 fr. par tête en plus des 60 fr. que paient actuellement les chevaux des propriétaires. Les constructions neuves paieraient un droit de 50 0/0 de leur valeur locative, commerciale et d'habitation ; d'où un produit de 7 millions. Les établissements donnant à consommer sur place seraient atteints d'une taxe de 50 0/0 sur leur valeur locative, commerciale et d'habitation. Le chiffre de recettes à espérer de ce droit serait d'environ 21.350.000 fr. Enfin les cercles et réunions payant 10 0/0 du montant de leurs cotisations, comme ils le font pour l'État, contribueraient pour une somme de 600.000 fr.

Au total, on arriverait ainsi à un chiffre rond de 152 millions ; exactement ce chiffre serait de 151.685.573 fr,

§ XI. — Propositions de M. Veber, rapporteur du Conseil municipal, pour le dégrèvement limité aux boissons hygiéniques.

La ville de Paris retire actuellement une somme de 57.400.000 fr. environ, pour les boissons hygiéniques. La compensation proposée est la suivante : La ville de Paris établirait une taxe de 2 0/0 sur le revenu net des propriétés bâties, imposées, soit à la contribution foncière, soit à la contribution des portes et fenêtres ; cette taxe produirait 12 millions et demi. Une autre taxe sur le revenu net des propriétés bâties, et exigible celle-là, des locataires, serait de 2 0/0 pour les loyers commerciaux et d'habitation, et de 1,78 0/0 pour les loyers d'usines. Elle donnerait 15.951.000 francs. A ces recettes qui représentent la moitié de celles indispensables, M. Veber ajoute 4.600.000 francs, qui représentent le sacrifice que la ville fait aujourd'hui pour dégrever de l'impôt personnel ses habitants et avoir une contribution mobilière dégressive. Si l'État, crée lui-même par un impôt dégressif sur le revenu, une réforme de la contribution mobilière, analogue à celle existant actuellement au profit des contribuables parisiens, la ville aura réalisé de ce chef, une sensible économie. En en tenant compte, on arrive à une somme de 33.051.000 fr.

Les 24 millions et demi manquant, seraient trouvés ; 1° dans une majoration d'un tiers de la taxe annuelle de balayage, majoration qui fournirait un million ; 3° une taxe sur les cercles et sociétés de réunion, égale au principal perçu par l'État, serait d'un rapport de 630.000 fr. ; 3° un droit d'un décime un quart sur les successions immobilières ouvertes à Paris ; le rendement en est évalué à 5.687.500 fr. environ ; 4° une surtaxe de 76 fr. 20 par hectolitre d'alcool serait acceptée par le Conseil municipal ; 5° un droit de licence exigible des marchands de boissons au détail, et calculé d'après la valeur du loyer et d'après un droit fixe produirait 3.237.000 fr. Ce serait exactement, dit le rapport, une recette totale de 57 millions 571.609 fr. 75 c., représentant le montant du dégrèvement à effectuer.

CONCLUSIONS

Si, arrivé au terme de ce modeste travail sur la matière
quelque peu aride et complexe des octrois, et jetant à propos
de cette étude un regard rétrospectif sur l'œuvre financière
accomplie ces vingt-cinq dernières années, nous nous deman-
dons quelles sont les réformes profondes introduites dans
notre système fiscal, nous serons obligé de reconnaître qu'à
l'encontre des tendances démocratiques de la seconde République et des espérances conçues sous le lyrisme de trois révolutions, la politique financière de la troisième République a
été une politique plutôt stationnaire, conservatrice. Préoc-
cupée apparemment des difficultés du présent, et soucieuse
de pourvoir aux besoins financiers immédiats, aux situations du moment, elle porta par une fièvre d'augmentation
fiscales incessantes, et par son entraînement à recourir à
l'emprunt et aux taxes nouvelles, la charge budgétaire au
quasi-maximum de la capacité du contribuable français.
Aussi point de vues suivies, point de fermes desseins ni de
larges avenues offertes à la marche d'une société harassée
par des efforts souvent déçus vers son idéal d'ordre, de réno-
vation, de justice. Point de ces réformes hardies qui
illuminent un horizon en produisant des améliorations, gages
sérieux d'une orientation précise, fidèle à la tradition révolu-
tionnaire ou l'expression d'une politique sage, prudente,
mais soucieuse, des intérêts profonds de la démocratie et
d'un avenir meilleur de justice distributive, et d'une obligation de solidarité incorporée dans les mœurs, définie et sanctionnée par la Loi.

Il peut sembler admissible d'invoquer de cette médiocrité
de résultats, des motifs plus impérieux que la volonté et les
intentions des gouvernants, de dire que les capacités tech-
niques des hommes d'Etat ou financiers, que leurs conceptions d'une générosité sincère, ont été trahies par un état de

choses résultant de l'ensemble même des caractères de la
nation ou du développement de l'histoire générale intérieure
et extérieure de la France. Mais les errements d'une politique
de circonstance, faite de variations, d'accommodements et de
contradictions, assujettie aux inconvénients d'une procédure
parlementaire défectueuse, aux caprices d'une majorité
inconsistante et sans autre frein que la crainte ou l'espérance
serviles et utilitaires, dénuée de la force morale que
donnent des courants d'opinion éclairée et consciente, fortement mûrie et manifestée ! Mais des gouvernants sachant
animer d'un souffle de vie, de vérité et de grandeur un corps
politique quelquefois anémié, énervé par des théories de
carrefour, étrangères à la notion des intérêts moraux et
matériels les plus essentiels d'une nation, étrangères à toute
aspiration d'union et de justice, solidaire du culte si fier et
si élevé, si doux et si impérieux de la Patrie. — Mais ces discussions académiques souvent oiseuses traduites en réalités
bienfaisantes et compatibles avec les ressources de la volonté
et de puissance morale humaine, tirées du fonds de l'âme si
profondément démocratique de la France, mais ces réformes
d'ensemble, et d'aspect définitif qui offrent une signification
permanente et une portée complète ! Où se dessinent ces progrès ? Sont-ce les agitations stériles qui féconderont les assemblées législatives et empêcheront des abus de réapparaître
sous des noms inédits, et des iniquités de s'édifier sur des
ruines d'institutions iniques antérieures et de créer les
succédanés des éléments funestes disparus. (1)

Voyez, diront et les adversaires des méthodes stériles, et
les impatients des espérances d'ordre et de progrès pacifique,
voyez l'impuissance de vos révolutions politiques ! Après
chaque élan, c'est un recul, après chaque progrès, c'est une
défaillance. Chaque classe dépossédée par une institution
juste, chaque caste désarmée par la déchéance d'un préjugé,
par la suppression d'un abus cherchent, au mépris des leçons

---

(1) « Il ne faut plus qu'au bout d'une législature de quatre années, on
puisse dire aux députés : qu'avez vous fait pour nous ? où est l'impôt que
vous avez réduit, l'injustice que vous avez réparée ? Où sont les réformes ?
Vous avez fait de la politique ; vous avez renversé des ministères et nous en
sommes au même point que le premier jour. » (P. Laffite. — *Lettres d'un
parlementaire*, chap. IV).

de l'histoire, à renouer des chaînes brisées, à reconquérir un terrain illégitime en assignant des bornes au progrès, à la justice, en dressant des entraves au libre arbitre, au jugement droit d'une nation, dussent-elles compromettre la permanence du prestige de la France dans le monde.

Celles des réformes que l'on parvient à tirer des limbes parlementaires n'ont pas toujours le mérite de la hardiesse ni de la franchise.

Telle la réforme des octrois réalisée par la loi de 1897 et du projet, de laquelle M. Barthelémy disait, avant son adoption : « Le projet de la Chambre ressemble à une réforme comme un décor de théâtre ressemble à un édifice. »

En ce qui concerne d'ailleurs la réforme de l'impôt sur les boissons hygiéniques, l'Etat devait d'une part réduire, voire même supprimer totalement les droits sur le vin, le cidre, la bière, et les municipalités de leur côté devaient être *obligées* de diminuer considérablement les droits d'octroi sur ces mêmes denrées. Sur ce projet, l'accord ne put se faire au Parlement. « La Chambre des Députés a voté un projet si peu rationnel et pratique que le Sénat n'a pas eu le courage jusqu'ici de l'adopter ou même de le modifier. La réduction des droits de l'Etat sur les dites boissons sera ajourné ainsi à un avenir lointain. Par contre, la loi du 29 décembre 1897 contraint les communes à faire ce qu'il ne fait pas lui-même ; à abaisser notablement leurs droits d'octroi sur le vin, le cidre, la bière. Ce n'est pas là une des moindres manifestations du régime d'incohérence et d'anarchie où nous nous débattons. » (1)

Cette réforme, nous l'avons dit déjà, ne nous paraît avoir de sens que celui d'une promesse, d'autre portée que celle d'un travail d'approche. La vraie solution est celle d'une suppression totale, obligatoire, *pour cause d'utilité générale*. Il n'est pas d'amendement, ni de correctif qui puisse empêcher l'octroi d'être vexatoire, injuste, vicieux dans son principe. Après comme avant, ce n'en serait pas moins, en outre, le maintien de cette légion d'employés, de fonctionnaires, si onéreux et si contraire à une coopération écohomique utile

____

(1) Leroy-Beaulieu. (*L'Economiste Français,* 2 avril 1898.)

pour le pays. Fonctionnarisme pour fonctionnarisme, il serait tout au moins plus sage d'orienter l'esprit de tracasserie et d'investigation administratives vers un but, vers une destination plus conforme à l'intérêt public.

Ainsi, au lieu d'un contingent d'employés municipaux dont la fonction se traduit en quelque sorte par une véritable agression fiscale, il serait bien autrement rationnel de voir s'étendre et se perfectionner l'organisation des agents de surveillance et de contrôle pour la protection de l'hygiène publique contre les sophistications de boissons, ou les falsifications d'aliments.

Sans songer aucunement à ressusciter les fonctions de « contrôleurs aux empilements de bois » ou « d'essayeurs de beurre salé » de l'ancien régime, on pourrait assurer par une amélioration dans l'organisation et une augmentation du personnel, d'une façon plus sérieuse, le respect des lois, de la probité et des exigences de la physiologie dans cette région du domaine commercial. La raison et le sentiment du bien général s'accommoderaient bien mieux de l'institution d'agents d'inspection ayant droit de contrôler, tant au passage, qu'à domicile, certains vendeurs de denrées comestibles, tel marchand-laitier, par ex., (suspect d'hydropathie), et de mettre ses denrées à l'épreuve d'une analyse sommaire, qui serait moins fréquemment à leur confusion du jour où serait plus régulièrement suspendue sur leur trafic, cette appréhension d'un contrôle possible de tous instants. Au lieu de donner une alerte à ce paysan, porteur, à la mine inquiète et narquoise, d'un panier plein des produits naturels de sa terre, et ayant à la main une couple de poulets, mieux vaudrait tenir en haleine les vendeurs de denrées prétendues alimentaires, dont les vertus semblent dédiées à la seule édification des cliniciens. Que de commentaires le médecin de Sancho Pança aurait à faire, de nos jours, pour appuyer les prohibitions gastronomiques dont il persécutait son client ! La devise tacitement adoptée par de trop nombreux marchands, semble plus conforme à l'orthodoxie religieuse qu'à celle hygiénique : « il n'y a que la foi qui sauve », et l'incurie administrative à cet égard, ajoute l'appoint de crédit qu'accorde à la conscience de certains fournisseurs le consommateur bénévole. Nous nous souvenons d'un infortuné industriel — émule de Frangipani — dont l'officine était visible de la rue même, par le passant, et qui, pour mieux soutenir la concurrence avait publié des annonces qui, entre autres indications, étaient ainsi conçues : « Ici on voit fabriquer de la propreté et de la fraîcheur ! » Indice significatif pour les mœurs du temps ; des avertissements analogues, quant à la sincérité des marchandises, ne seraient souvent ni déplacés, ni superflus. « Ab uno disce omnes. »

Sans donner une exagération à la réalité de certaines fraudes, quant à ce sujet, il n'est pas hors de propos d'appeler une attention plus suivie des autorités relativement au contrôle et à la répression s'il y a lieu. Combien au regard de l'hygiène la confiscation de farines ou de glutens frelatés, la confiscation de quelques mottes de beurre d'une composition trop éloquente sur les progrès de la chimie, de quelques eaux-de-vie aux préparations dangereuses apparaîtraient plus intéressante que la confiscation de quelques artichauts ou de quelques moëllons, opérée pour défaut de déclaration à un employé dont la fonction constitue un non-sens, une absurdité à notre époque.

« Tantôt, écrivait récemment à ce propos M. Georges Michel (1), ils substituent à une partie du miel et de la cire de nos abeilles, des produits présentant le même aspect et tirés du règne minéral ou végétal. Ailleurs la poudre de corrizo sert à fabriquer les farines, la margarine donne le beurre, le cacao est adultéré, les viandes frigorifiées viennent se vendre comme viandes fraîches... (2) »

---

(1) L'*Economiste français*, n° du 22 octobre 1898.

(2) A Berlin, par exemple, l'inspection municipale de la viande s'applique non seulement aux animaux des abattoirs, mais encore aux viandes importées. L'examen des animaux vivants et abattus est confié à des vétérinaires. Les animaux vivants et logés dans les étables de l'abattoir sont visités plusieurs fois par jour. L'inspection de la viande de porc se fait dans le laboratoire de la trichinose ; ce service est confié à 184 inspecteurs et 48 contrôleurs sous la surveillance d'inspecteurs spéciaux. Pour Berlin, il y a huit bureaux d'inspection pour les viandes importées ; ils se trouvent aux abords des halles et marchés. La viande reconnue impropre à l'alimentation est estampillée avec le mot « Refus ». Pour éviter d'ailleurs l'importation des viandes non inspectées, le Préfet de police réclame la surveillance et l'intervention des employés de chemin de fer. Les pénalités sont relativement très rigoureuses. (GILLET DE GRANDMONT. — *L'hygiène et la médecine à Berlin*).

L'agriculture elle-même n'est pas épargnée, et les fraudes sur les engrais deviennent si fréquentes que l'on ne peut s'étonner si les engrais chimiques ne sont pas toujours très en faveur. Les lois du 14 août 1889, 11 juillet 1891, 24 juillet 1894 et 25 avril 1895, sur les fraudes, apparaissent comme insuffisantes ; la Société des agriculteurs de France a émis plusieurs vœux tendant à substituer aux lois diverses, une loi générale permettant de frapper *toutes les fraudes, indistinctement, sauf à faire spécifier par les règlements d'administration publique les détails*. Ces vœux invoquent également une portée plus extensive de l'article 423 du Code pénal (assimilation de la tromperie sur les *espèces* et *origines* des marchandises à la tromperie sur leur *nature*).

L'opportunité de la suppression radicale des octrois qu'on a appellée un « postulat », devrait elle être contestée, et la perspective de cette suppression s'évanouir devant les difficultés du problème ?

En Angleterre, toute question législative passe, a-t-on dit, par trois phases : « C'est impossible ; c'est contre la Bible ; nous le savions déjà (1) ! » De même, devant les difficultés d'un projet comme celui de la suppression des octrois, certains répondent : C'est impossible ! Cette fin de non recevoir ne peut être opposée que conformément à des vues favorables à toute routine, et rebelles à l'idée de remaniement d'un régime fiscal qui tantôt frappe au hasard et tantôt semble délibérément consacrer l'improportionnalité des impôts.

Le projet de remplacement aurait nos préférences, qui consisterait dans l'adoption de l'impôt sur le revenu, avec perception des centimes additionnels au profit des communes et d'autre part dans la municipalisation, la mise en régie des services d'éclairage, de transport etc.., indépendamment du droit pour les communes de voter, à l'exclusion

---

(1) En France, un fait analogue se rencontre, à cela près cependant que le processus est inverse chez le moderne politicien. Candidat et député, il s'écrie : « C'est fait ! » Ministrable : « Cela se fera ! » Ministre, il déclare bientôt que c'est impossible. On promet une « ingénieuse » compensation ; la majorité applaudit et le gouffre des délibérations académiques et des ordres du jour stériles reste ouvert en permanence.

de tous impôts indirects des taxes dont le choix et l'assiette seraient laissés à leurs délibérations (1).

D'autre part, pour favoriser la suppression corrélative de ceux des impôts indirects les plus lourds et les plus improportionnels perçus par l'Etat, principalement ceux grevant les objets frappés d'octroi, l'institution du monopole, des alcools, qui nous paraît loin de mériter toutes les critiques qu'on lui adresse, et dont le produit serait au minimum de 600 millions, serait une expérience, un *modus vivendi* préférable au réseau inextricable de nos contributions indirectes.

Le droit d'ailleurs donné aux communes de voter leurs

____

(1) Au cas d'expérience provisoire de suppression des droits d'octroi sur les boissons hygiéniques, destinée à servir de préliminaire à une suppression totale ultérieure et prochaine de tous les octrois, les villes pourraient adopter *mutatis mutandis* une combinaison comme celle proposée récemment au conseil municipal de Bordeaux par M. Périé, adjoint au maire délégué à l'octroi : sous la réserve de l'abandon de la perception des droits de l'Etat, suppression des octrois sur les boissons hygiéniques, en se servant des taxes de remplacement mises à sa disposition par la loi du 29 décembre 1897 et de taxes complémentaires.

Ainsi : 1° Seraient remplacées :

a) **Les taxes actuelles par les taxes suivantes :**
Alcool pur contenu dans les eaux de vie, esprits, absinthes, liqueurs, fruits à l'eau-de-vie, tant en cercles
  qu'en bouteilles . . . . 60 fr. »» l'hectolitre
Alcool dénaturé . . . . 0 fr. 60   —

b) Dans la série du tarif relative aux matériaux, les mots « Fers de toute espèce » par ceux-ci : « Fers et aciers de toute espèce ».

2° Majoration, dans les limites du tarif type, de certaines taxes déjà inscrites au tarif et sur les objets suivants :
Le gibier paierait (suivant les propositions soumises
  à la Ville de Bordeaux par M. Périé) un droit de .   fr. 30 »» les 100 kil.
Le bois de chauffage d'essence dure paierait. . . . .   1 80 le stère
L'huile minérale . . . .   6 »» les 100 kil.
La bougie et les cierges paieraient . . . .   15 »»   —
Les savons de parfumerie . . . .   24 »»   —

3° Les taxes suivantes, non comprises dans le tarif type, seraient inscrites au tarif de l'octroi :
Cuirs verts . . . . à raison de fr.   1 50 les 100 kil.
Cuirs secs . . . .   —   2 50   —
Cuirs fabriqués . . . .   —   6 »»»   —
Cuirs ouvres . . . .   —   10 »»   —
Papiers, autres que ceux de tenture . .   —   4 »»   —
Bouteilles, en verre de 0.35 et au-dessus   —   0 40   —
Verroterie et cristaux . . . .   —   3 »»   —
Vaisselle, porcelaine, faïence . . . . .   —   4 »»   —

4° La ville, sur autorisation, percevrait un droit de passage fixé à 0 fr. 10 c. par chaque colis de marchandises qui y entre ou en est expédié.

(*Suppression de l'octroi. Rapport présenté au Conseil municipal. p. 110 et 111, 2ᵉ délibération*).

La « 1ʳᵉ délibération » proposée comporte la suppression complète de l'octroi, subordonnée à la renonciation par l'Etat à percevoir toutes taxes sur les objets compris au tarif de l'octroi sauf sur l'alcool, et sur l'abandon à la ville d'une somme suffisante pour compenser la perte résultant de cette suppression, somme qui consisterait dans le principal des quatre contributions directes ou dans toute partie d'autres recettes jusqu'à due concurrence.

¡mpôts serait un des premiers essais, et des plus intéressants de l'œuvre projetée de la décentralisation. A ce régime
de la démocratie communale on pourrait ajouter un élément
particulier nouveau celui qui fonctionne en Suisse : le referendum communal destiné à statuer sur certaines questions locales, et parmi celles-ci, sur les questions de taxes
locales surtout (1). Les liens trop étroits qui unissent le
budget des communes à celui de l'Etat devenant plus
souples, et le rôle de conseiller prévalant sur celui de tuteur exercé aujourd'hui par l'Etat, un principe moins factice et plus fécond, de vie, de liberté et de lumière circulerait
à travers nos institutions communales. Ainsi régnerait une
émulation (bien vague sinon absente, quant à présent), dans
l'art d'administrer les intérêts communaux, et se créerait au
foyer de la vie locale, un apprentissage plus efficace de la
connaissance et de la gestion des intérêts des communes,
une initiation à la vie publique, au *self government* dont le
moindre avantage, a-t-on répété souvent, serait d'associer un
plus grand nombre de citoyens à la vie politique active, à la
discussion éclairée, et à l'administration des intérêts publics ! (2). Les idées d'ordre, de responsabilité, et le principe d'une solidarité active ne pourraient que bénéficier de
l'établissement d'un tel régime dans la commune.

Ces perspectives ne nous détournent point de la considération d'un fait singulièrement inquiétant et déjà signalé :
celui de l'accroissement incessant des dépenses d'un emploi
si souvent stérile et étranger à toutes œuvres d'amélioration
sociale, à toute pensée de progrès, et de grandeur réelle. Le
mot d'alarme est jeté de toutes parts, et l'impuissance en
matière de perfectionnement fiscal trouvera sa cause dominante dans la continuation de cette folie administrative et

(1) Les cantons suisses n'autorisent aucune imposition nouvelle, aucune
dépense extraordinaire, aucun emprunt de quelque importance sans le consentement du peuple qui conserve toujours en dernier ressort la disposition
de la fortune publique et le contrôle financier. « Les comices populaires en
Suisse, imbus d'idée d'économie, manifestent une répulsion particulière
contre toute augmentation du nombre des fonctionnaires. » (*Bulletin de
l'Académie des sciences morales et politiques. — Rapport de M. Stourm*,
tome 50, année 1898. — Septembre-octobre).

(2) Dans cet ordre d'idées des propositions de lois ont été faites, ont été
déposées, tendant à l'interdiction du cumul des fonctions électives.

de cette fièvre de gaspillage si l'on ne se hâte de se vouer à une pratique persévérante et rigoureuse d'économies, à l'observance d'un équilibre entre les ressources normales et les dépenses (1).

Etablir un système d'impôts s'adressant réellement aux facultés du contribuable, des mesures de *contrôle préventif* et d'épargne qui permettent de ne plus envisager l'amortissement de la dette publique comme une quasi utopie, et d'autre part porter une main résolue sur le budget du mandarinisme, et simplifier en outre un édifice administratif suranné, cela excède-t-il la puissance d'un législateur conscient et dévoué à sa mission (2).

Le fonctionnarisme surtout est une infirmité sociale qui, en tarissant les sources de l'activité, de l'énergie et de l'initiative individuelles, obère nos budgets d'une charge prodigieuse de plus de 600 millions, non compris le contingent fabuleux des pensions et des retraites (3).

---

(1) On a proposé à l'imitation de la coutume anglaise, de ne donner qu'au gouvernement l'initiative en matière de dépenses et d'interdire à la Chambre l'augmentation des chiffres proposés (proposition de M. Boudenot). On a demandé, d'après un système analogue, que tout amendement tendant à augmenter un chapitre de dépenses, contienne en même temps et obligatoirement l'indication des moyens de pourvoir à cette augmentation.

(2) Nombre et traitement des employés à différentes époques :

	Retenues pour pensions.	Montant des traitements	Nombre des employés	Traitements moyens
1846........		245 mil.	188.000	1.300 fr.
1858	13.000 000	260 »	217.000	1.350
1873........	17.800 000	340 »	285.000	1.400
1886........	24.200 000	484 »	350.000	1.450
1896........	27.500 000	627 »	416.000	1.490

Ainsi, fait remarquer M. Victor Turquan dans une étude sur les fonctionnaires (*Réforme Sociale*, 1er octobre 1898, p. 496), la population de la France augmentait de un dixième pendant que le nombre des employés augmentait de 100 0/0, pendant que le montant des traitements augmentait de 150 0/0 et que le traitement moyen augmentait de 15 0/0 seulement, alors que les salaires des ouvriers doublaient ainsi que la cherté de la vie.

En 1892 la Chambre avait institué une commission de 33 membres « chargée d'étudier la revision des services ».

Consulter également le rapport de M. Ballue, 26 novembre 1886 ; un article de M. d'Avenel (*Revue des deux Mondes*, 1er mars 1888 ; un article de M. Leroy-Beaulieu paru dans *l'Economiste Français*, 12 novembre 1898.

(3) «... Le pire défaut du régime actuel est de coûter fort cher. Il ne paie pas de mine ; il n'est point fastueux... Il n'est pas brillant, ni en femmes ni en chevaux... Mais sous une apparence et des dehors négligés, il est dépensier. Il a trop de parents pauvres, trop d'amis à pourvoir. Il est gaspilleur... Le

Avant les économistes contemporains (du Puynode, de Clamageran, Vignes, Léon Say, Leroy-Beaulieu et tant d'autres), Bastiat avait signalé le danger. « Cherchons l'économie, ajoutait-il, cherchons-la, parce qu'elle est le seul moyen de satisfaire le peuple, de lui faire aimer la République, de tenir en échec par la sympathie des masses l'esprit de turbulence et de révolution. »

Toute dépense qui n'est pas justifiée, se plaisait à répéter M. Thiers, est un attentat contre la puissance de l'Etat.

C'est à se souvenir des dangers d'une politique aveuglément dépensière, de nature à annihiler les plus fortes volontés de réformes et à stériliser les expériences les plus heureuses en principe, que doivent s'appliquer les mandataires auxquels sont remises de si lourdes responsabilités. Plus que l'abondance même des ressources l'économie est une garantie de prospérité et d'avenir.

Une politique intéressée, guidée par des arrière-pensées ou des spéculations grossières est la complice la plus redoutable de tels errements, en engendrant des procédés financiers faits à son image. Ce n'est pas une vaine formule que ces paroles d'un ministre de la Restauration, le baron Louis : « Faites-moi de bonne politique et je vous ferai de bonnes finances. » Mais la réplique inverse aurait pu être donnée avec raison, tant il est vrai qu'une administration et une législation financières à la fois habiles, méthodiques et prudentes favorisent une politique plus heureuse et plus stable.

Un législateur qui aura voué ses efforts à réaliser sur des bases solides (emploi juste et utile de l'impôt ; suppression des fonctions parasitaires, fiefs du favoritisme et du despo-

---

régime a grand besoin d'argent. Il s'aperçoit qu'il est embarrassé. Et ses embarras sont plus grands qu'il ne croit. Ils augmenteront encore. Le mal n'est pas nouveau, c'est celui dont mourut l'ancien régime. Monsieur l'abbé, je vais vous dire une grande vérité : tant que l'Etat se contente des ressources que lui fournissent les pauvres, tant qu'il a assez des subsides que lui assurent avec une régularité mécanique ceux qui travaillent de leurs mains, il vit heureux, tranquille, honoré. Les économistes et les financiers se plaisent à reconnaître sa probité. Mais dès que ce malheureux Etat pressé par le besoin, fait mine de demander de l'argent à ceux qui en ont... etc.».

Ajouterons-nous que ces paroles ne sont pas empruntées à un économiste de la chaire, mais à un moderne péripatéticien, M. Bergeret, professant son cours libre sous « l'Orme du Mail » (de M. Anatole France).

tisme ; réduction du personnel administratif, d'une part, avec un ferme contrôle et plus de discernement et d'équité dans l'économie générale du budget et la répartition des charges ; d'autre part, essai loyal de l'impôt sur le revenu, monopole intégral de l'alcool,. exploitation des chemins de fer par l'Etat) des réformes et des redressements d'iniquité dans les rapports sociaux ; *des améliorations matérielles telles que la suppression des octrois*, ce « cordon fiscal » qui, concurremment avec les nombreux impôts indirects, étrangle le salaire, un tel législateur aura accompli une œuvre saine et laissé de son passage une trace lumineuse.

C'est par de tels apports au patrimoine moral et matériel de son pays, qu'un homme d'Etat, peut conquérir à sa mémoire un tribut éternel de reconnaissance dans le cœur d'un peuple. Heureux quand il a conscience d'avoir su, dans les luttes ingrates du pouvoir, atteler « sa charrue à une étoile », d'avoir, par ses efforts indomptables vers la justice, le vrai, le bien, fait mûrir sa part des moissons futures pour une humanité plus heureuse et meilleure. C'est ainsi qu'un Robert Peel pouvait, au déclin d'une carrière utilement remplie pour son pays, se rendre cet hommage : « Il se peut que je laisse un nom dont on se souviendra avec plaisir dans la demeure de celui qui gagne son pain quotidien à la sueur de son front, lorsqu'il lui sera permis de réparer ses forces par une nourriture abondante, à bon marché, et d'autant plus agréable qu'elle ne sera plus rendue amère par le sentiment d'une injustice. »

Vu :   Vu :

Nancy, le 26 novembre 1898,   Nancy, le 26 novembre 1898.

Le Président de la Thèse.   *Le Doyen.*
J. LIÉGEOIS.   E. LEDERLIN.

Vu et permis d'imprimer

Nancy, le 26 novembre 1898.

Le Recteur,
Ch. GASQUET.

BIBLIOGRAPHIE

Avenel (D'). — L'octroi en France et à l'étranger.

Babeau. — La ville sous l'ancien régime.

Batbie. — Traité théorique et pratique de droit public et administratif. Paris 1885.

Berthelémy. — V. Revue Politique et Parlementaire, mai 1895.

Bertrand. — Des taxes communales d'octroi. De leur établissement et de leur suppression 1896.

Bloch. — L'octroi. Pourquoi il est conservé.

Bloch. — Dictionnaire général d'administration 1891. V° Octroi.

Bounal. — Traité des octrois 1873. Paris (Guillaumin, éditeur).

Cabantous et Liégeois. — Droit administratif (Chevalier-Maresq).

Dalloz. — Répertoire de Jurisprudence générale.

Deloynes. — Les octrois et les budgets municipaux, 1871.

Dubuy. — Loi organique du 5 avril 1884.

Dolman. — Municipalities at Work 1895. Methuen, Londres.

Dubois (Paul). — Essai sur les finances communales 1898 (Perrin, éditeur).

Dufour. — Droit administratif appliqué.

Dupuy (E). — L'administration communale en Bretagne.

Fournier de Flaix. — L'impôt dans les diverses civilisations.

Fournier de Flaix. — La réforme de l'impôt en France,

Gasquet. — Précis des institutions politiques et sociales de l'ancienne France.

Gomel. — Les causes financières de la Révolution.

Guyot (Yves). — Rapport à la Chambre des Députés (17 décembre 1888).

Guillemet. — Rapport à la Chambre des Députés sur la suppression des octrois (annexe au procès-verbal de la séance du 7 avril 1892).

Hermitte. — Les octrois et les budgets municipaux.

Humbert. — Les impôts indirects et les octrois chez les Romains (Revue de l'Académie de législation de Toulouse 1868). *Journal officiel. Journal des Economistes.*

Labori. — Recueil général de Jurisprudence.

Leroy-Beaulieu. — Science des Finances (Tome I).

Maquet. — L'impôt indirect chez les Romains.

Marquardt. — Manuel des Antiquités Romaines (T. X. Thorin 1888).

Moreau de Beaumont. — Mémoire concernant les impôts.

Morgand. — La loi municipale.

Moullart. — Enquête publique sur les octrois 1870. Amiens.

Parieu (de). — Traité des impôts.

Périé. — Rapport au Conseil municipal de Bordeaux 1898. Bordeaux (Delmas).

Ramel (de) Commentaire de la loi du 5 avril 1884.

Réforme sociale. (Revue périodique).

Rousset. — Histoire des impôts indirects.

Saillet et Olibo. — Code des contributions indirectes.

Say (L). — Dictionnaire des finances.

Say (L). — Solutions démocratiques de l'impôt.

Say (L). — Les Finances de la troisième République. Paris 1898 (Calman-Lévy).

Say (L) et Chaillet. — Dictionnaire d'Economie politique.

Sirey. — Jurisprudence.

Sourd (Le). — Législation des octrois 1886. Paris.

Stourm. — Systèmes généraux d'impôts 1893. Paris (Guillaumin).

Stourm. — Le budget.

Turquin. — Manuel des octrois.

Wagner. — Lehr und Handbuch der Politischen Economie. Leipsig 1889.

TABLE DES MATIÈRES

TROISIÈME PARTIE

Critique de l'octroi et loi du 29 décembre 1897

CHAPITRE I⁻

CHAPITRE II

CHAPITRE III

La loi du 29 décembre 1897

QUATRIÈME PARTIE

Droit comparé

Chapitre Iᵉʳ

Pays ayant actuellement des octrois

Chapitre III

Pays n'ayant jamais eu d'octrois

Chapitre III

Pays ayant aboli les octrois

Chapitre V

CINQUIÈME PARTIE

Systèmes de remplacement. 273

Première catégorie des systèmes de remplacement

Seconde catégorie de projets de remplacement

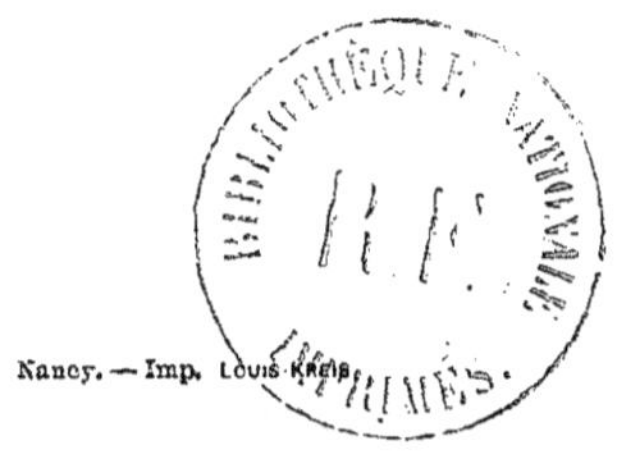